모두를 위한
칼리&아르니스

전성용 저

혜성출판사

전성용

- 해병 1사단 / 7연대 무술수석교관 역임
- World eskrima balintawak (nickelstick) guro instructor
  (칼리 아르니스 월드 에스크리마 발렌타웍 인스트렉터)
- International Lapunti arnis de abanico instructor
  (칼리 아르니스 인터네셔날 라푼티 데 아바니코 인스트렉터)
- 칼리 아르니스 메이져 그룹인 발렌타웍, 라푼티 2개 단체 인스트렉터 획득
- 한국 아르니스 협회 회장

모두를 위한 칼리&아르니스

인쇄일	2018. 05. 04 3쇄 인쇄
발행일	2018. 05. 10 3쇄 발행
지은이	전성용
발행처	혜성출판사
우편번호	130-814
주소	서울시 동대문구 난계로26길 23 / 삼우빌딩 A동 205호
발행인	김상일
신고번호	제6-0648호
전화	02-2233-4468
팩스	02-2253-6316
홈페이지	www.hyessungbook.com
ISBN	979-11-951522-6-1-03690

본서의 내용을 출판사의 서면동의 없이 불법복사 또는 전제 시 저작권법 제97조5에 따라 위반자는 5년 이하의 징역 또는 5천만 원 이하의 벌금에 처하거나 이를 병과할 수 있습니다.

※ 값은 뒤표지에 있습니다.
※ 잘못된 책은 구입처에서 교환해 드립니다.

PROLOGUE

모두를 위한 실전 '**칼리 & 아르니스**'(Kali & Arnis)를 시작하면서…
우리는 하루가 멀다 하고 각종 강력 범죄가 발생하는 현대 사회에 살고 있습니다. 국회 안전행정위원회가 2013년 범죄 통계를 분석한 결과를 보면 2013년 총 범죄 건수는 185만 건으로, 2012년보다 3.5% 증가했습니다. 추계인구 10만 명당 발생 범죄를 나타내는 범죄 발생비는 2012년 3586건에서 2013년 3698건으로 3.1% 늘었습니다.

범죄가 증가하는데다 그 규모나 방법도 점차 흉악화·흉포화 되고 있어, 국민들은 물론이고 치안을 담당하는 경찰 및 경호·보안 요원들도 인명 피해를 입고 있으며, 이로 인한 사회 및 경제적 손실은 커져가고 있습니다.

이런 사회에서 살고 있는 우리들은 자기 자신과 사랑하는 사람을 지켜야 하는 상황에 처했을 때, 무엇을 어떻게 행동해야 하는지 한 번쯤 고민해 봤을 것입니다.

대한민국 국민이라면 한 번쯤 배워 봤을 법한 기존의 무술로는 지금의 흉악해진 흉기 범죄에 대응하기란 어려움이 많은 것이 현실입니다.

더욱이 경찰과 경호·보안업계 종사하는 요원 분들의 경우도 흉기를 든 현행범과 마주친 상황이라면 자신을 보호하면서 삼단봉이나 바톤(Baton) 등으로 제압하는 게 쉽지만은 않습니다. 일반적인 체력단련과 현행범의 흉기 사용을 전제로 하지 않은 격투술이나 삼단봉 사용법만으로는 관련 업계 종사자분들의 부상 비율은 줄어들지 않을 것이고, 범인 검거율과 작전 수행률이 떨어질 수밖에 없다고 봅니다.

이는 국가적으로나 피해 당사자인 시민, 경찰관 및 경호, 경비, 보안 요원들은 물론이고 그들의 가족들에게까지 간접적인 피해와 손실을 야기하게 됩니다.

또한 현대적인 군 작전 전술인(CQC) 근접 격투전에서 필수적인 나이프 파이팅과 근접 격투술 등도 전투의 승리와 병사들의 생존을 위해 보완이 필요하다고 생각합니다.

2013년 여름, 제가 '**아르니스**'를 지도하는 체육관에 출판사 관계자분들이 방문했습니다. 아르니스에 대한 책 출판을 의뢰했고, 여러 번의 심사숙고 끝에 「**모두를 위한 아르니스**」책을 쓰기로 결심했습니다.

현재는 수많은 무술들이 과거로부터 전해 내려오고 있으며, 또 새로운 무술들이 생겨나는 그야말로 '**무술의 홍수 시대**'에 살고 있습니다.

자신을 위해 어떤 무술을 배워야 할지 혼란스러운 상황 속에서 구태의연하며 억지스럽고 부자연스러운 기술들을 나열한 그런 무술 서적이 아니라 효과적이고도 실질적인 자기 방어 기술들을 제대로 알려보자는 열망이 책을 쓰게 된 직접적인 동기가 됐습니다.

칼리(Kali) 또는 아르니스(Arnis), 에스크리마(Eskrima) 라는 이름을 들어본 독자들은 그리 많지 않을 겁니다. 이 무술이 사용되는 영화 제목을 얘기하면 그제야 비로소 "**아! 그 무술**"이라고 말하는 정도입니다. 이런 현실도 유파를 떠나 본 교재를 집필하게 된 계기가 됐습니다.

필자는 청소년 때부터 20년이 넘게 공수도 등의 무술과 군 무술교관 등 실전 무술을 수련해 왔으나 마음 한 편에서는 '**만일 칼이나 흉기를 들고 있는 상대와 대적한다면 흔히 알려진 호신술로 효과적으로 그 상대방을 제압할 수 있을까?**' 살이 터치고 피가 튀며

뼈가 부서지는 거친 실전 상황에서 효과적으로 그 상대방을 제압할 수 있는가? 라는 의문을 끊임없이 되새겨 왔습니다.

그 물음에 대한 해답을 찾다 보니 동남아시아 국가들로 눈을 돌리게 됐고, 결국 해답은 '**아르니스**'라고 결론 내렸습니다.

'**아르니스**' 라는 무술은 다른 아시아 무술과는 달리 태생부터 무기술이 기본으로 이뤄져 있고, 일명 '**스트리트 파이팅**'에 최적화되고 발전되어온 무술입니다.

지역 특성상 한 손으로 사용하는 무기술이 발달돼 왔고, 그를 바탕으로 실질적인 나이프(knife) 및 흉기(deadly weapon)등에 대적할 수 있는 기술들이 계속 계발되고 진화하고 있으며, 이런 실전성으로 전세계 군부대와 특수부대, 경찰, 사법기관, 보안업체, 민간(여성) 호신술로 인정받고 있습니다.

이러한 이유로 필자는 필리핀 세부(Cebu)로 향하게 되었고. 세계적인 메이저 아르니스 그룹인 발렌타윅 그룹과 라푼티 그룹을 찾아가 수련했고, 엄격한 테스트를 통해 지도자 자격을 취득했습니다.

아르니스는 제 삶에 큰 영역을 차지하고 있으며, 저의 일부분이 됐습니다.

필자는 이제 제가 수련한 발렌타윅·라푼티 아르니스, 공수도와 권법을 기반으로 맨손에 대항하는 맨손 공격 및 방어법, 나이프(Knife) 및 각종 흉기(deadly weapon)에 대한 자기방어(Self-Defense)법과 효과적이고 실질적인 제압(Locking) 기술들을 국내에 보급하고자 합니다.

본 교재는 한국 최초의 칼리&아르니스 교재입니다.

그런 만큼 이 한 권의 책에 최대한 많은 기술을 담으려고 노력했습니다. 총 16개의 챕터로
구성돼 있으며, 기본부터 중급 기술까지 수록돼 있습니다.

본 교재를 통해
자기방어가 필요한 분에게는 호신술로,
아르니스를 시작하는 분들에게는 입문자용 지침서로서,
아르니스 지도자를 준비하고 있는 분들에게는 제 경험이 하나의 안내서로
도움이 됐으면 하는 바람입니다.

남녀노소 모든 분들이
칼리 & 아르니스를 쉽게 접하고 이해하며,
즐겁게 수련하고 행복하기를 바라며,
제목처럼 "모두를 위한 칼리 & 아르니스" 가
되길 진심으로 바랍니다.

감사합니다. GUTS!!

"Who Dares Wins" 용기 있는 자가 승리한다.

2014년 10월
한국 아르니스 협회 회장 전성용

모두를 위한
칼리 & 아르니스

목 차

- 머리말 ······ 3
- 발렌타왁 에스크리마 추천서 ······ 10
- 라푼티 아니스 데 아바니코 인터내셔널 추천서 ······ 14
- Banlintawak Eskrima의 역사 ······ 16
- BALINTAWAK ESKRIMA의 오리지널 로고 ······ 19
- WORLD NICKELSTICK BALINTAWAK ESKRIMA LOGO ······ 19
- Lapunti란 무엇인가? ······ 20
- Lapunti의 어원 ······ 21
- Lapunti 로고 ······ 22
- 한국아르니스협회 ······ 23
- 로고 설명 ······ 24
- 필리핀의 전통무술 아르니스(Arnis) ······ 25

Chapter 1 스틱 테크닉 ······ 33
Chapter 2 스틱 교전 테크닉 ······ 83
Chapter 3 나이프 디펜스 테크닉 ······ 133
Chapter 4 나이프 파이팅 테크닉 ······ 193
Chapter 5 나이프 VS 나이프 락킹 테크닉 ······ 231
Chapter 6 나이프 VS 카람빗 테크닉 ······ 241
Chapter 7 여성 셀프 디펜스 어플리케이션 ······ 259
Chapter 8 셀프 디펜스 삼단봉 락킹 VS 나이프 어플리케이션 ······ 269

Chapter 9   쿠보탄 테크닉 ····· 277

Chapter 10   쿠보탄 컴백 어플리케이션 드릴 ····· 287

Chapter 11   여성 셀프 디펜스 어플리케이션 ····· 299

Chapter 12   맨손 근접 격투술 ····· 307

Chapter 13   팔꿈치 공격과 방어 ····· 313

Chapter 14   맨손 근접 격투 어플리케이션 ····· 323

Chapter 15   맨손 격투 듀몽 / 락킹 기술 ····· 331

Chapter 16   각종 흉기 디펜스 디스암 테크닉 ····· 345

부록 – 목인장 기초 드릴 ····· 363

■ 발렌타웍 에스크리마 추천서

WORLD NICKELSTICK ESKRIMA BALINTAWAK STYLE INC.
SEC: Reg No. CN200926140
HEADQUARTER
84-Y Cabantan Street, Brgy. Luz, Cebu City 6000 Philippines
Tel. No.: (032)266 2581 Mobile No.: +63 919 6013 548

"INTRODUCTION"

Needless to say that Filipinos are Martial Art loving people, hence it is but logical and proper that we develop our style of Martial Art. Before World War II our Eskrima/ Arnis were merely consisted of plain hitting the opponent by the attacker and vice-versa with the use of a stick of varying lengths and size, usually a rattan stick less than one (1) meter long and about one peso coin in circumference. Others were using may be longer and bigger. Sometimes up to the length and size of a pestle use in pounding rice, depending upon the mutual agreement of the combatants. Traces of this practice can still be seen among our present-day Eskrimador enthusiasts.

Now our Eskrima/ Arnis martial art were further developed by combining boxing, blows, elbowing, kicking, tripping or foot sweeping, pushing, pulling, holding, batting and head butting as well as the application of Aikido and combat judo. It is then that Grandmaster Nick A. Elizar organized a more developed Eskrima Style-The World Nickelstick Eskrima Club in order to propagate more our very own Filipino Martial Art, the art of Arnis.

"ORIGIN"

The World Nickelstick Eskrima Club was formally organized on April 27, 2003 by top ranking Eskrimadors from Balintawak Arnis International Self-Defense Club from Teovels Balintawak Group headed by Grandmaster Nick A. Elizar. "Nickel" is from Nick Elizar's first two letter of his last name joined "Stick" signifies the single Stick style of Balintawak. Nickelstick derived from the same name of Grandmaster Nick A. Elizar in recognition of his undying support and services rendered in propagating and promoting this cultural treasure of our forefather, our only living Filipino Martial Art, the art of Arnis.

The goal of the World Nickelstick Eskrima Club is to promote our very own Filipino Martial Art especially the Balintawak Style to the rest of the World.

Grandmaster Nick A. Elizar was the former Chief Trainor and Chief Instructor of the World Teovels Balintawak Arnis International Self-Defense Club and have conducted several rigid training demonstration seminars which were attended by both foreign and local Eskrimadors.

"소개"

필리핀인들은 무술을 사랑한다는 것은 따로 말할 필요가 없습니다. 따라서, 너무나 당연하게도 우리는 우리만의 무술을 발전시켰습니다. 세계 2차대전 이전의 Eskrima / Arnis는 단지 라탄스틱(일반적으로 1m 이하의 길이, 1 peso 동전 정도의 굵기)을 이용한 순수한 타격의 공방으로 구성되어 있었습니다. 스틱의 길이와 크기에는 다소간 차이가 있긴 했지만, 때때로 대련하는 사람들의 합의에 따라, 스틱은 절구공이 정도의 길이와 굵기를 가지기도 했었고, 이러한 훈련방식은 현대의 열정적인 Eskrima 수련자들에게서 여전히 찾아볼 수 있습니다.

현재 우리의 Eskrima/Arnis 는 합기도와 공수도의 주요한 기술들인 권, 휘두르기, 팔꿈치 공격, 발차기, 걸어넘기기, 쓸어내기, 밀기, 당기기, 제압, 타격, 박치기 등과의 조합으로 더욱 발전되었습니다. 그랜드마스터 Nick A. Elizar는 필리핀 무술의 전파를 위해 보다 발전된 형태의 Eskrima 유파인 World Nickelstick Eskrima Club을 조직하였습니다.

"World Nickelstick Eskrima Club 기원"

World Nickelstick Eskrima Club은 공식적으로 2003년 4월 27일에 그랜드마스터 Nick A. Elizar가 이끄는 최고 수준의 Eskrima 수련자들(Teovels Balintawak Group 계통의 Balintawak Arnis International Self-Defense Club 출신)로부터 조직되었다. "Nickel"은 Nick Elizar의 이름과 성에서 따왔으며, "Stick"은 싱글스틱을 사용하는 Balintawak 유파를 의미한다. Nickelstick이란 이름은 필리핀의 문화적 보물인 Arnis의 전파와 촉진을 위한 그랜드마스터 Nick A. Elizar의 헌신과 봉사에 헌정하는 의미에서 유래되었습니다.

World Nickelstick Eskrima Club의 목표는 필리핀의 무술, 특히 Balintawak 유파의 전세계적 보급입니다.

그랜드마스터 Nick A. Elizar는 World Teovels Balintawak Arnis International Self-Defense Club의 수석 트레이너 겸 수석 강사였으며, 내국인 및 외국인 Eskrima 수련자들을 상대로한 매우 엄격한 훈련 세미나를 이끌고 있습니다.

WORLD NICKELSTICK ESKRIMA BALINTAWAK STYLE INC.
SEC: Reg No. CN200926140
HEADQUARTER
84-Y Cabantan Street, Brgy. Luz, Cebu City, 6000 Philippines
Tel. No.: (032) 266 2581 Mobile No.: +63 919 6013 548

September 7, 2014

To: Hon. Roderico Atienza
Philippines Ambassador

To Whom It May Concerned:

    I am writing this letter in support of Guro Sung Yong Chun intention to published a book to promote and to propagate the World Nickelstick Eskrima Balintawak Style to the rest of the world. Balintawak Eskrima is one of the most well-known Filipino Martial Arts today.

    Now Guro Sung Yong Chun is my official representative in Korea and given the authority to teach the World Nickelstick Eskrima Balintawak Style.

    The first time I meet Guro Sung Yung Chun in our place in Cebu City, Philippines last 2012, my impression by just looking at him is, He is a good martial arts practitioner and a good teacher. A very discipline, respectful and a very humble.

    Guro Sung Yong Chun trained in the World Nickelstick Eskrima Balintawak Style under my teaching together with my qualified Instructors. Guro Sung Yong Chun is a good and a fast learner practitioner. By that length of period he was training with me, what I more like him is his good attitude.

    Therefore, as Founder and Grandmaster of the World Nickelstick Eskrima Balintawak Style, I have given my concent and approval of Guro Sung Yong Chun to published and print the Book of the World Nicklestick Eskrima Balintawak Style.

GM Nicomedes A. Elizar
Founder and Grandmaster
World Nickelstick Eskrima
Balintawak Style Inc.

2014년 9월 7일

관계자분께 보내는 편지:

나는 이 편지를 World Nickelstick Eskrima Balintawak Style의 홍보와 전파를 위한 책을 쓴 전성용 사범을 지원하기 위한 의도로 쓰고 있습니다. 오늘날, Balintawak Eskrima 는 가장 잘 알려진 필리핀 무술 중 하나입니다.

현재 전성용 사범은 한국에서 나의 공식적인 대변인이며, World Nickelstick Eskrima Balintawak Style을 훈련시킬 권한을 가지고 있습니다.

지난 2012년, 내가 필리핀 Cebu의 본부에서 전성용 사범을 처음 만났을 때, 나는 그가 좋은 무술인이며 지도자 라는 인상을 받았습니다. 그는 항상 단련하는 사람이며, 존중하는 법을 아는 사람이고 또 겸손한 사람이었습니다.

전성용 사범은 나를 비롯하여 적절한 자격을 갖춘 강사들에게 World Nickelstick Eskrima Balintawak Style의 훈련을 받았습니다. 전성용 사범은 매우 잘 해주었고, 빠르게 배웠습니다. 훈련기간 동안 보여준 그의 훌륭한 태도로 인해 나는 그를 더 좋아하게 되었습니다.

따라서, World Nickelstick Eskrima Balintawak Style의 설립자이자 그랜드마스터의 자격으로, 전성용 사범의 World Nickelstick Eskrima Balintawak Style에 관한 서적의 출판과 인쇄를 동의하며 승인하는 바입니다.

GM Nicomedes A. Flizar
World Nickelstick Eskrima Balintawak Style Inc. 설립자, 그랜드마스터

라푼티 아니스 데 아바니코 인터내셔널 추천서

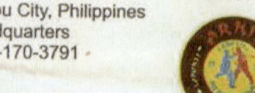
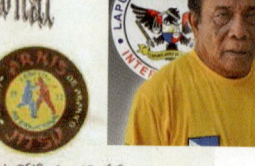

Lapunti Arnis de Abanico International

F.Llamas St. Tisa, Cebu City, Philippines
General Headquarters
Cel. No.: 0933-170-3791

추천장

관계자분께 보내는 편지 :

아래의 인물은 Lapunti Arnis de Abanico International의 정회원으로, 3rd Dan Black Belt (Lakan Tatlo)를 가지고 있고 senior(선임) Instructor(강사/사범) 자격을 가지고 있습니다. 또한 Lapunti Korea의 한국 Lapunti 서적의 출판을 지지합니다.

이 추천장은 전성용 사범을 위해 작성되었고, 어떠한 합법적인 목적으로도 사용될 수 있으며, 아래와 같은 사람의 권한으로 발행되었습니다.

2014년 8월 1일,
Barangay Tisa, Cebu City, Philippines 6000
Lapunti Arnis de Abanico

PRUDENCIO "ONDO" CABURNAY
Supreme Grand Master (최고위 그랜드마스터)

Banlintawak Eskrima의 역사

THE ORIGINAL BALINTAWAK
(왼쪽부터)

Atty. Jose Villasin, Johnny Chiuten, Anciong Bacon & Teofelo Velez

발렌타웍 에스크리마, 발렌타웍 아르니스로 알려진 BALINTAWK은 1950년대 Lorenzo Saavedra의 초기 지도하에 Venancio "Anciong" Bacon 에 의해 발전된 필리핀 무술이다.

그것은 원래 수련하던 Cebu City's Balintawak Self Defense Club 이후 명명된 이름이다.
클럽은 발렌타웍 마스터들이 수련하던 지역 거리의 이름-Balintawak Street-에서 유래되었다.

20세기 초 300년간 식민 지배하던 스페인 사람들이 필리핀을 떠나고 그 자리를 미국인들이 들어오기 시작했다. 이런 시대의 변화 속에서 Venancio Bacon이 1912년 세부의 Carcar에서 태어났다.

그는 1920년대 청소년기에 에스크리마를 배우기 시작했다. 에스크리마도르 로의 성장은 San Nicolas에서 시작되었다. 이것은 그 후에 결국 그를 죽음의 경기로 몰아넣고, 결국 감옥에 가게 만들었다.

Bacon의 유일한 스승은 San Nicolas의 Lorenzo Saavedra로 Labangon Fencing Club을 설립하였다. 에스크리마의 다른 스타일들이 많아졌을 때, Saavedra는 비록 다른 스타일을 마스터했다 알려져 있지만 Corto Linear라고 불리었다. 그의 수제자는 조카였던 Teodoro Saavedra와 Venancio Bacon이었다. 그러나 결국 Labangon Fencing Club은 없어졌다.

1932년 Doce Pares Club 이 조직되고 Lorenzo Saavedra가 클럽을 이끌게 된다.

Venancio Bacon은 클럽의 초기 일원이었지만 몇 개월 후 Doce Pares 시스템이 효율적이지 않다 주장하고 클럽은 나간다.

1940년대 초 세계2차대전이 필리핀에 발발했다. 일본 점령 기간 중 많은 에스크리마도르들은 게릴라로 활동하며 그들의 기예를 나라를 지키는데 사용했다.

전쟁 후 1952년에 Vincente Atillo, Delfin Lopez, Jesus Cui, Timoteo Maranga, Lorenzo Gonzales, Isidro Bardilas, Andres Olaibar 등과 함께 Bacon은 Balintawak Street Self-Defense Club을 설립하였다.

Eskrima, arnis, kali, kalirogan 또는 garote 등 여러가지 이름으로 불리는 이것은, 필리핀 고유의 예술이다. 외국의 그 어느 것으로 부터도 모방, 개작, 빌려온 것이 아니다. Eskirima는 라탄 스틱, 발리송 그 외 필리핀의 전통 도검들(크리스, 피누티, 캠필란, 볼로 등)을 사용하여 싸웠던 고대 필리핀인들에 의해 개발된 것이다. 그것은 유럽의 총포의 이전부터 있어 왔으며, 그 역사는 필리핀의 유사 이전까지 거슬러 올라간다.

마젤란 탐험기에 따르면 Eskrima는 Ferdinand Magellan의 군대와의 전투를 포함하여, 초기 스페인 침략자들을 물리치는데 사용되었다. Eskrima는 Jose Rizal과 Gregorio del Pilar 장군, Marcelo H. del Pilar, Antonio Luna와 Andres Bonifacio 같은 필리핀의 국민적 영웅들의 스포츠였다.

Balintawak eskrima에서 스틱은 무기술과 타격기술을 연마하는 수련생들의 기본교육 도구로 사용된다. 이러한 무기를 직접 다루고 그것에 익숙해지는 것은, 무기 및 맨손을 사용한 실제 전투에서의 두려움과 공포를 줄이는데 도움이 된다.

이론상, 스틱은 팔의 연장일 뿐이고, 사람의 몸은 제한된 일반적인 경로로만 움직일 수 있다. 이것은 시작점과 타격의 방향으로 정의되는 몇 가지 기본타격법의 근거가 된다.

큰 휘두름과 화려하고 눈에 보이는 타격의 이면에는 균형의 역학, 멈추기, 페리, 강타, 전략, 페이크 등등 ("dynamics in balancing, holds, parries, clips, ruses, feigns, tripping, sweeping, kicking, trapping, reversals of motion and direction, blows with simultaneous offense and defense and a myriad of combination blows with the stick, fist, elbow, knee, foot or head butt.") 들과 같은 정교한 움직임들이 있다.

약속대련 상황이나 혹은 부상의 방지가 요구되는 특별한 상황이 아니라면, 타격에 특별한 제한사항은 전혀 없다. 사실, Balintawak에서 전수되는 많은 기술들은 다른 무술에서 반칙으로 간주된다. 그러나 우리는 실제 전투, street fighting, 자기방어를 상정한다. Balintawak을 수련하는 사람들은 모든 공격에 대한 대응책을 훈련하며, 그를 위해 지속적인 연구와 탐구를 하게 된다.

Eskrima를 하는 사람들에게는, 빠른 반사신경 과 운동신경 및 민첩성이 우선적으로 요구된다. 곡예, 격렬하거나 몸을 꺾는 등의 특이한 동작 등은 요구되지 않는다. 따라서 남녀노소 모두가 훈련 가능하다.

Eskrima가 최고라는 것은 아니다. 그러나 부족하지도 않다고 생각한다. "무엇이든 당신에게 맞는 동작을 하나 뽑아서, 완전히 익혀라. 어떤 상황에서도 그것을 쓸 수 있는 단계가 된다면 진정 당신의 것이 된 것이다."

공격은 쉽지만 방어는 어렵다. 따라서 처음 시작하는 사람들에게는 방어가 매우 강조되며 방어 단계의 숙달 및 동체시력의 향상과 유연한 손기술 등이 요구된다.

모든 초보자를 위한 강력한 방어수단으로서 무술의 수비 단계 습득한 후, 몸의 움직임의 반사와 유연성을 통해 시각과 손의 통합적인 속도의 이해를 강조하고 있다.

▍BALINTAWAK ESKRIMA의 오리지널 로고

* 스틱은 단순히 팔의 연장과 Balintawak Eskrima의 기본무기이다.
* 왼쪽 주먹은 Balintawak의 맨손 전투기술을 상징한다. 기술은 스틱이 있거나 없거나 똑같이 효과적이다.
* Bolo는 Balintawak Eskrimadors에서 선택할 수 있는 블레이드(칼, 도) 무기이다.
* 삼각형 안의 All Seen Eye(모든 것을 보는 눈)는 모든 것을 볼 수 있는 신을 상징한다.
* 저울은 정의를 상징한다.
* 과녁에서 4개의 원은 Balintawak의 초급, 중급, 고급 및 숙달 4 단계의 학습과정을 나타낸다.

▍WORLD NICKELSTICK BALINTAWAK ESKRIMA LOGO

* **황소형상** : 힘, 돌진(powerful) 필리핀을 상징하는 물소 카라바우
* **번개** : 스피드(speed)
* **스틱** : 스틱은 단순히 팔의 연장과 Balintawak Eskrima의 기본무기이다.
* **별3개** : 필리핀을 이루고 있는 큰3개섬 Luzon(루손), Sebu(세부), Mindanao(민다나오)
* **월계관** : 명예(honor)
* **천칭(저울)** : 정의(justice)
* **세부 시티** : Balintawak Eskrima의 발생지

▎Lapunti란 무엇인가?

Lapunti Arnis de Abanico, 간단히 말해서 'Lapunti'는 Arnis의 유파 중 하나로 필리핀의 Cebu에서 만들어졌다. Lapunti는 종합적이고 통합된 형태의 무술로, 둔기, 타격무기, 날병기와 맨손격투를 아우르는 체계를 가지고 있다. Lapunti를 수련하는 것은 수련생의 육체적, 정신적, 영적인 면을 성숙시킨다. 이는 단순히 전투와 자기방어 능력을 향상시키는 것뿐만 아니라 Lapunti에서 얻는 가치의 실천을 통해 수련생의 삶과 삶의 자세를 발전시키는 것을 의미한다.

Lapunti는 필리핀의 여러 무술과 비교했을 때, 2가지 특성으로 인해 매우 독자적이며 특별하다고 인정받는다.

1. Abanico(특유의 고속 타격기술)의 사용과 다양한 응용
2. 다리를 꼰 자세와 독특한 보법

Abanico(fan)는 일반적인 차단과 방어기술에서 자주 사용된다. 또한 상대가 예측하지 못하는 각도의 빠른 연계공격을 가능케 한다. Lapunti의 abanico 기술은 실제 전투와 대련에서 얻어진 몇 십년 간의 경험을 통해 발전, 연마되어 왔다. eskrima의 다른 유파도 abanico 기술이 있지만 Lapunti와 달리 실제로 많이 사용되지는 않는다.

Lapunti가 가진 또 하나의 특징은, 다리를 꼰 형태의 자세와 독특한 보법에 있다. 이것은 종종 일본무술의 tai-sabaki(회피기술)와 비교되나, 실제로는 중국 무술, 그 중에서도 채리불권에서 기원하였다. 그랜드마스터 Johnny Chiuten(필리핀 출신의 중국 무술 대가, 초창기 필리핀 무술계에서 전설적인 입지를 가짐)는 이러한 독특한 자세를 비롯하여 여러 제압기술과 테이크다운 기술들을 Lapunti에 접목시켰다. 이런 자세와 보법은 Lapunti의 현 그랜드마스터인 Ondo Caburnay에 의해 더욱 발전되었으며, Lapunti만의 특색으로 자리 잡았다.

다리를 꼰 자세는 abanico 와 마찬가지로 초심자에게는 어려울 수 있다. 그러나 일단 익숙해지면 수련자에게 대단히 뛰어난 이동성을 부여한다. 올바른 자세를 취할 경우, 이 자세는 다음과 같은 것들을 가능하게 한다.

1. 적과의 간격을 신속하게 바꿀 수 있다. (빠른 전진과 후퇴)

2. 적과의 거리를 유지하는데 장점이 있다. (자유로운 사이드스텝과 방위변화)
3. 다수의 적을 상대하는데 매우 효과적이다. (어떤 방향으로도 빠르게 회전할 수 있음)
4. 좁거나 제한된 공간에서도 효과적으로 움직일 수 있다. (회전력과 뒤틀리는 힘을 이용하여 공격을 회피하거나 방어와 타격에 사용할 수 있음)

Lapunti에는 다른 여러가지 보법과 자세, 공격과 방어의 기술들이 있지만, 위에서 설명한 abanico와 다리를 꼰 자세야말로 Lapunti와 다른 유파의 가장 큰 차이점이다. 실제 전투 혹은 자기방어 상황에서 이 기술들이 연계되면, 이것들은 Lapunti를 사용하는 사람에게 매우 강력한 이점을 부여한다.

Lapunti의 어원

'Lapunti'는 Lapunti 유파를 설립하고 발전시킨 Caburnay 집안이 살았던 3곳의 바랑가이(barangay, 필리핀의 마을 단위) 이름의 조합이다. Labangon에서 'La', Punta Princesa에서 'Pun', 마지막으로 Tisa에서 'TI'를 따왔다. 현 최고위 그랜드마스터인 Prudencio "Ondo" Caburnay는 Tisa 바랑가이에서 수년째 의원직을 맡고 있다.

'Arnis'는 스틱(칼 등의 냉병기를 사용하기도 함)을 주무기 또는 훈련도구로 사용하는 필리핀 무술을 포괄하는 개념이며, 'eskrima'라고도 알려져 있다.

'Abanico'는 'fan'을 의미하며, 필리핀어로는 'pamaypay'라고 한다. 'Arnis de Abanico'는 'Fan 스타일의 Arnis'를 뜻하며, 이름에서 알 수 있듯이 스틱 혹은 무기를 부채꼴 모양의 독특한 궤적을 그리며 사용하는 것을 나타낸다.

동시에, LAPUNTI는 수련생이 추구해야할 사상과 가치의 머릿글자 를 의미한다.

Love 사랑, Aritsty 예술성, Philosophy 철학, Unity 조화, Nimbleness 민첩, Truthfulness 진실, Integrity 성실

Lapunti 로고

Lapunti의 공식로고의 중앙부에는 오른 발톱으로는 garote(스틱)를, 왼 발톱으로는 daga(단검)을 쥐고 있는 필리핀 독수리가 위치하고 있다. Lapunti를 나타내는 검정과 빨강색으로 묘사된 필리핀 독수리(Pithecophaga jefferyi)는, 필리핀의 국조이며, 원숭이를 사냥하는 독수리로 알려져 있다. 스틱과 단검은 espada y daga라 불리는 전통적인 전투 스타일에서 사용되는 무기이다. 명성이 널리 알려져 있는 espada y daga는 고급 단계의 Lapunti 수련자들에게 전수되고 있다. 독수리의 부리에는 정의, 공정함과 균형을 의미하는 저울이 물려 있으며, 가슴에는 필리핀 방패를 문장으로 하고 있다.

독수리의 상단에는 Lapunti가 공식적으로 설립 된 년도가 적혀 있으며 하단의 리본에는 유파의 이름인 'Lapunti Arnis de Abanico'가 적혀있다. 로고 둘레에는 조직의 공식명칭인 'Lapunti Arnis de Abanico International'이 씌여있다.

한국아르니스협회
Korea Arnis Assosiation

발렌타윅 & 라푼티 아르니스 코리아란?

필리핀 전통 무술인 아르니스 유파 중 메이져 그룹 인 발렌타윅 그룹과 라푼티 그룹에 기술들을 특장점 화 시킨 아르니스 그룹입니다. 그룹에 특징은 근접 격투(CROSS COMBAT) 전을 전문적으로 수련하며 근접 격투 기술 및 셀프 디펜스(자기방어) 기술에 초점을 맞추고 있다. 원거리전 도 병행해서 수련하지만 현대사회에 자기방어 기술 그리고 군·경 실전격투 즉 CQC(Close Quarters Combat) 근접 격투전에 특화 시킨 기술 체계를 가주고 있으며, 군용 기술 체계 경찰, 보안 업체 기술 체계 민간용 기술 체계로 각제 각 요소에 필요한 특화된 기술 체계를 가주고 있습니다.

한국 아르니스 협회에 기술체계는 스틱 기술(원스틱 더블스틱),나이프 디펜스, 나이프 파이팅, 맨손격투 제압술 주변 사물 을 이용한 자기방어 기술 등을 중점으로 수련합니다. 이러한 기술 체계를 바탕으로 남녀노소 모두다 수련할 수 있는 현대사회 에 필수적인 자기방어 시스템의 무술입니다.

로고 설명

1. 독수리 : 용맹함(bravery)과 저돌성 을 상징함
2. 황소 : 파워(powe) 물러서지 않는 투지(fighting spirit)를 상징함
3. 방폐 : 디펜스(defense) 방어를 상징하며 , 필리핀을 상징하는 로고
4. 스틱 : 아르니스에 기본적인 무기를 상징
5. 다거 : 필리핀 전통 양날 나이프를 상징
6. 번개 : 스피드(speed)를 상징함
7. 월계관 : 명예(honor)를 상징함
8. 천칭(저울) : 정의(justice)를 상징함

필리핀의 전통무술 아르니스(Arnis)

1 개요

Kali. 필리핀 전통무술을 통칭하는 칼리, 근대 유럽 검술과 융합되어 아르니스(Arnis), 에스크리마로(Eskrima)도 불린다.

칼이나 짧은 봉을 사용하는 단순한 무기술로 보이지만 맨손을 이용한 격투술도 포함된 무술로 오랜 세월에 걸쳐 발전되었으며 실전을 통해 단련되었기 때문에 20세기 들어 그 실전성과 효용성을 인정받아 나이프 파이팅에서 중요한 자리를 차지하고 있으며 세계 여러 나라에서 호신술로서도 각광 받고 있다.

2 역사

칼리(아르니스)의 기원은 명확하지 않은데 인도부터 이슬람까지 다양한 기원설이 주장되고 있으며 필리핀의 고립된 섬들 각지에서 독자적으로 또는 외부의 영향을 받아 발생한 것으로 추측되고 있다.

대표적인 인도 기원설을 보면 인도의 고대무술인 칼라리파야트(Kalarippayattu)가 말레이시아와 인도네시아로 전파되었고 시간이 지나면서 다른 형태의 무술로 진화해갔는데 인도네시아에서는 쁜짝 실랏(Pencak Silat / 인니어로 P는 ㅃ, C는 ㅉ의 발음이 난다. 펜칵 실라트가 아니나)로, 말레이시아에서는 실라트(Silat)로 발전했으며 필리핀에도 전파되어 아르니스에 영향을 주었다고 한다.

또한 칼리라는 이름의 유래에도 다양한 설이 있는데 힌두교 죽음의 여신인 칼리에서 따왔다는 설과 필리핀어로 칼을 뜻하는 'Kalis'에서 따왔다는 설이 대표적이다.

기원이 어디서 시작되었든 칼리(아르니스)는 필리핀의 부족들 사이에서 일어난 전투를 통해 강한 무술로 진화하고 있었다는 사실이다. 1521년 페르디난드 마젤란이 막탄섬에 상륙해 가톨릭을 전파하고 스페인과 동맹관계를 요구하면서 필리핀 정복을 시도한다. 마젤란은 총과 대포를 믿고 막탄 부족에 족장인 라푸라푸(Lapu-Lapu)를 공격하게 되는데 원주민들을 우습게 봤다가 참패를 하고 만다. 원주민의 칼과 나무막대기는 스페인 원정대가 전혀 경험하지 못한 형태로 공격해 왔고 스페인 사람들은 이런 기술에 대처하지 못하고 참패 했고 결국 마젤란도 이 전투로 인해 생을 마감하게 되었다.

이후 스페인은 필리핀을 점령하지만 민다나오 섬만은 전체적으로 점령하지 못한다.
칼리(아르니스)의 위력을 경험한 스페인 정복자들은 법으로 칼리(아르니스)를 금지시켰지만 점령하지 못한 민다나오에서 아르니스는 유럽의 검술을 극복하기 위해 적응하고 발전해갔다. 스페인에 점령된 섬들에서도 모로모로라는 놀이를 만들어 놀이 속에 아르니스의 테크닉을 춤으로 가장해 연습했고 스페인의 검술에도 영향을 받아 검술용어나 기술을 받아들여 칼리(아르니스)를 더욱 발전시켰다.

또한 이 당시 칼리라는 이름을 사용할 수 없었기 때문에 에스크리마(Eskrima)나 아르니스(Arnis)로 불렀고 이것이 칼리 라는 명칭이 다양한 이름으로 불리는 이유가 되었다.

미국-스페인 전쟁을 통해 미국이 필리핀을 점령한 뒤에는 제2차 세계대전에서 미군과 함께 일본군에 대항하여 싸웠는데 미군 소속의 볼로(정글도) 부대는 실전으로 단련된 칼리(아르니스)로 일본군들을 두려움에 떨게 했다.

전쟁이 끝나자 실전성을 인정받은 칼리(아르니스)는 미국에 소개되기 시작했고 FBI를 비롯한 법집행기관이나 군대(미 해병대, 스페셜포스, 네이비씰 등) 및 세계 각국의 특수부대 및 유럽 경찰 및 보안업체 등에서 도입해 훈련하고 있다.

3 현대 칼리(아르니스)의 시작

이처럼 칼리는 전통 무술로 각 가문에서 독자적으로 전수되던 것이었다. 이것을 현대적인 단체화시킨 것은 테오도르 사베드라 도링이라는 무술가로, 그는 삼촌인 로렌조 사베드라에게 아르니스를 전수받았다. 로렌조 사베드라는 원래 사베드라 가문의 아르니스 무술의 달인으로 금지된 전통무술로 싸움을 벌린 죄로 체포되었다. 감옥에서 그는 프랑스인 마스터를 만나 그에게 기술을 전수받았으며, 이때의 경험으로 프랑스식 검술과 자신의 가문 전래 아르니스 를 접목시킨 새로운 체계를 만들게 된다.

테오도르 사베드라는 로렌조가 프랑스식과 전통방식을 조화시켜 정립한 체계를 전수받았으며, 처음에는 이것을 바탕으로 1920년 라방온 펜싱 동호회를 창설하고 여러 단체와 교류하다가 1932년에는 최초의 연합 단체인 도세 페레스를 창설하였다. 도세 페레스란 카롤루스 대제의 12성기사를 의미하는 것으로 프랑스인 마스터를 기리는 의미를 가지고 있었다. 도세 페레스는 아르니스 뿐만 아니라 필리핀에 전파된 펜싱 등등 다양한 무술들을 통합하는 느슨한 연합 단체의 성격을 가졌다. 그렇기 때문에 다양한 마스터들이 자기 가문의 아르니스 기술을 가지고 참여했고, 테오도르 사베드라는 자신의 체계를 카네테 가문에 전수하게 된다. 여기서 도세 페레스의 운영을 맡은 마스터 모모이 카네테가 등장한다.

본래 도세 페레스에서는 2개의 봉을 사용하는 더블스틱이 유명했지만, 모모이 카네테는 크고 작은 칼 2개를 사용하는 에스파다 야 다가(Espada ya Daga : 검과 단검) 검술이 주특기였다. 또 사베드라 가문의 제자였던 안총 바콘은 1개의 봉을 쓰는 싱글스틱 기술로 유명했다. 테오도르 사베드라가 일본군과의 게릴라전에서 전사한 이후 90살이 넘은 로렌조 사베드라는 도세 페레스의 운영에 관여하지 않았으며, 점차 도세 페레스는 카네테 가문의 특징을 띠게 된다. 이에 따라 도세 페레스에 가입했던 마스터들이 점차 탈퇴하고, 안총 바콘은 세부 발린타왁 거리에 도장을 열고 발린타왁 호신술 교실을 열었다. 또한 스트리트 파이팅으로 유명한 그랜드 마스터인 필리몬 카부나이 도이시기에 군소 단체들을 통합하면서 라푼티 아르니스를 전파하기 시작한다. 다른 마스터들도 제각기 빠져나가 자신만의 교실을 세우기 시작했고, 여기서 분화된 아르니스 단체들은 현재에 이르러서는 매우 많다.

아르니스는 각 마스터들마다 주특기가 달랐고, 또 도세 페레스 분열 이후 1960년대부터 돌풍을 일으킨 중국무술과 일본무술, 복싱의 체계를 각기 충실히 흡수하여 현재는 동북아 스타일의 도복과 단 체계를 흡수한 곳도 있고, 본디 자유분방한 타격과 느낌을 이용한 공방을 중시했던 초창기 시절과는 달리 몇가지의 상황을 설정하여 카타처럼 시나리오화시킨 그룹핑을 하는 곳도 있다. 처음에는 아르니스 의 봉술은 검술을 훈련하기 위한 도구였으나 이제는 단봉 그 자체에 특화된 기술로 변화된 곳도 있으며, 수준과 스타일도 천차만별이다.

4 기술

전통무술치곤 특이하게도 맨손 기술보다 올리시(olisi)라는 60cm 정도의 스틱과 나이프를 사용한 무기술을 먼저 수련하게 된다. 이 때문에 아르니스 는 칼이나 막대기 격투술이라고 오해하는 사람도 있는데 무기술에 기초를 두고 무기를 수련하는 원리와 방법으로 맨손 기술을 수련하기 때문에 몸의 움직임은 무기를 들거나 맨손이거나 관계없다. 즉, 맨손기술에 무기를 들면 그대로 무기술이 되는 것이다.

따라서 먼저 무기를 능숙하게 다루고 난 뒤, 펀치와 킥, 서브미션과 던지기 같은 맨손 기술(이러한 그래플링 계열 체계는 dumog로 칭해진다)을 응용한 실전테크닉을 다룬다.

무기술 또한 특이한 편이다. 주로 단봉을 이용해 짧고 빠른 공방을 수련하고 한손기법과 양손기법 모두 체계적으로 수련하는데, 이 특이한 무기술의 응용범위가 넓어 곤봉 대신 나이프를 들거나 정글도를 들어 상대방을 공격하는 것도 가능하다. 같은 무기를 들어도 거리에 따라 도검의 포이블에 해당하는 부분으로 타격할 것이냐, 힐트에 해당하는 부분으로 역수로 찍을 것이냐, 디스암이나 그래플링으로 들어갈 것이냐 등등을 결정할 수 있다. 물론 여기에 해당하는 동작들은 모두 같은 기본 동작을 공유한다. 여기에 더해 상대의 무기를 빼앗는 디스암(Disarm) 기술도 높은 수준으로 발달되어있다.

수련 시에는 상대의 공격을 힘과 스피드로 빠르게 차단하고 반격하는 것에 중점을 두며. 기존 격투기 기술로 표현하자면, 일반적인 가드보다 패링과 피닝 등과 함께, 동시에 카운터를 넣는 것을 중요시하는 체계가 특이한 점. 물론 이 체계는 맨손과 무기술에 공통으로 적용된다. 맨손 체계와 무기술 체계의 차이점은 구체적인 타점이나 스텝, 몸이 돌아가는 범위가 상황에 따라 조절된다는 것 정도. 무기술 기반으로 설명하자면, 공방 시 상대의 머리나 몸통 등의 타점뿐만 아니라, 상대가 공격에 사용하는 사지를 유연하게 공격해서 무력화시키는 것을 기본 교리로 한다. 날붙이(나이프)를 든 상황에서는 자연스럽게 상대방이 공격에 사용하는 손목을 통째로 베어서 공방 일체를 이루는 식이다. 기민한 동작을 통한 패링과 카운터가 중시되는 만큼, 상대의 공격을 흘리고 공격을 넣는 것을 2인 1조로 반복하는 훈련(이것을 Hubad으로 칭한다)으로 맨손이나 나이프 기술을 수련하기도 한다. 구체적인 타격보다는 유연하고 정확한 대처와 함께, 공방에 쓰이는 힘을 섬세하게 조절하는 것을 주 목표로 한 훈련(Sensitivity Drill)이다.

풋워크가 삼각형을 유지하면서 이루어진다는 것이 특이한데, 전방 좌우, 후방 좌우 모두로 몸을 옮기면서 공격, 방어 등을 조합할 수 있게 가르친다. 몸이 앞으로 갈 때에는 앞에 둔 발을, 뒤로 갈 때에는 뒤에 둔 발을 먼저 움직인다는 점과, 발이 나가는 방향에 따라 상체가 회전한다는 점이 특징으로, 이러한 움직임을 통해 몸 전체를 회피와 공방에 유리하게 활용할 수 있다. 예를 들어, 타격 시 우측으로 나가며 오른쪽에서 왼쪽으로 나가는 공격(찌르기나, 베기, 훅, 그래플링 모두 관계없다)을 가할 시에는 목표의 측면을 잡는 동시에 몸이 회전하는 힘을 실어서 더 강한 공격을 가할 수 있으며, 그 다음 좌측 전방으로 나가며 왼쪽에서 오른쪽으로 나가는 다음 동작을 수행하면(왼편으로 넘어간 오른손을 왼쪽으로 보내거나, 왼손을 오른쪽으로 보내거나) 역시 예상치 못한 방향으로 빠지며 적의 측면을 잡는 동시에 적의 공격 범위에서도 비교적 안전하게 벗어날 수 있다. 물론 모든 공격, 방어 기술이 풋워크와 함께 이루어지는 것은 아닌데, 대신 허리나 손목을 빠르게 이용해 추가타를 가하거나 상대의 팔, 다리를 밀어내는 것을 풋워크 밟으면서 하는 공격의 연장으로 취급하기도 한다. 즉, 근대 이후 서양 검술의 패리&리포스트를 측면으로 빠지면서 하는 것과 유사하다.
아르니스의 기술은 지역마다 다른데다 수련자들이 자기의 해석을 더해 새로운 팀을 창설하는 등 아르니스라는 거대한 틀을 규정할 수는 있어도, 그 형태와 기술체계를 세세히 구분하기는 어렵다.

대체적인 경향을 본다면 초창기에는 원주민들 사이의 분쟁에서 발생한 무기술이 기본이었으나, 스페인 식민지 시대를 거치면서 18~19세기의 유럽 검술 커리큘럼을 받아들여 시스템을 체계화시켰다. 칼리 그룹에서 하는 8방향 베기라든가 스페니쉬 써클을 이용한 보법 훈련은 명백히 근대 유럽의 것이고, X자로 서로 무기를 부딪치는 플로워 드릴이나 런지, 쉬프트 개념과 패리&리포스트 개념도 곳곳에서 엿보인다.

이에 대해 원래는 무술만 있고 체계는 잡혀 있지 않던 아르니스가 유럽의 체계를 들여와 비로소 체계화에 성공했다고 보는 시각이 대세이다.

20세기에 이르러서는 더 많은 변화를 겪고 있다. 근대 유럽적인 커리큘럼에 더해 영춘권의 목인장이나 투로 스타일의 훈련을 도입하고, 무기도 전통적인 중형 도검보다는 단봉과 발리송이나 카람빗 같은 짧은 나이프, 총기류와의 연계, 상황설정을 통한 훈련 등 동양무술이나 CQC(근접전투술) 같은 택티컬적인 요소를 적극적으로 도입하고 있다.

5 여러 매체에서의 칼리(아르니스)

영화 더 헌티드(The Hunted)나 테이큰, 제이슨 본 시리즈, 한국영화 아저씨에 칼리의 특징이 잘 나타나 있다. 물론 영화인만큼 연출에 과장이 섞여 있으므로 액면 그대로 받아들이진 말자.
부르스 리가 배운 무술의 하나로 용쟁호투에도 올리시를 사용한 장면이 등장한다.

게임 컨뎀드 시리즈의 1편인 컨뎀드 크리미널 오리진에 등장하는 최종보스인 어둠의 감시자가 이 무술을 이용한 동작으로 공격한다.

6 관련항목

[1] 십자군 전쟁을 묘사하는 놀이

[2] 비사얀 제도에서는 스페인사람들이 놀이의 춤을 보고 에스그리마(esgrima)로 불렀는데 스페인어로 esgrima는 펜싱을 의미하며 여기서 에스크리마가 유래되었다.

[3] 루손 섬에서는 놀이를 하는 동안 놀이를 하는 동안 일종의 가죽 갑옷(harness)을 입는데 이것을 스페인어로 아르네스(Arnes)라고 불렀고 이것이 칼리를 뜻하는 단어가 되었다.

[4] 민다나오의 모로족은 미군의 38구경 권총에도 쉽게 죽지 않고 닥돌했는데 여기에 충격을 먹은 미군이 권총을 45구경 콜트 M1911로 바꿀 정도로 호전적이었다.

[5] 미합중국 해병대에서는 칼리의 봉술을 베이스로 총검술을 훈련한다.

[6] 여담으로 그 프랑스인 마스터는 카롤루스 대제의 12성기사의 검술을 자신이 계승했다고 주장했는데, 이는 사실이 아니다. 그의 방식은 플로우 드릴을 비롯한 다양한 형태로 칼리 단체들에 남아있는데 이 교육방식은 전형적인 18~19세기 유럽의 검술훈련 방식이다. 당시 유럽에서는 근대 검술을 바탕으로 전통 검술을 복원하려는 움직임이 유행을 타고 있었는데, 로렌조의 스승은 이 영향을 받아 자신의 무술이 중세 프랑스 무술임을 믿고 있었을 가능성이 높다.

[7] 현대적인 호신술로서의 면모를 강조하는 쪽에서는 무기 대신 우산, 열쇠, 볼펜 등의 생활용품을 쥔 채로도 공격 및 방어가 가능하다고 가르치기도 한다. 실제로 작은 볼펜을 역수로 쥔 것과 같은 효과를 내기 위한 **"쿠보탄"** 이라는 호신용품도 존재한다.

[8] 일반적으로 무기를 잡은 손, 상황에 따라 주먹이나 발 등 자신에게 들어오는 모든 상대의 신체부위 중 가장 가까운 것이다.

[9] 이는 나이프 파이팅의 기본 교리와 유사하다.

[10] 날붙이를 이용한 전투 상황에서는 이것 자체가 공격이 될 수 있다.

스틱 테크닉

Chapter 01 스틱 테크닉
– Stick Technique –

아르니스의 기본적인 스틱 테크닉(stick technique)에 대해서 설명합니다. 스틱 테크닉(stick technique)은 나이프 테크닉(knife technique)과 아주 긴밀하게 연결되어 있으므로 매우 중요합니다.

아르니스의 첫 수련이 스틱(stick)인 이유는 양손을 같이 사용하는 동작을 습득하기 위함입니다. 또한 무기를 먼저 사용하고 익혀 무기에 대한 적응력을 높일 수 있고, 실전상황 시 자유자재로 무기를 다룰 수 있으며, 무기에 대한 두려움을 없애는 것이 목표입니다.

그리고 기술들이 스틱(stick)이란 도구에 한정 되어 있는 것이 아니라, 잡지(책)를 말은 것, 작은 막대기, 삼단봉 등등 손으로 잡을 수 있는 소도구들 이면 모든지 가능합니다.

또한 스틱 테크닉(stick technique)은 정글도를 사용하는 방법과 매우 동일하게 이루어져 있으므로, 스틱(stick) 기술을 습득 한다면 정글도를 쉽게 사용 할 수 있습니다.

스틱 테크닉(stick technique)을 수련 시 주의 할 점은 스틱(stick)의 길이는 65~70cm을 기준으로 하여 연습 하는 것이 좋습니다. 그리고 어깨의 힘만으로 타격을 하는 것이 아니라, 허리와 무릎을 이용하여 최대한의 힘과 스피드를 내는 것이 중요합니다. 또한, 몸을 이완시켜 가볍고 부드럽게 수련하는 것이 중요하고 몸에 익숙해져 숙달도가 높아질수록 강하고 경쾌하게 수련하는 것이 중요합니다.

01 인사법 (vowing)

중립자세(Natural Stance)
양발을 어깨넓이 만큼 벌리고 팔은 스틱을 가볍게 잡고 아래로 내린다.

차렷
양다리를 붙이고 스틱을 잡은 팔은 가볍게 내린다.

스틱을 잡은 오른손을 왼쪽 가슴에 댄다.
(상대방에 대한 존경의 의미)

고개를 숙이고 인사를 한다.
(그 다음 중립자세로 다시 돌아온다)

중립자세(Natural Stance)

02 스틱(stick)의 명칭 및 그립법

스틱(stick) 잡는 법
(스틱을 왼쪽 손가락 네 마디 위로 잡는다)

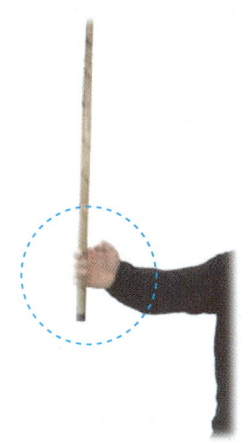

네 손가락으로 스틱을 가볍게 말아서 쥔다.

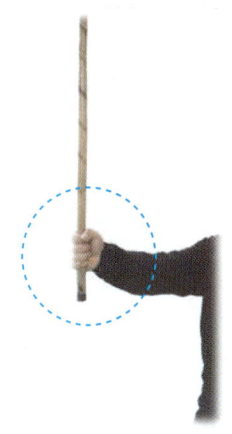

네 손가락으로 스틱을 가볍게 말아서 힘 있게 잡는다.

스틱의 윗부분 끝을 팁(tip)이라고 한다.

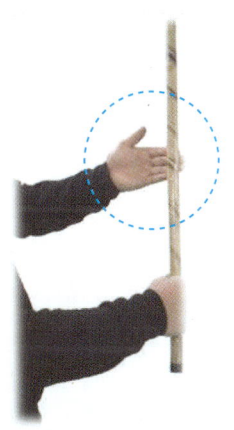

스틱의 가운데 부분을 미들(middle)이라고 한다.

스틱의 아래쪽 끝 부분을 버팅(butting)이라고 한다.

03 스틱(stick)의 파이팅 자세

중립자세에서 파이팅 스탠스
(fighting Stance) 왼쪽 발을 뒤로 뺀다.

스틱(stick)을 어깨에 대고, 왼손 주먹을 턱 앞부분에 가볍게 올려놓는다.

온 가드 (on guard) 자세
스틱을 팔뚝 바깥쪽에 사선으로 가볍게 댄다.

센트로 바턴 스탠스(central baton stance)
실제 대련이나 실전에서 많이 사용하는 스탠스(stance)이다

[주의할 점] 스틱파이팅 자세는 스틱 동작을 하기 위한 기본적인 자세입니다. 스틱파이팅 자세 때 주의할 점은 시선은 항상 전방을 주시하고 어깨 쪽 견갑골에 힘을 빼고 자연스럽게 준비자세 동작을 하는 것이 중요합니다.
또한 스틱스트라이커 동작 시 강한 힘과 스피드를 내기 위해서 허리움직임과 강약조절을 위해 몸의 힘을 빼고 자연스럽게 준비자세를 취합니다.

04 싱글 스틱 드릴(Single Stick Drils)

❶ 풀 스윙(Full swing)

파이팅 스탠스(fighting Stance)

45° 방향으로 머리를 향해 휘두른다.

풀 스윙(full swing)을 할 때 타격점에서 손목을 빠른 속도로 낚아 채준다.

45° 각도로 머리를 향해 사선으로 휘두른다.

풀 스윙을 할 때 허리를 틀어 순간적으로 강하게 휘두른다.

[주의할점] 풀 스윙(full swing) 시 시선은 상대방을 바라보고, 허리를 트는 힘을 이용해, 45° 사선 방향으로 정확히 후려치는 것이 중요하며, 타격 후 스틱을 회수하는 동작에서 이두근에 스틱 미들(stick middle) 부분을 붙이듯 대는 것이 중요합니다.

❷ 어퍼 풀 스윙(Upper Full Swing)

스틱(stick)을 밑에서 위로 올려 친다.

타점이 상대방의 턱이므로 턱 쪽에서 손목을 꺾어준다.(허리를 순간적으로 틀어준다.)

[주의할점] 어퍼 풀 스윙(upper full swing) 시 허리를 트는 힘을 이용해 상대방의 턱을 쳐 올리는 동작 입니다. 스틱(stick)의 각도는 정확히 상대방의 턱을 치는 각도로 휘려쳐야 합니다.
이때 타격 후 회수 동작에서 이두근에 스틱 미들(stick middle) 부분을 붙이듯 대는 것이 중요합니다.

❸ 슬래쉬(Slash) 베기

상대에 눈이나 코를 향해 베어버리듯 스윙을 한다.

스틱 팁(Tip) 부분으로 상대의 눈이나 코를 베어버리듯이 스윙을 하는데, 이때 허리를 틀어 강하게 스윙한다.

스틱을 회수 후 반대방향도 똑같이 상대에 눈이나 코를 향해 베어버리듯 스윙을 한다.

[주의할점] 슬래쉬(slash)를 할 때, 타격 부분이 코와 눈 쪽 이므로 정확히 그쪽으로 타격해야 하며, 이때 팔꿈치를 다 펴지 말아야 합니다. 팔꿈치를 다 펴게 되면 타격의 파괴력이 약해지므로 팔꿈치를 살짝 오므려줘야 강한 파괴력을 얻을 수 있기 때문입니다.

허리를 틀어 상대의 눈과 코를 베어버리듯 스윙을 한다.

제자리로 돌아온다.

❹ 플라이 윌(Fly Wheel)

준비자세

스틱(stick)을 머리 위로 올린 후 원을 그리며 상대의 머리를 향해 내려 돌려 친다.

스틱(stick)이 끝나는 정점에서 손목을 안으로 낚아챈다.

[주의할 점] 플라이웰스트라이크 동작 시 주의할 점은 어깨와 손목에 힘을 빼주며 스트라이크 시 타점부분에서 손목을 안쪽으로 잡아당겨주어야만 스피드와 파워가 나올 수 있습니다.

상대의 머리를 향해 돌려친 후 손목을 안쪽으로 낚아챈 후 다음 동작을 위해 스틱을 사선으로 왼팔에 대어준다.

❺ 트라스트(Thrust)

[주의할 점] 트라스트 스트라이크 동작 시 스틱 끝 팁(Tip) 부분으로 정확히 찌르는 동작이 중요합니다.
스틱 끝이 밑에서 위로 세워져 있어야만 스틱으로 상대방을 찌를 때 스틱이 밀리지 않고 강하게 찌를 수 있습니다.

45° 각도로 상대방 얼굴 좌측을 스틱 끝으로 올려 찌른다.

45° 각도로 상대방 얼굴의 우측을 스틱 끝으로 올려 찌른다.

❻ 후킹 트라스트(Hooking Thrust)

찌르기 준비자세

상대방 관자놀이를 스틱 끝부분(팁 : tip)으로 찌른다.

허리를 강하게 틀어 가속력을 붙여 강하게 찌른다.

반대편에 관자놀이를 스틱 끝부분(팁 : tip)으로 찌른다.

스틱(stick)을 최대한 몸에 붙여서 긁어버리듯이 찌른다.

[주의할 점] 후킹 트라스트(hooking thrust) 시 스틱(stick)의 끝 부분으로 긁어 찌르는 것이 중요한데, 이때 허리를 틀어 강한 힘을 이용하는 것이 포인트입니다.

❼ 아바니코 스트라이크(Abaniko Strike) – 부채꼴 타격

준비자세　　　　　　스틱(stick)을 45° 방향으로 손목을 돌려 내려서 상대방의 왼쪽 머리 부분을 꽂아친다.

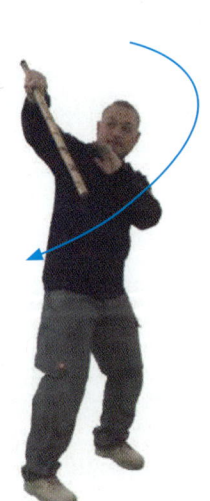

손목이 복원되는 힘을 이용하여, 15° 방향으로 아래에서 위로 상대의 오른쪽 얼굴을 받아 친다.　　센트럴 아바니코(central abaniko)　　머리 정수리, 상대의 코를 직선 업스프링으로 내려찍듯이 친다.

 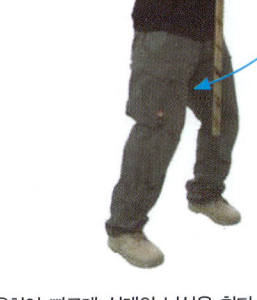 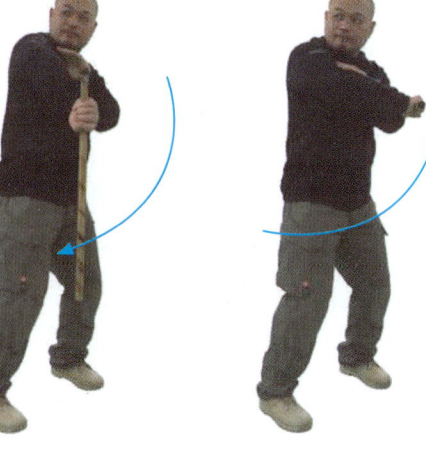

[주의할 점] 아바니코 스트라이크(abaniko strike) 시 슬래쉬(slash)와 마찬가지로 팔꿈치가 다 펴지면 안 됩니다. 그리고 반드시 45° 방향으로 타격해야 하며, 손목에 힘을 빼고 타격점에서 힘을 넣는 것이 포인트입니다. 더불어 타격 후 스틱(stick)을 회수 할 때 직각으로 회수 하는 것이 중요합니다.

손목이 복원되는 힘을 이용하여 빠르게 상대의 낭심을 친다.   준비자세로 돌아온다.

❽ 하프 스윙(Half Swing)

  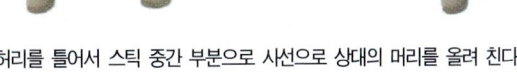

준비자세   허리를 틀어서 스틱 중간 부분으로 사선으로 상대의 머리를 올려 친다.

01

상대를 가격한 스틱(stick)을 V자 모양으로 접는다.

45° 방향으로 상대의 머리에 하프 스윙(half swing)을 한다.

허리를 틀면서 준비자세로 돌아온다.

허리를 틀면서 상대의 하단 골반 뼈를 하프 스윙(half swing)을 한다.

허리를 틀어 강하게 스틱을 내려쳐 준다.

제자리로 신속하게 돌아온다.

[주의할 점] 하프 스윙(half swing) 시 팔의 힘만으로 타격 하는 것이 아니라, 허리를 트는 힘을 이용해 체중을 실어서 스틱 미들(stick middle) 부분으로 정확히 타격 하는 것이 중요합니다.

❾ 사이드 스프링(Side Spring)

준비자세

손목을 가볍게 옆으로 틀어준다.

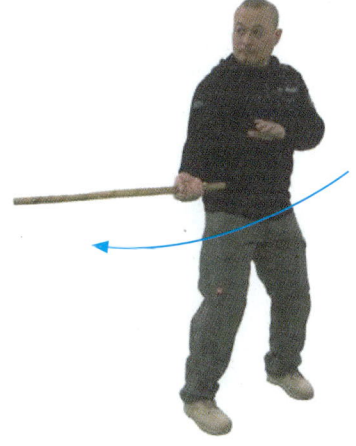
스틱(stick)의 옆면으로 상대의 골반 뼈를 가격한다.

가격 후 스틱(stick)을 채찍을 휘두르듯이 빠른 속도로 회수한다.

[주의할 점] 사이드 스프링 시 주의할 점은 스틱을 든 오른쪽 손목에 힘을 뺀 상태에서 가격 타점에서 스틱을 강하게 잡아주는 것이 중요합니다. 그리고 사이드 스프링 시 오른팔 팔꿈치 관절이 다 펴지지 않게 해야 합니다.
오른팔 팔꿈치가 다 펴지게 되면 사이드 스프링 동작 시 스틱에 강한 힘을 낼 수 없으며 사이드 스프링 동작 후 스틱을 안쪽으로 빠르게 회수하여야 합니다.

❿ 업 스프링(Up Spring)

준비자세

스틱(stick)을 직각으로 상대의 머리를 내려진다.

이때 타점은 상대방의 머리를 가격한다.

머리를 가격 후 스틱(stick)을 빠르게 회수한다.

[주의할 점] 업 스프링(Up Spring)의 포인트는 스트라이크 이름처럼 손목의 힘을 빼고 가격 시 손목의 스냅 탄력을 이용하여 상대를 강하게 가격 후 스프링처럼 제자리로 회수하는 것입니다.

⓫ 컴플릿트 스트라이크(Complete Strike)

준비자세

플라이 휠(Fly wheel)

플라이휠 스트라이크로 상대의 머리를 가격한다.

상대의 머리를 가격 후 빠르게 손목을 안쪽으로 꺾어준다.

플라이 휠(Fly wheel) 후 바로 업 스프링(up spring)으로 상대의 머리를 내려찍듯이 친다.

01

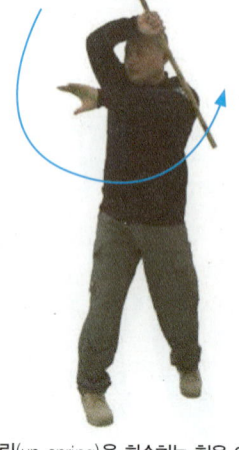

상대의 머리를 가격 후 빠르게 제자리로 스틱을 회수한다.

업 스프링(up spring)을 회수하는 힘을 이용하여, 스틱(stick)을 목 뒤로 돌려 상대의 머리를 풀 스윙(full swing)으로 후려치듯이 가격을 한다.

허리를 틀어 강하게 상대의 머리를 후려치듯이 가격한다.

준비자세로 돌아온다.

[주의할점] 컴플릿트 스트라이크(complete strike)는 3연타 동작이므로, 힘의 원리, 방향에 따라 부드럽게 연속적으로 연결되는 것이 중요 합니다. 마지막 공격인 풀 플라이 휠(full fly wheel)에서는 허리를 트는 힘을 이용해 상대의 머리를 강하게 후려치는 것이 포인트입니다.

❷ 플라이 윌(Fly Wheel) 변형 / 업 스프링(Up Spring)

상대의 머리를 가격한 후 업 스프링(Up spring)을 회수한다.

스틱(stick)을 목 뒤로 돌리지 않고 바로 어퍼 풀 스프링(upper full spring)으로 위에서 아래로 내려친다.

손목을 순간적으로 낚아채 주듯이 위에서 아래로 가격한다.

 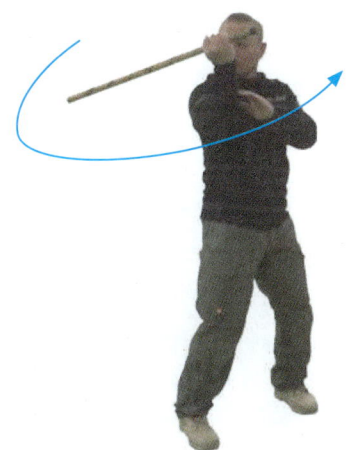 

허리를 틀어 상대의 턱을 위에서 아래로 후려치듯이 가격한다.

01. 스틱 테크닉

준비자세

45° 방향으로 풀 스프링(Full spring)으로 내려 친다.

타점은 상대의 왼쪽머리를 후려쳐 주듯이 가격 한다.

타점은 상대의 머리를 향해 강하게 후려쳐 준다.

준비자세로 돌아온다.

50 모두를 위한 칼리&아르니스

⓭ 스틱 보법(Stick Step)

포워드 / 백 스텝
(forward and back step)

앞발이 먼저 나가고 뒤쪽 발이 따라온다. 가장 기본적인 전진 스텝이다.

뒷발이 뒤로 빠지고 앞발이 뒤쪽으로 따라온다. 가장 기본적인 후진 스텝이다.

준비자세로 돌아온다.

[주의할점] 힘을 빼고 경쾌하게 몸을 앞뒤로 움직이는 것이 중요합니다. 이때 체중이동은 5:5로 움직여야 합니다. 제일 기본이 되는 앞, 뒤 보법이므로 많은 연습이 필요하며 반대편 발도 숙달을 시켜야만 자유자제로 움직일 수 있습니다.

ⓕ 사이드 스텝(Side Step)

오른발이 45° 방향으로 나간다.

왼발을 다시 회수한다.

오른발을 회수 한 후 왼발이 45° 방향으로 나간다.

준비자세

[주의할 점] 사이드 스텝(Side Step) 동작 시 45° 방향으로 먼저 나가는 다리의 중심은 6이고 뒤에 있는 다리에 중심은 4로 맞추어서 신속하게 45° 방향으로 중심을 이동합니다.

⑮ 프론트사이드 스텝(Front side step)　　　　　　　　　　　　　01

준비자세　　　　　　앞발이 앞으로 한 보 나간다.　　　　뒷발이 미끄러지듯이 앞발을 따라온다.

[주의할 점] 힘을 빼고, 경쾌하게 움직이는 것이 핵심입니다. 이때 체중이동이 밑으로 깔려 미끄러지듯이 움직이는 것이 중요 합니다. 프론트 사이드 스텝 (Front side step)은 빠른 공격에 아주 유용한 보법이므로 많은 연습이 필요하며, 반대편 발도 숙달을 시켜야만 자유자제로 움직일 수 있습니다.

뒷발을 뒤로 한 보 뒤로 움직인다.(앞의 설명과 마찬가지로 앞발이 미끄러지듯이 뒷발이 따라온다.)

01 ⓰ 발렌타웍 8 카운터 스트라이크(Balintawak 8 Count Strike)

파이팅 스탠스(fighting stance)

풀 스윙(full swing)

상대방의 얼굴을 45° 방향으로 허리를 강하게 내려친다.

허리를 틀어 강하게 상대방의 머리를 가격한 후, 다음 동작을 위해 스틱을 왼쪽 팔에 사선으로 올려준다.

플라이 휠(fly wheel)

풀스윙을 한 후 바로 상대방의 머리를 향해 강하게 후려친다.

풀스윙을 한 후 바로 연결되는 동작이므로, 다음 연결 동작 시 강한 힘과 스피드를 내기 위해 어깨에 힘을 빼준다.

플라이웰 스트라이크 후 리버스 풀 스윙(reverse full swing)으로 상대방의 머리를 향해 강하게 사선으로 스윙을 한다. 이때 히리를 오른 쪽으로 틀어주는 것이 중요하다

왼쪽으로 허리를 틀어 업 풀 스윙(up full swing)으로 상대방의 턱을 향해 쳐 올리듯이 스윙을 한다.

상대방의 턱을 가격한 후 스틱을 잡은 손목을 순간적으로 꺾어준다.

아바니코(abaniko)

상대방의 턱을 가격한 후 손목을 틀어 상대방의 왼쪽 머리를 친다.

왼쪽 머리를 친 후 손목과 허리를 동시에 왼쪽으로 틀어 상대방의 오른쪽 머리를 친다.

상대방의 오른쪽 머리를 가격한 후 스틱을 머리위에서 감아 돌려 풀 스윙(full swing)으로 상대방의 왼쪽 머리를 향해 시선으로 강하게 친다.

01

왼쪽 머리를 풀스윙으로 가격한 후 허리를 틀어 반대편 리버스 풀 스윙(reverse full swing)으로 다시 상대방의 오른쪽 머리를 향해 사선으로 강하게 친다.

준비 자세로 돌아온다.

아바니코(abaniko) 스트라이크 후 리버스 풀 스윙(reverse full swing) 대신 slash strike로 변형할 수 있다.

상대방의 눈이나 코를 향해 베어버리듯 스윙을 한다.

허리를 틀어 상대방의 눈이나 코를 베어버리듯이 강하게 스윙을 한다. 힘 있게 허리를 틀어 가속력을 붙여 상대방을 가격하는 것이 중요하다.

스틱을 회수 후 다시 반대 방향으로 상대방의 눈이나 코를 베어버리듯 스윙을 한다.

[주의할 점] 발랜타워 8카운터 스트라이크 시 주의점은 체중 이동 없이 어깨에 힘으로만 스트라이크 동작을 하는 것이 아니라 좌우 스텝을 이용하여 스트라이크 동작을 하는 것입니다. 이 때 허리 움직임도 동반되어야만 정확한 스트라이크 동작을 할 수 있습니다.

준비자세로 돌아온다.

ⓗ 라푼티 베이직 스트라이크(Lapunti Basic Strike)

온 가드(on guard) 준비자세

미들 사이드 스프링
(middle side spring)

상대방의 골반 뼈를 강하게 가격한다.

가격 후 스틱을 회수한다.

미들 사이드 스프링(middle side spring) 회수 후, 하이 사이드 스프링(high side spring)

상대방의 얼굴 옆면이나 귀 부분을 강하게 가격한다.

상대방의 얼굴 옆면이나 귀 부분을 가격 후 빠르게 스틱을 회수한다.

하이 사이드 스프링(high side spring) 회수 후 업 스프링(up spring)으로 상대방의 머리를 강하게 내려찍어 가격한다.

상대방의 머리를 내려찍듯이 가격한다.

가격 후 빠르게 스틱을 회수한다.

스틱을 회수 후 버티칼 플라잉 휠(vertical fly wheel)상대방의 머리를 후려친다.

01

상대방의 머리 중앙을 강하게 후려친다.

버티칼 플라이윌 후 바로사이드 플라이 윌(side fly wheel) 스트라이크로 상대방의 왼쪽 머리를 강하게 후려친다.

약간 사선으로 상대방의 왼쪽 머리를 내려친다.

상대방의 왼쪽 머리 부분을 강하게 후려쳐주며, 왼쪽머리 타점에서 손목을 강하게 낚아채준다.

스틱을 가격 후 손목을 안쪽으로 꺾어 빠르게 회수한다.

사이드 플라이 윌(side fly wheel) 후 그 힘을 받아 풀 플라이 윌(full fly wheel)으로 강하게 후려친다.

상대방의 머리를 향해 강하게 스윙을 한다. 손을 앞으로 뻗는 동작은 상대방의 어깨나, 머리를 잡아채기 위함이다.

허리를 틀어 강하게 상대방의 머리를 사선으로 후려친다.

상대방의 머리를 강하게 가격한 후 다음 동작을 위해 왼쪽 팔에 스틱을 대준다.

플라이웰 후 아바니코(abaniko)로 상대방의 왼쪽 머리를 친다.

사선으로 상대방의 왼쪽 머리 부분을 친다. 왼쪽 머리를 타격 후 복원되는 손목에 힘을 이용해 스틱을 회수한다.

스틱을 빠르게 회수하여 손목을 틀어 상대방의 오른쪽 턱 부분을 강하게 친다. 오른쪽 턱을 가격한 스틱을 빠르게 회수한다.

01

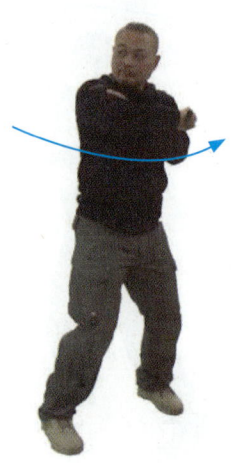  

아바니코 스트라이크 회수 후 센트럴 아바니코(central abaniok)로 상대방의 머리 정면을 내려꽂듯이 강하게 친다.

상대방의 머리 정면을 내려꽂듯이 강하게 친 후 상대의 낭심을 친다. 낭심을 가격한 스틱을 회수한다.

스틱(stick)을 오른쪽으로 돌려 직각으로 상대방의 머리를 내려친다.

상대방의 머리를 강하게 직각으로 베어버리듯이 강하게 친다.

베어버리듯이 강하게 내려친 스틱은 스틱 끝이 세워지게 한다.

오른손을 안쪽으로 회수한다.

 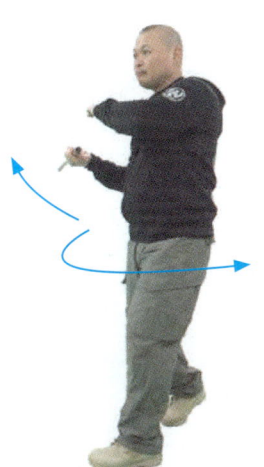 

왼발이 앞으로 한걸음 나아간다.

업 하프 풀 스윙(up half full swing)으로 상대방의 턱 부분을 강하게 가격한다.

01. 스틱 테크닉

01

상대방의 턱을 가격한 후 스틱을 오른쪽으로 돌린다.

오른쪽으로 스틱을 돌린 후 다시 직각으로 상대방의 머리를 스틱으로 가격한다.

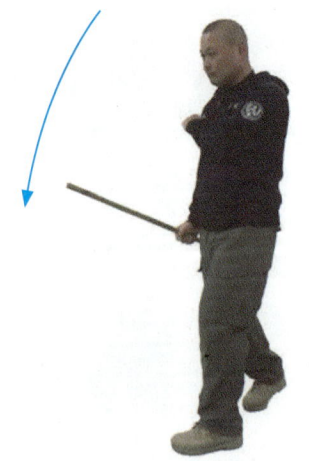  

이때 스틱을 세워서 치는 것이 중요하다.

스틱을 든 오른손을 안쪽으로 회수한다.

뒷발이 한보 뒤로 빠진다.

뒷발이 빠진 힘(체중이동)으로 스틱(stick)을 감아 친다.

허리를 틀어 강하게 상대방의 머리나 턱을 빠르게 감아 후려친다.

상대방의 머리를 감아 후려친다.

상대방의 머리나 턱을 감아 후려친 후 다음 동작을 위해 왼쪽 팔에 스틱을 대준다.

01

마무리 동작으로 컴플릿트 스트라이크(complete strike)로 카운터 공격을 한다.

상대방의 머리를 플라이웰로 후려친다.

플라이웰로 스트라이크 후 다음 동작을 위해 왼쪽 팔에 스틱을 대준다.

플라이웰 스트라이크 후 업 스프링으로 상대방의 머리를 강하게 내려꽂듯이 가격한다.

상대방의 머리를 찍듯이 친다.　　　　　　　　　스틱을 빠르게 회수한다.

회수한 스틱을 목에 감아 돌려 상대방의 머리를 강하게 감아 친다. (이때 강한 힘을 내기 위해 허리를 틀어준다.)

01

 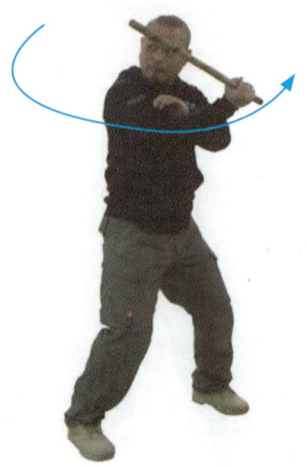 

허리를 틀어 상대방의 머리를 강하게 감아쳐준다.

 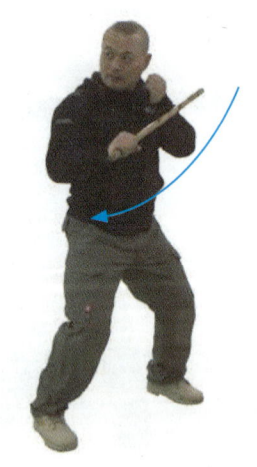

[주의할 점] 라푼티 베이직 스트라이크는(lapunti basic strike)는 몸이 이완된 상태에서 부드럽고 유연하게 타격해야 해야 합니다.
베이직 스트라이크 (basic strike) 동작은 실전 교전에서 쓸 수 있는 공격이 모두 포함 되어 있기 때문에, 연타 동작을 반복 수련 하는 것이 매우 중요하며, 무게중심이 밑으로 깔려 미끄러지듯이 움직이는 것이 핵심입니다.

온 가드(on guard) 자세로 돌아온다.

⑱ 하프 카운터 스트라이커 및 버팅 스트라이커(Half Counter Strike and Butting Strike)

준비자세　　　　　　　　허리를 틀어 스틱 중간 부위로 상대방의 머리를 위로 올려치듯이 가격한다.

스틱(stick)으로 가격한 뒤 스틱을 순간적으로 회수 한다.　　　　다시 준비자세로 돌아온다.

01

 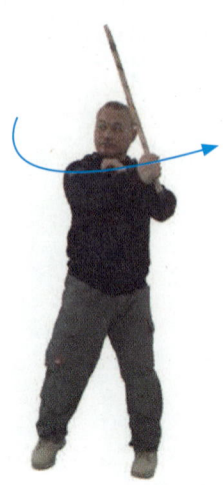 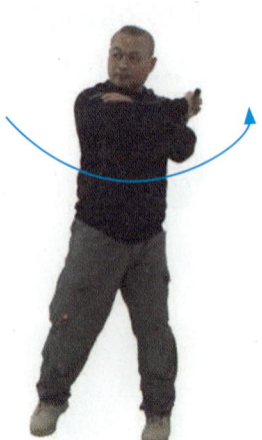

다시 상대방의 머리를 스틱 중간 부분으로 강하게 가격한다.

V자로 꺾어서 스틱을 빠르게 회수한다.

스틱을 회수 후 45° 방향으로 상대방의 오른쪽 머리를 하프 스윙(half swing)으로 가격 후, 스틱을 회수한다.

| 회수한 스틱(stick)을 허리를 틀어 45° 방향으로 다시 강하게 친다. | 45° 방향으로 하프 스윙(half swing)을 가격한 후 스틱을 빠르게 회수한다. | 제자리로 돌아온다. |

[주의할점] 하프 스트라이커 및 버팅 스트라이커 (half strike and butting strike)는 정확히 허리를 틀어 좌우로 빠르게 움직이는 동작이 필요하며 또한 버팅 스트라이커 (butting strike) 시 팔꿈치를 다 펴지 말고 오므려 타격 한 후, 빠르게 회수 하는 것이 매우 중요합니다.

⑲ 버팅 스트라이크(Butting Strike)

준비자세   하프 스윙(half swing)으로 상대방의 머리를 강하게 가격한다.

허리를 틀어 강하게 상대방의 머리를 가격한다. 가격 후 신속하게 스틱을 회수한다.

스틱을 회수한 후, 다시 하프스윙으로 상대방의 머리를 가격하고, V자로 스틱을 왼쪽으로 회수한다.

스틱을 회수한 후 스틱(stick) 끝 부분인 버팅(butting)으로 찍듯이 상대방의 얼굴을 강하게 친다.

버팅(butting)으로 상대방의 얼굴을 가격 한 후 빠르게 회수한다.

다시 하프 스윙(half swing)으로 상대방이 머리를 강하게 친다.

01

스틱에 중간부분으로 정확하게 상대방의 머리를 가격한다.

스틱을 빠르게 회수한다.

스틱(stick) 끝 부분으로 상대방의 얼굴을 찍어 친다.

상대방의 눈이나 관자놀이 부분을 강하게 찍어 친다.

버팅스트라이 후 스틱을 빠르게 회수한다.

왼손으로 상대방의 머리를 잡는 동작을 한다.

머리를 잡은 상태에서 스틱(stick) 끝 부분으로 상대방의 머리나 목을 당기면서 친다.

왼손으로 상대방의 목이나 머리를 강하게 밑으로 내린다.

왼손으로 강하게 밑으로 내려주고 스틱을 잡은 오른손을 쳐올리듯이 상대방의 눈, 코, 관자놀이를 찍어쳐 올려준다.

스틱을 빠르게 회수하고 순비사세로 돌아온다.

01. 스틱 테크닉

01 ■ 스틱(Stick) 타격 부위

스틱(Stick) 사용 시 상대방의 관절, 뼈 부분을 집중적으로 타격한다. 왜냐하면 근육을 가격하면 충격이 흡수되지만 관절 즉 뼈를 가격하면 상대방에게 충격이 그대로 전달되어 체급에 관계없이 상대방을 무력화 시킬 수 있기 때문이다.

관자놀이 　　　　　턱 　　　　　목(경동맥)

눈 　　　　　코 　　　　　어깨뼈

팔꿈치뼈 　　　　　 손목뼈 　　　　　 손등뼈

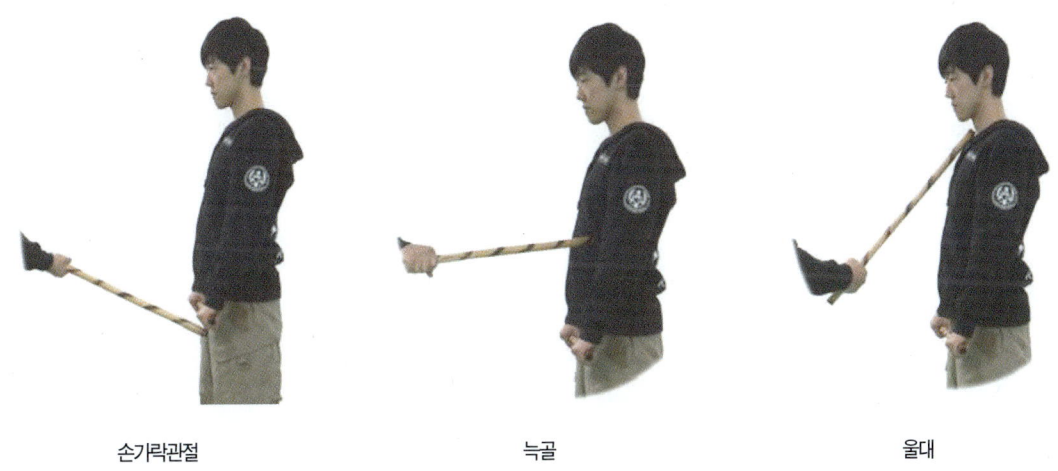

손가락관절 　　　　　 늑골 　　　　　 울대

01. 스틱 테크닉

01

낭심　　　　　　　　　골반뼈　　　　　　　　　무릎뼈

Chapter 02 스틱 교전 테크닉
(Stick Fighting Technique)

아르니스에 기본적인 스틱 교전 테크닉(stick fighting technique)에 대해서 설명합니다. 스틱 교전 테크닉(stick fighting technique)은 무 기술의 원초적인 기본 기술입니다.

스틱 교전 테크닉(stick fighting technique)이란,
스틱(stick) vs 스틱(stick), 상대방 스틱(stick)을 뺏는 기술(disarm), 스틱(stick)의 끝 부분으로 상대방을 공격하는 기술(butting), 스틱(stick)을 막는 기술, 기초적인 근접 스틱 교전 기술. 그리고 실전 상황에서 많이 나올 수 있는, 원거리전 스트리트 파이팅(street fighting) 기술, 그리고 원거리 전에서 근접전으로 이동하여 사용할 수 있는 기술 (상대방을 조르거나 꺾을 수 있는 기술(locking),) 그리고, 더블 스틱(double stick)의 교전 기술을 설명하였습니다.

또한 무기를 사용 하고 몸에 익혀 무기에 대한 적응력을 높일 수 있고, 실전상황 시 자유자재로 무기를 다룰 수 있으며, 무기에 대한 두려움을 극복하는 것이 목표입니다.

스틱 교전 테크닉(stick fighting technique) 시 주의할 점은 양손을 다 사용 하는 것이 매우 중요하며, 체중이동과, 신속한 보법을 할 수 있어야 합니다. 더불어 상대방이 스틱(stick) 공격 시 카운터의 카운터, 공격의 공격, 공격의 반격 공격이 아주 중요한 포인트입니다.

01 근접 스틱 교전(cross combat fighting)

❶ 스틱(stick) 교전(1) - 왼쪽 얼굴을 공격할 때

준비자세

파이팅 스탠스(fighting stance)

상대방의 왼쪽머리 스틱(stick)공격을 스틱 미들 부분으로 90° 방향으로 막고 왼손이 상대방 공격에 밀리지 않도록 스틱(stick) 안쪽으로 동시에 방어한다.

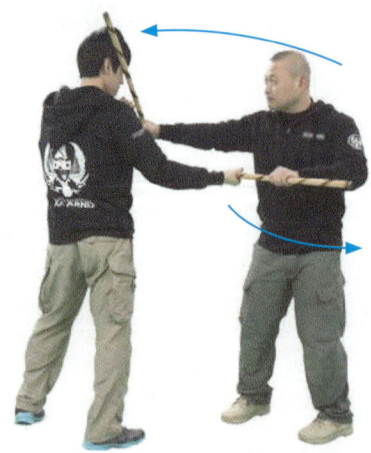

왼손으로 상대방의 스틱(stick)을 안쪽으로 잡아챈다.

잡아챈 후 스틱(stick)으로 상대방의 오른쪽 얼굴을 가격한다.

이때 하프 스윙(half swing)또는 풀 스윙 (full swing)으로 상대방의 머리를 공격한다.

상대방의 스틱을 방어한 왼손으로 상대방의 스틱을 안쪽으로 잡아 당겨주며, 스틱을 오른쪽으로 빠르게 회수한다.

공격한 스틱(stick)을 회수 한 후 다시, 하프 스윙(half swing)으로 상대방의 머리를 가격한다.

반대쪽 머리도 같은 형식으로 가격한다.

상대방을 스틱(stick)으로 가격 후 허리를 틀어 V자로 꺾어 스틱을 회수한다.

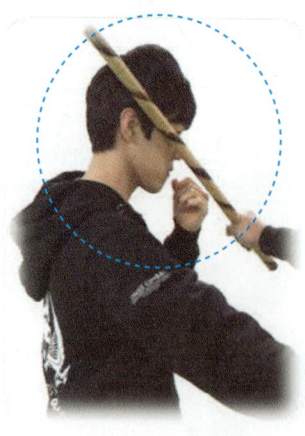
스틱(stick) 타격 포인트(point)

스틱(stick)을 잡아채는 포인트(point)

❷ 스틱(stick) 교전(2) - 오른쪽 얼굴을 공격할 때

파이팅 스탠스(fighting stance)

오른쪽 얼굴을 공격하려할 때

상대방의 스틱(stick)을 스틱 미들부분으로 90° 방향으로 막은 후

[주의할 점] 상대방이 스틱공격 시 스틱을 직각으로 세워 방어하는 것이 중요하며 상대방의 스틱을 방어한 후 왼손을 이용하여 신속한 동작으로 상대방에 스틱을 동시에 잡아당기는 동작이 포인트입니다.
또한 상대방이 근접에서 일직선으로 공격할 때 왼발이 15° 방향으로 나가며 스틱을 든 상대방에 손목을 왼손으로 정확히 쳐주며, 카운터 공격을 하는 것이 중요합니다.

상대방 스틱(stick)을 몸 쪽으로 낚아챈다.

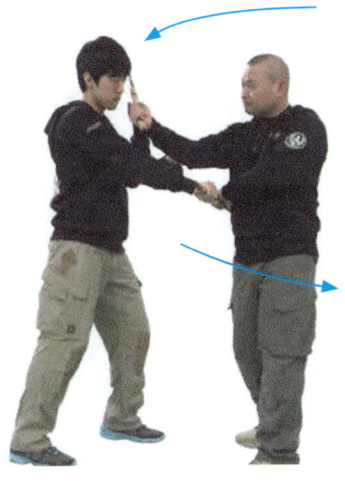

다음으로 상대방의 관자놀이를 하프 스윙(half swing)으로 왼쪽머리를 공격한다. 스틱 교전(1)과 같이 동일하게 공격한다.

❸ 스틱(stick)교전(3) - 직선으로 내려칠 때

파이팅 스탠스(fighting stance)

상대방이 스틱(stick)을 식선으로 내려칠 때, 왼손으로 상대방 팔등을 후려치고, 왼발이 45° 방향으로 한보 앞으로 나가면서 뒤로 빠진다.

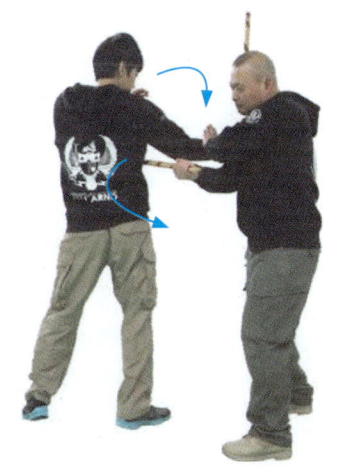

왼발을 15° 방향 앞으로 나아간 후 오른손으로 잡고 있는 스틱으로 복부를 후리듯이 친다.

02

상대방의 복부를 후려치듯이 가격한다.　　상대방을 가격 후 허리를 틀어 리버스 풀(reverse full)스윙으로 상대방의 목을 강하게 내려친다.

상대를 강하게 내려친 후 왼손으로 상대방의 오른쪽 팔을, 팔등으로 막아준다.　　다시 허리를 틀어 강하게 하프 스윙(half swing)으로 상대방의 머리를 친다.

[주의할점] 상대방이 타격 시, 왼발이 15° 방향으로 나가는 것이 중요하며, 왼쪽 손바닥으로 상대방 손목을 45° 방향으로 밀어 치는 것이 포인트입니다. 이때 허리를 트는 힘을 이용해, 하프 스윙(half swing)으로 상대방 관자놀이를 정확하게 타격합니다.

타격 포인트

❹ 스틱 교전(stick street fighting strike)(4) - 왼쪽 머리를 공격할 때

센트럴 바톤 스탠스(central baton stance)

상대방이 스틱(stick)으로 머리를 공격할 때 오른발이 45° 방향으로 나간다.

오른발이 나가면서 오른손 스틱과 왼손 팔등으로 동시에 상대방 스틱(stick)을 막는다.

스틱(stick)을 막은 왼손으로, 상대방 스틱(stick)을 바깥쪽으로 감아 올려준다.

스틱(stick)을 감은 손을 안쪽으로 당겨준다.

왼손으로 상대방의 스틱을 잡은 오른팔 손목을 감아 올려주며, 하프 스윙(half swing)으로 상대방의 하단 허벅지를 가격한다.

가격 후 스틱(stick)을 빠른 속도로 회수한다.

후킹 트라스트(hooking thrust)로 상대방의 얼굴을 찌른다.

찌른 후 스틱(stick)을 빠르게 안쪽으로 회수한다.

회수한 스틱(stick)으로 허리를 틀어 상대방의 복부를 스틱으로 베어버리듯이 후려친다.

회수한 스틱(stick)으로 상대방의 얼굴을 찌른다. 이때 허리를 힘차게 틀어준다.   스틱으로 강하게 상대방의 얼굴을 찌른다.

스틱(stick)을 잡은 왼손을 안쪽으로 끌어당긴다.

스틱(stick)을 당기면서 하프 스윙(half swing)으로 상대방 얼굴을 후려친다.

❺ 스틱 교전(stick street fighting strike)(6) - 오른쪽 머리를 공격할 때

센트럴 바톤 스탠스(central baton stance)

상대방이 스틱(stick)으로 오른쪽 머리를 공격을 할 때, 오른발을 45° 앞으로 나아간다.

45° 앞으로 이동을 하는 동시에 상대방의 스틱을 막는다.

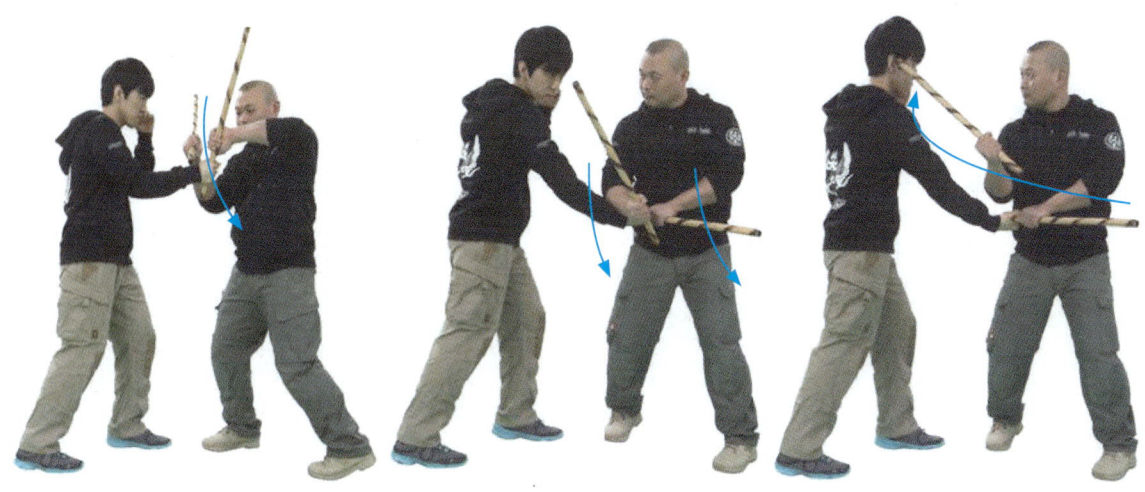

상대방의 스틱(stick)을 안쪽으로 강하게 잡아채어 준다.　　　스틱(stick)을 잡아챈 후 바로 상대방의 얼굴을 찌른다.

후킹 트라스트(hooking thrust)로 상대방의 얼굴을 찌른다.　　　찌른 스틱(stick)을 회수한 뒤 직선으로 상대방의 머리를 강하게 내려친다.

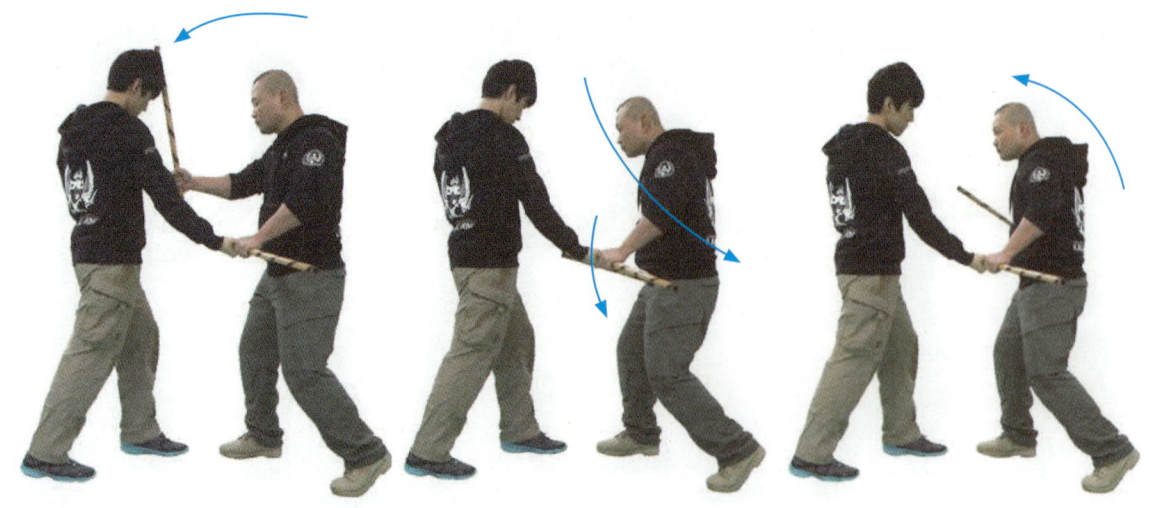

스틱을 회수한 뒤 상대방의 스틱을 왼손으로 꼭 잡고 얼굴을 찌를 준비를 한다.

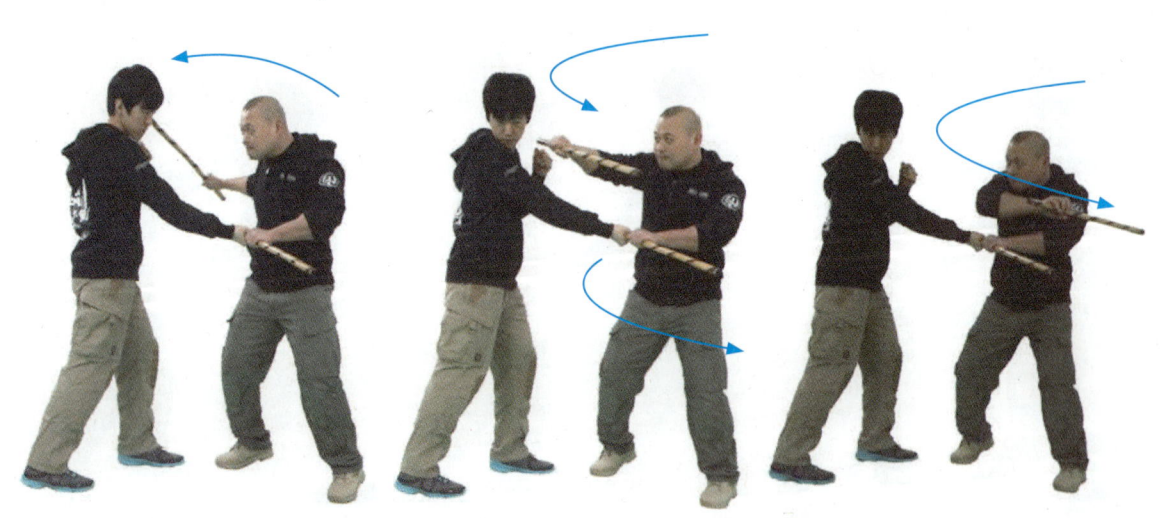

내려친 스틱(stick)을 바로 후킹 트라스트(hooking thrust)로 왼쪽 얼굴을 찌른다. 이때 허리를 힘차게 틀어준다.

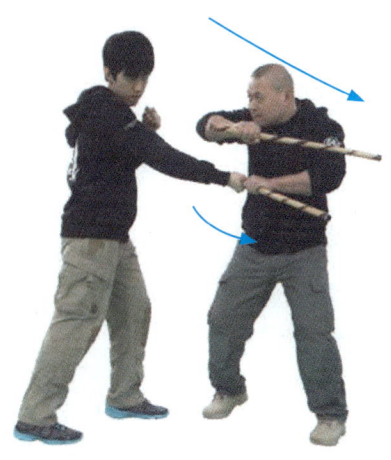 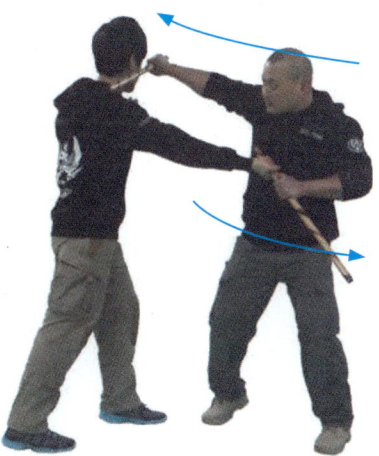

상대방의 얼굴을 강하게 찌른 후 왼손으로 상대방의 스틱(stick)을 몸 쪽으로 잡아끈다.

잡아끌면서 하프 스윙(half swing)으로 상대방의 턱을 강하게 가격한다.

02　원거리 스틱 교전(long range stick fighting)

❶ 공격자가 왼쪽 머리를 스틱으로 공격할 때

센트럴 바톤 스탠스(central baton stance)　　상대방이 풀 스윙(full swing)으로 공격할 때　　사이드 스텝(side step)으로 왼발을 15° 방향으로 내딛는다.

왼발을 15° 방향으로 내딛으며, 스틱(stick)을 든 상대방 손목을 밑에서 위로 올려치듯이 가격한다. 이때 오른발을 자연스럽게 왼발 뒤쪽으로 따라간다.

상대방 손목을 가격한 후, 오른발이 앞으로 나오면서 컴플릿트(complete strike)스트라이크로 상대방을 공격한다.

상대방의 얼굴을 플라이웰로 가격한다.

플라이웰 스트라이크로 상대방의 머리를 강하게 가격한 후 다음 동작을 위해 스틱을 왼팔에 사선으로 대준다.

플라이웰 공격 후 업스프링으로 상대방의 머리를 내려찍듯이 가격한다.

머리를 가격한 후 빠르게 스틱을 회수한다.

업스프링 스트라이크를 회수 후 상대방의 머리를 풀 플라이웰 공격으로 강하게 후려쳐 준다.

스틱을 회수한 후 제자리로 돌아온다.

❷ 공격자가 오른쪽 머리를 스틱으로 공격할 때

상대방이 리 버스 풀 스윙(reverse full swing)으로 오른쪽 머리를 공격할 때

상대방의 스틱(stick)을 돌려 걷어낸다.

허리를 틀어 스틱을 돌려 걷어낸다.

02. 스틱 교전 테크닉

허리를 오른쪽으로 강하게 틀어준다.

상대방의 스틱(stick)을 걷어낸 후 오른발이 앞으로 나아가며 후킹 트라스트(hooking thrust)로 상대방의 얼굴을 공격한다.

컴플릿 스트라이커(complete strike)로 마무리 카운터(counter)공격을 한다.

❸ 공격자가 왼쪽 팔꿈치를 스틱으로 공격할 때

상대방의 왼쪽 팔꿈치를 스틱으로 공격할 때   왼발이 사이드(side)스탭으로 빠지면서, 상대방의 스틱(stick)을 강하게 쳐낸다.

상대방의 스틱(stick)을 쳐낸 후 왼발을 회수한 후 업 스프링(up spring)으로 상대방의 얼굴을 내려치듯이 공격한다.

업 스프링(up spring)으로 공격한 후, 컴플릿트 스트라이커(complete strike)로 마무리 카운터(counter)공격을 한다.

❹ 공격자가 오른쪽 팔꿈치를 스틱으로 공격할 때

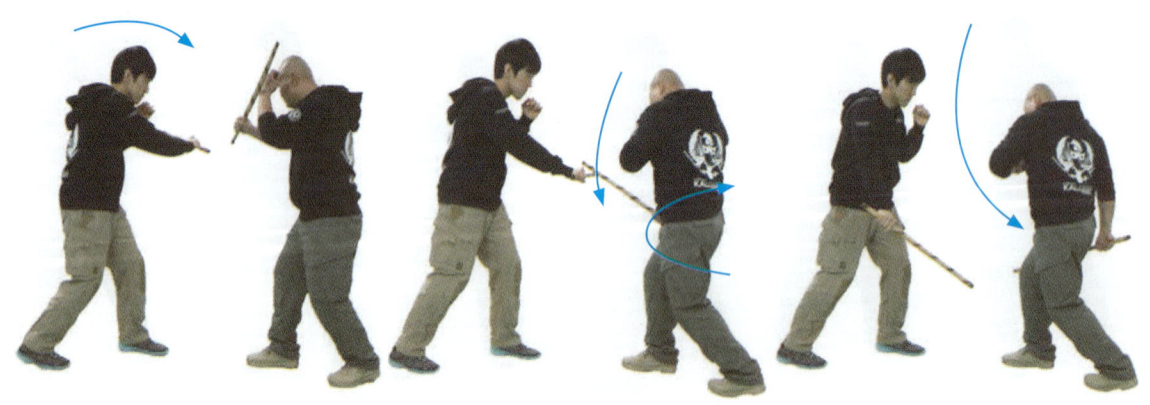

상대방이 오른쪽 팔꿈치를 스틱(stick)으로 공격할 때

상대방의 스틱(stick)을 사선 방향으로 내려치면서 방어한다.

이때 허리를 틀어 스틱(stick)을 후려친다.

스틱(stick)을 후려친 후 앞발이 한 보 앞으로 나간다.

허리를 틀어 어퍼 스트라이크(upper strike)로 상대방의 턱을 공격한다.

어퍼 스트라이크(upper strike)를 한 뒤, 컴플릿트 스트라이커(complete strike)로 마무리 카운터(counter)공격을 한다.

마무리 공격으로 컴플릿 스트라이크로 상대방을 카운터 공격을 한다.

❺ 공격자가 복부를 스틱으로 찌르기 공격을 할 때

상대방이 복부를 찌를 때, 앞발이 45° 방향으로 나가면서, 업 스프링(up spring)을 상대방의 스틱(stick)을 든 손목을 내려찍듯이 친다.

스틱(stick)을 어퍼 스트라이크(upper strike)를 친 후 앞발이 45° 방향으로 앞으로 나간다.

어퍼 스트라이크(upper strike)를 한 뒤, 스틱을 회수한다.

45° 방향 앞으로 나가면서, 상대방의 얼굴을 사선으로 후려친다.

뒷발이 반 보 뒤로 빠지면서, 허리를 틀어 체중을 이용하여 스틱(stick)으로 얼굴을 후려친다.

강하게 스틱을 후려치면서 앞발이 자연스럽게 뒷발에 뒤로 따라온다. 컴플릿트 스트라이크 (complete strike)로 마무리 카운터(counter) 공격을 한다.

❻ 공격자가 오른쪽 얼굴을 스틱으로 찌르기 공격을 할 때

상대방이 스틱으로 오른쪽 얼굴을 찌를 때

뒷발이 옆으로 빠지면서 플라이 윌(short fly wheel) 스트라이크로 상대방 손목이나 팔뚝을 강하게 후려친다.

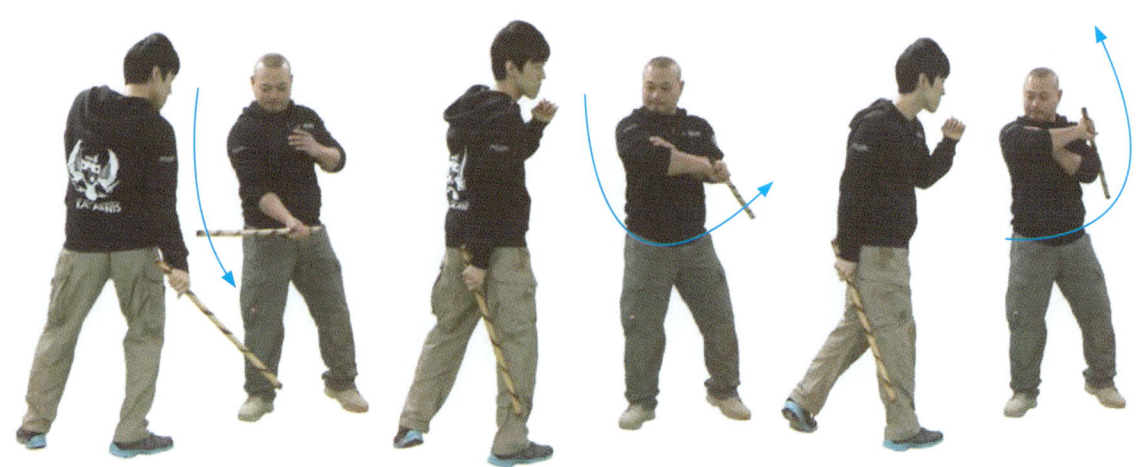

플라이웰 공격 후 뒷발 스텝(step)이 제자리로 돌아오면서 컴플릿 스트라이커(complete strike)로 마무리 카운터(counter)공격을 한다.

마무리 카운터 공격으로 컴플릿 스트라이커로
상대방을 공격한다.

❼ 공격자가 왼쪽 얼굴을 스틱으로 찌르기 공격을 할 때

상대방이 왼쪽 얼굴을 찌르기 공격을 할 때

왼발이 45° 방향 앞으로 빠지면서, 허리를 틀어 상대방의 찌르기 스틱(stick) 공격을 후려친다.

후려친 후, 반동을 이용하여 오른발이 나가면서 상대방의 얼굴을 향해 찌르기로 공격한다.

이때 허리를 강하게 틀어 상대방의 얼굴을 찌르기 공격을 한다.

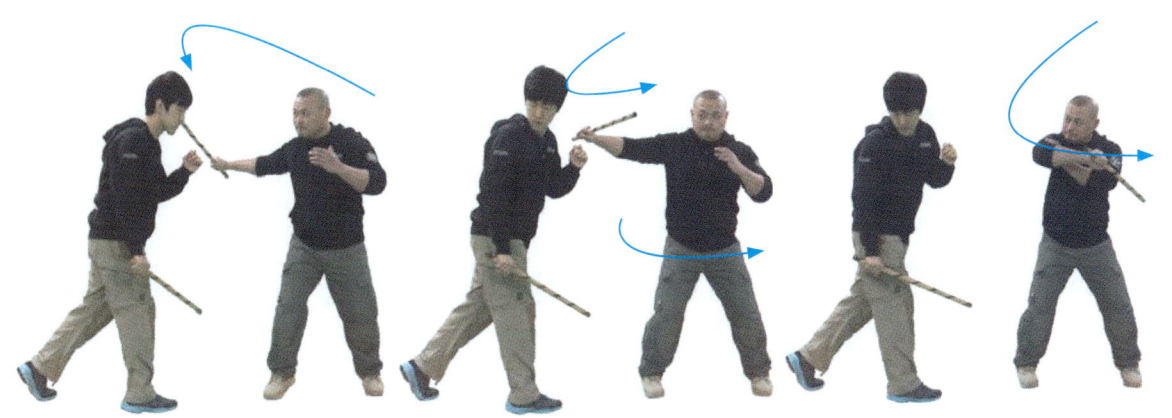

상대방의 얼굴을 찌른 후, 컴플릿트 스트라이커(complete strike)로 마무리 카운터(counter)공격을 한다.

❽ 공격자가 스틱으로 정 중앙으로 직선공격을 할 때

상대방이 직선으로 얼굴을 공격할 때

이때 앞발이 45° 방향 안쪽으로 파고들면서, 스틱(stick)으로 상대방 손목이나 스틱을 강하게 후려친다.

상대방의 손목을 후려친 후, 뒷발이 뒤로 빠지면서 허리를 왼쪽으로 틀어 얼굴을 강하게 후려친다.

이때, 빠른 기동성을 위하여 앞발이 자연스럽게 뒤로 따라가 준다.

[주의할 점] 원거리 스틱 교전은 실제 실전 상황에서 상대방에게 카운터 공격을 자유자재로 구사할 수 있는 기술들입니다. 원거리 스틱 교전에 포인트는 보법, 즉 스텝이 자유자재로 움직여야 합니다. 이때 빠른 보법을 사용하기 때문에 많은 연습이 필요하며 보법에 따른 체중 이동도 매우 중요합니다.

상대방의 얼굴을 감아 친 후 컴플릿 스트라이커(complete strike)로 마무리 카운터(counter)공격을 한다.

03 스틱 버팅 및 디스암(stick butting and disarming application)

❶ 공격자가 스틱으로 왼쪽 머리를 공격할 때

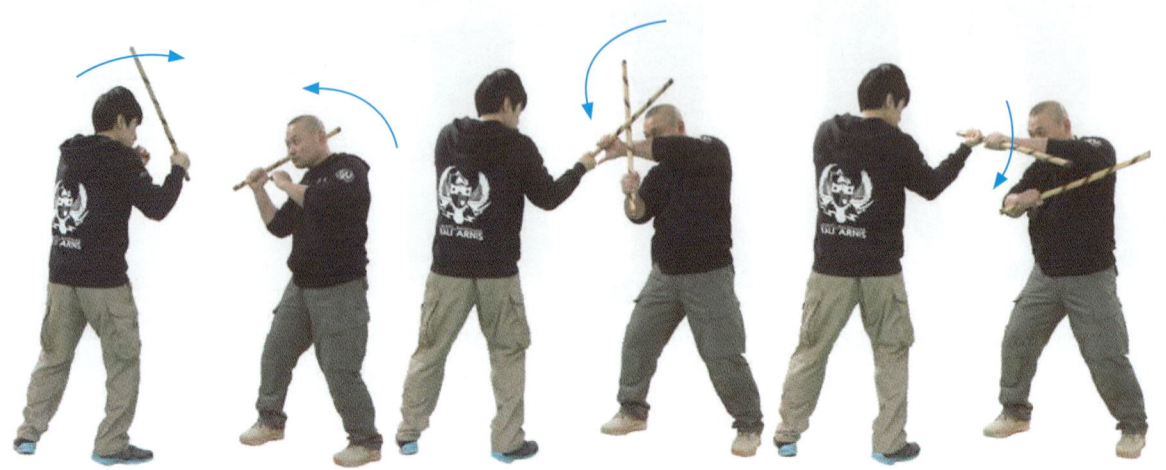

상대방이 스틱(stick)으로 왼쪽 머리를 공격할 때

상대방 스틱(stick)을 막은 후, 동시에 상대방 스틱(stick)을 왼쪽 손으로 잡는다.

상대방 스틱을 잡은 왼손을 아래로 꺾어준다.

꺾어준 상대방 스틱(stick)을 안쪽으로 끌어당긴다.

상대방 스틱(stick)을 몸 쪽으로 끌어당기면서, 팔꿈치로 스틱을 잡은 상대방 손을 강하게 친다. [point]

팔꿈치는 직각으로, 스틱(stick)은 안쪽으로 강하게 비틀어서 잡아당긴다.

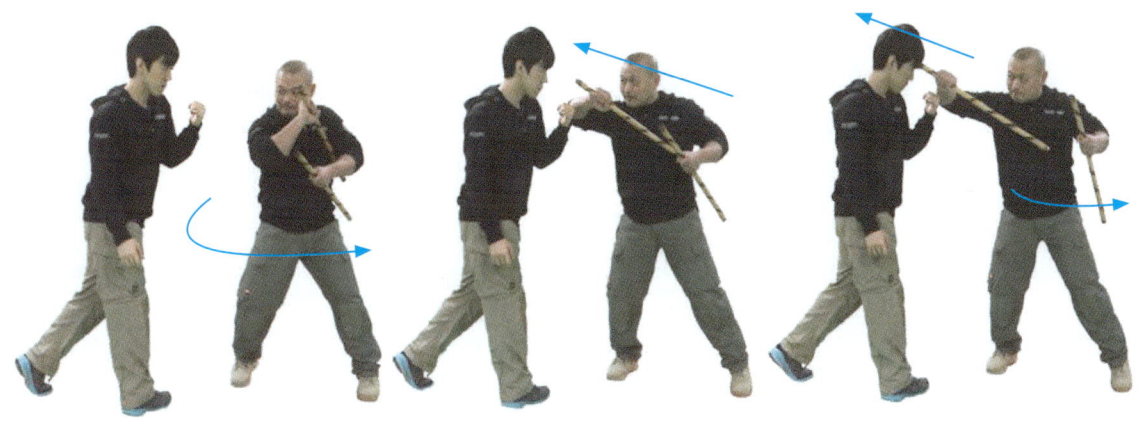

허리를 틀어 스틱(stick)을 뺏는다.　　상대방 스틱(stick)을 뺏은 후 버팅(butting)으로 상대방 얼굴을 공격한다.

❷ 공격자가 오른쪽 얼굴을 스틱으로 공격할 때

  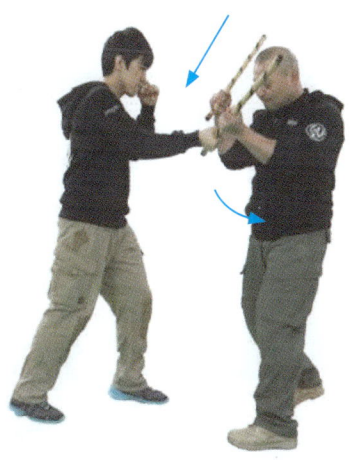

상대방이 오른쪽 얼굴을 스틱(stick)으로 공격할 때　　왼발이 15° 방향으로 앞으로 나아가면서 오른손으로 상대방 스틱을 막는다.　　방어와 동시에 상내빙 스틱(stick)을 아래쪽으로 잡아챈다.

02. 스틱 교전 테크닉

02

상대방의 스틱(stick)을 안쪽으로 끌어당기면서, 버팅(butting)공격 후 버팅 부분으로 상대방의 손목을 걸듯이 후려친다.

상대방의 스틱(stick)을 안쪽으로 당기면서 버팅(butting)으로 상대방의 손목을 걸은 후, 긁듯이 뺏는다.

왼발이 뒤로 빠지며 상대방의 스틱(stick)을 안쪽으로 당긴다.

뒤로 빠졌던 왼발이 앞으로 나간다.

 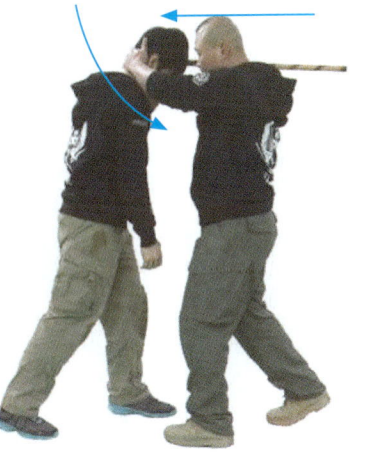 

상대방의 목덜미를 잡아당긴다.   버팅(butting)으로 상대방의 얼굴을 가격한다.   얼굴을 가격한 스틱(stick)을 회수한다.

 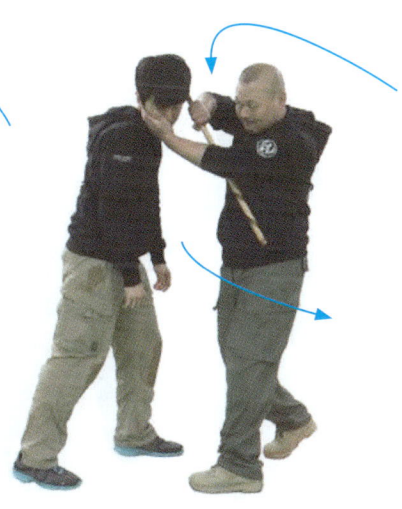

왼손으로 상대방의 목덜미를 잡아당긴다.   상대방의 얼굴을 버팅(butting)으로 돌려 치듯이 허리를 틀어 가격한다.

02. 스틱 교전 테크닉

❸ 공격자가 찌르기로 복부를 공격할 때

상대방이 찌르기로 복부를 공격할 때   스틱으로 찌르는 스틱(stick)을 막는다.   막는 동시에 왼손이 상대방 손목을 낚아채 듯이 잡는다. 이때 스틱을 잡은 오른손을 가슴 안쪽으로 끌어당긴다.

상대방의 스틱(stick)을 끌어당기면서 상대방 손목을 버팅(butting)으로 공격한다.   공격한 스틱(stick)을 가슴 안쪽으로 회수한다.

[point]
상대방 손목을 몸 쪽으로 최대한 끌어당긴다.

상대방의 손목을 끌어당긴 채로, 팔뚝 부분으로 상대방 스틱(stick)을 밀어쳐 상대방의 스틱을 떨어뜨린다.

스틱(stick)을 회수한다.

버팅(butting)공격으로 상대방의 늑골을 가격한다.

❹ 공격자가 얼굴을 직선으로 공격할 때

상대방이 얼굴을 직선으로 공격할 때   오른발이 45° 방향 앞으로 나아간다.   상대방의 스틱(stick)을 막는다.
[point]

상대방의 스틱(stick)을 막으면서 왼손으로 동시에 잡는다.   상대방의 손목을 버팅(butting)으로 공격 한다.   버팅(butting) 공격 후, 왼발이 15° 방향으로 나가면서 동시에 상대방의 스틱(stick)을 목 뒤로 넘긴다.

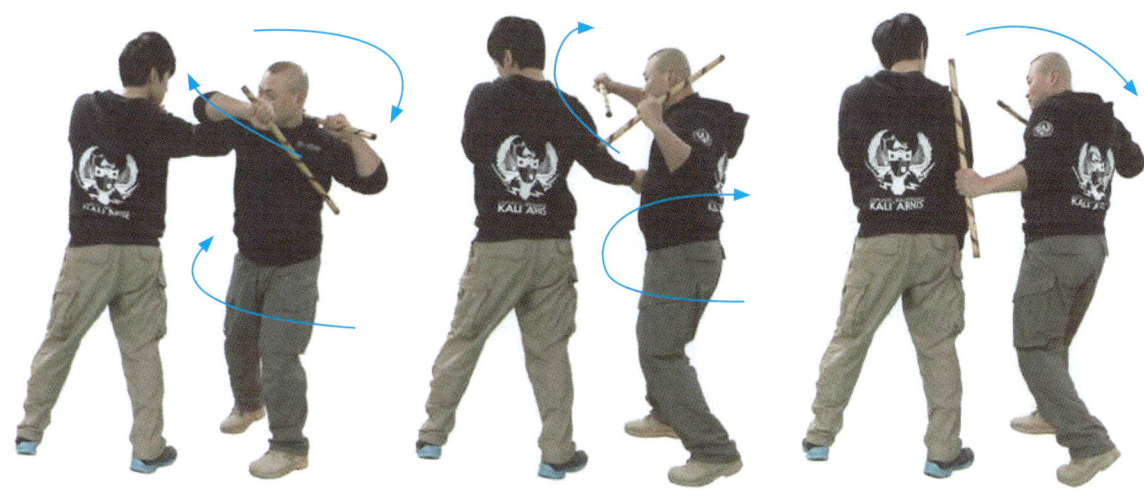

상대방의 스틱을 목 뒤로 감아 채 준다.　　허리를 틀어 상대방의 스틱(stick)을 뺏음과 동시에, 버팅(butting)으로 상대방 얼굴을 후려친다.

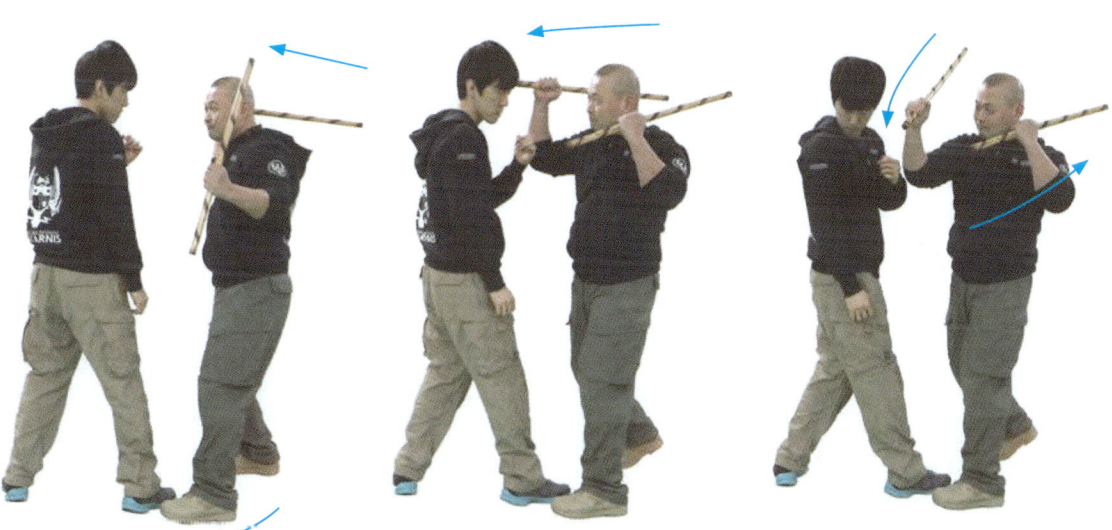

왼발이 앞으로 나가면서, 버팅(butting)으로 상대방 얼굴을 공격한다.　　오른손 스틱을 왼쪽 겨드랑이로 회수한다.

02. 스틱 교전 테크닉

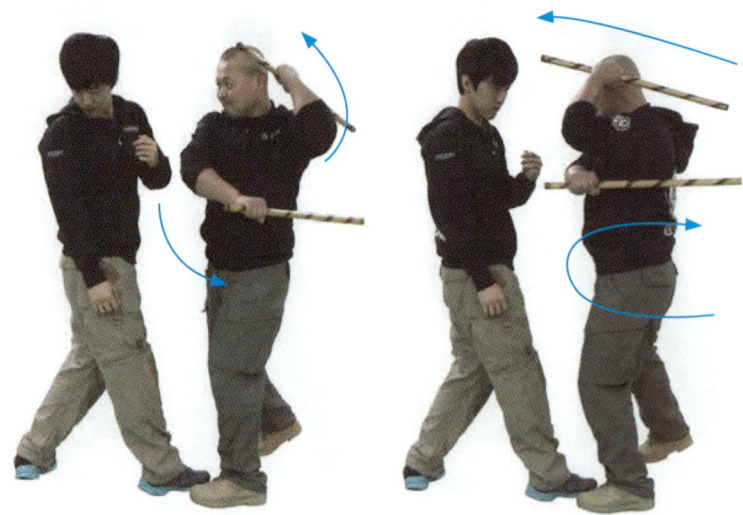

상대방의 스틱을 빼앗은 후 빼앗은 스틱으로 상대방의 얼굴을 스틱 버팅으로 가격한다.

04 스틱 락킹(stick locking technique)

❶ 공격자가 얼굴 왼쪽을 공격할 때

상대방이 얼굴 왼쪽을 스틱(stick)으로 공격할 때

상대방의 스틱(stick)을 방어한다.

상대방의 스틱(stick)을 방어 후, 동시에 스틱(stick) 안쪽으로 미끄러지듯이 타고 들어간다.(Snake hold)

상대방의 스틱(stick)을 안쪽으로 끌어당긴다.

상대방이 왼손 주먹으로 얼굴을 공격 때, 오른쪽 팔뚝으로 상단 방어를 한다.

방어 후, 버팅(butting)으로 상대방의 얼굴을 공격한다.

버팅으로 상대방의 얼굴을 공격 후 스틱을 올려, 스틱(stick)으로 상대방의 팔꿈치 쪽으로 걸듯이 친다.

왼손으로 스틱(stick) 윗 부분을 잡는다.

[point]
오른발이 뒤로 빠지면서 바이크 그립(bike grip)으로 안쪽으로 잡아당긴다.

상대방의 오른손 팔꿈치 관절을 끌어당겨 꺾어준다.

 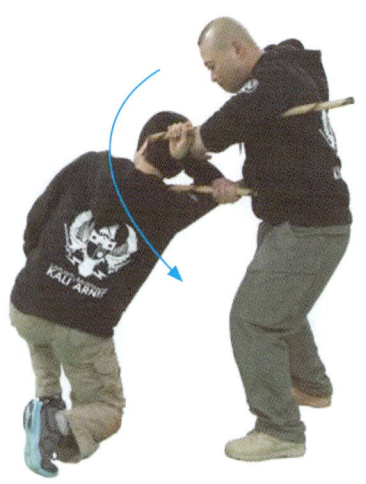 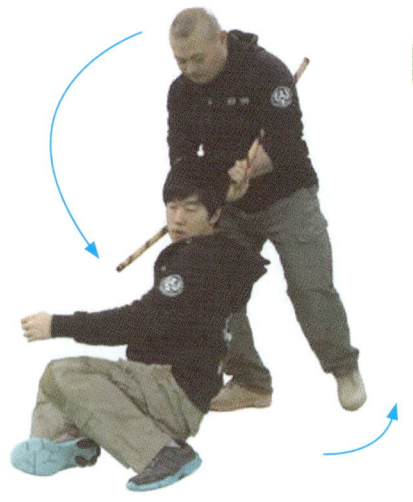

당겨서 꺾은 후 왼손으로 상대방의 손목을 잡는다.

오른손 스틱을 상대방의 목에 스틱(stick)을 걸어준다.

왼발이 뒤로 빠지면서, 지렛대 원리로 상대방의 목을 스틱(stick)으로 돌려 꺾는다.

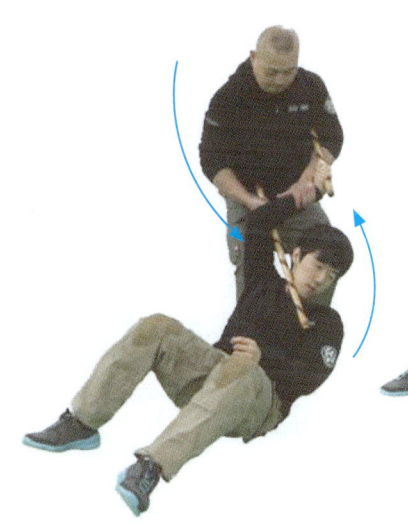 

스틱으로 상대방의 목을 정확히 걸어 꺾어준다.

상대방의 오른팔과 목을 스틱(stick)으로 꺾어 제압한다.

02. 스틱 교전 테크닉

❷ 공격자가 얼굴 오른쪽을 공격할 때

상대방이 오른쪽 얼굴을 스틱(stick)으로 공격할 때

상대방의 스틱(stick)을 막는다.

상대방의 스틱을 왼손으로 잡아당긴다.

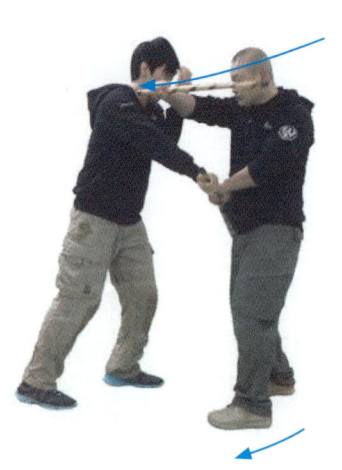 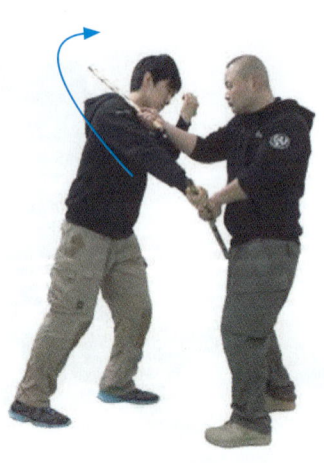 

왼발이 45° 방향으로 나가면서, 버팅(butting)으로 상대방의 얼굴을 공격한다. 상대방이 버팅(butting) 공격을 왼손으로 방어한다.

버팅(butting) 공격 후 손목을 꺾어 스틱으로 상대방의 목을 공격한다.

오른발이 45° 방향으로 한걸음 파고 들어간다.

왼손으로 스틱(stick)끝 부분을 잡는다.

왼발이 직각으로 뒤로 빠지며, 상대방의 목을 안쪽으로 꺾는다.

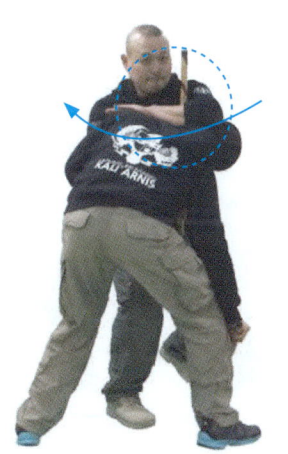

왼손을 팔꿈치 안쪽으로 스틱을 강하게 당겨준다.

[point]

목을 꺾은 후, 중심을 낮추어 상대방을 완전히 제압한다.

05 더블 스틱 교전(Double Stick Fighting Application)

❶ 더블스틱 파이팅 스탠스 - 오른손 풀 스윙으로 왼쪽 얼굴을 공격할 때

더블 스틱 파이팅 스탠스
(double stick fighting stance)

상대방이 오른손 풀 스윙(full swing)으로 왼쪽 얼굴을 공격 할 때, 왼발이 15° 방향으로 빠진다.

왼발이 빠지며, 상대방 오른쪽 손목을 스프링(spring)으로 공격 한다.

오른발이 왼발 뒤로 따라오며 스틱을 회수한다.

상대방이 다시 오른손으로 공격을 할 때, 오른발이 앞으로 나가며, 플라이 윌(fly wheel)로 상대방의 손목을 공격한다.

상대방 손목을 플라이웰 공격 후 스틱(stick)을 회수한다.

왼손으로 상대방 얼굴을 다시 풀스윙으로 공격한다.

왼발이 앞으로 나가면서, 왼손 스틱(stick)으로 상대방의 오른쪽 얼굴을 풀스윙으로 공격한다.

왼손스틱 버팅(butting)으로 상대방 얼굴을 공격한다.

02

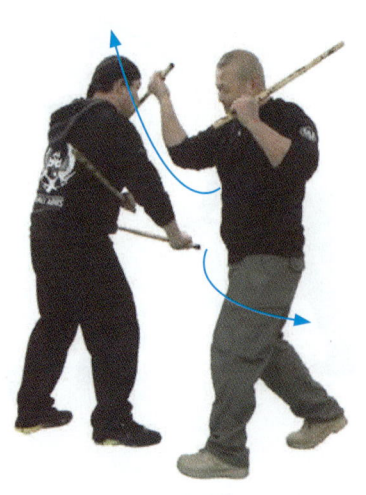  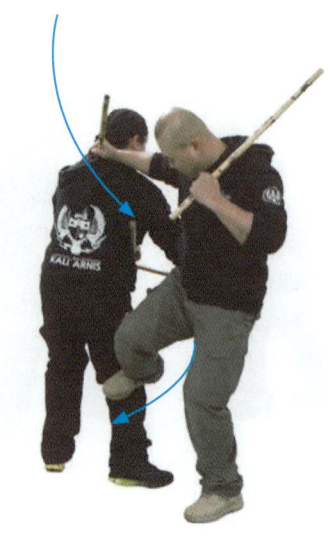

왼손 버팅(butting)으로 공격 후 바로 하프 스윙(half swing)으로 얼굴을 위로 쳐올리듯이 연속 공격한다.

상대방의 목덜미를 버팅(butting)으로 낚아챈다.

상대방 목을 강하게 낚아채면서, 상대방 오금을 하단 사이드 킥(side kick)으로 가격한다.

[주의할 점] 양손을 구분 없이 사용 할 수 있어야 합니다. 또한 스틱(stick)과 보법이 어느 각도에서나 자유자재로 동작이 나와야 합니다.
이런 보법을 구사하기 위해서는 몸을 이완시키는 연습을 하여야 하는데, 초기에는 부드럽고 경쾌하게 연습을 하여야 합니다.

상대방의 오금을 하단사이트 킥으로 가격하여 중심을 무너뜨려 완전히 제압한다.

❷ 더블 파이팅 스탠스 - 오른손 스틱으로 왼쪽 얼굴을 공격할 때

더블 파이팅 스탠스(double fighting stance)

상대방이 오른손 스틱(stick)으로 왼쪽 얼굴을 공격 할 때, 오른발이 15° 옆으로 빠지며 스틱(stick) 공격을 피한다.

상대방의 오른손을 스프링(spring)으로 손목을 공격한다.

❸ 더블 파이팅 스탠스 - 왼손 스틱으로 공격할 때

왼손 스틱(stick)을 회수한다.

상대방이 왼손으로 공격 할 때, 오른손 스틱(stick)으로 왼쪽 손목을 공격한다.

오른손 스틱(stick)을 회수한다.

오른손 스틱으로 스프링(spring)스트라이크로 다시 상대방의 얼굴을 공격한다.

가격 후 오른발이 앞으로 나간다.

풀 스윙(full swing)으로 상대방의 얼굴을 공격한다.

왼손 스틱(stick)을 회수한다.

오른손 스틱(stick)으로 상대방의 오른쪽 목을 버팅(butting) 공격한다.

버팅(butting)으로 상대방의 목을 45° 방향으로 강하게 끌어당긴다.

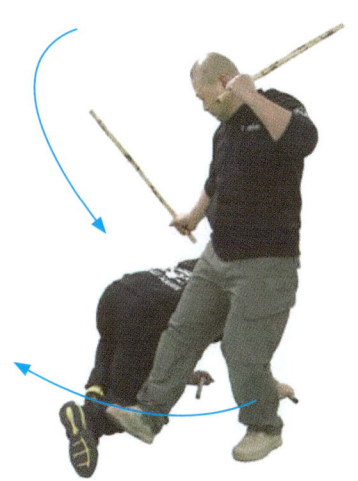

[주의할 점] 상대방이 스틱 공격 시 공격을 피하여 정확히 상대방의 손목을 가격해야 합니다. 상대방의 무기를 먼저 무력화시킨 다음 공격이 우선되어야만 정확한 기술을 구사할 수 있습니다. 또한 스틱으로 상대방의 목을 정확히 걸어 상대방의 중심을 무너뜨리는 동작이 중요합니다.

오른발로 상대방의 오른발을 걸어서, 스위핑 킥(sweeping kick)으로 넘어지게 한다.

락킹 그립 설명(Lacking Grip)

바이크 그립(bike grip) → 스틱(stick)에 네 손가락을 건다.

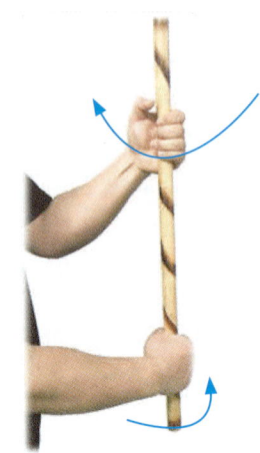

걸어준 손가락을 쥐어짜듯 말아 준다.

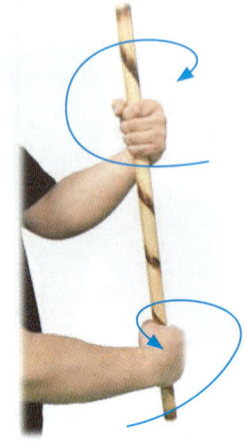

안쪽으로 강하게 당긴다. 이때 키 포인트(key point)는 오토바이 핸들(handle)을 돌리듯이 강하게 당겨야 한다. 이 그립은 전반적인 락킹(lacking) 기술을 사용 할 때, 사용하는 기술이다

지렛대 그립(leverage grip) → 왼손과 오른손으로 스틱(stick)을 잡고 오른손과 왼손을 쥐어짜듯 돌린다.

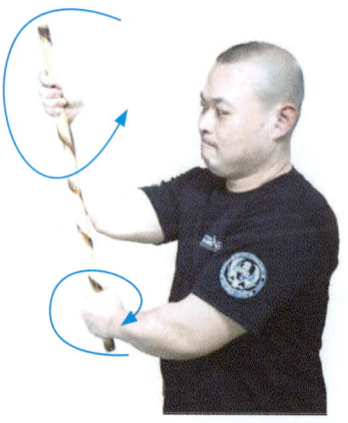

스틱(stick)을 몸 안 쪽으로 끌어당기면서 쥐어짜듯 돌린다. 이때 오른손 팔뚝을 스틱(stick)에 강하게 붙인다. 이 그립(grip)은 상대방 목이나 팔꿈치를 꺾을 때, 많이 사용한다.

Chapter 03   나이프 디펜스 테크닉
(Knife Defense Technique)

아르니스 백미(가장 뛰어난 것)라고 불리어지는 나이프 디펜스(knife defense)에 대하여 설명합니다. 나이프 디펜스(knife defense)는 근접전 에서 사용할 수 있는 기술입니다. (예를 들어 좁은 공간, 엘리베이터, 좁은 골목 및 코너 등)

다음 세 가지는 나이프 디펜스(knife defense)의 기본 3대 요소입니다.
1. 안전(Safety)
2. 각도 및 거리(Angle)
3. 제압(Control)

이번 단원에서는 나이프 디펜스(Knife defense)의 제일 기초적인 안전 확보에 대한 보법, 손놀림, 몸을 쓰는 방법을 자세히 설명 할 것이며, 나이프 디펜스(knife defense) 후 상대방을 제압하는 락킹(듀몽) 기술, 상대방 나이프(knife)를 뺏는 기술(disarm) 등, 고급 기술들을 설명할 것입니다.

1. 나이프 디펜스 교전(Block and Hit Application)
    - 상대방이 나이프(knife) 공격 시 방어와 공격 기술, 이때 방어 기술이 곧 공격 기술이 됩니다.
2. 나이프 디펜스 타핑 어플리케이션(knife defense tapping application)
    - 상대방이 나이프(knife) 공격 시, 방어 후, 순간적으로 나이프를 든 상대의 후려쳐내는 기술을 말합니다.
3. 나이프 디펜스 디스암 어플리케이션(knife defense disarm application)
    - 상대방이 나이프(knife) 공격 시, 방어 후, 상대방 나이프(knife)를 뺏거나 처내는 기술을 말합니다.
4. 나이프 디펜스 푸쉬 and 풀링 어플리케이션(knife defense push and pulling application)
    - 상대방이 나이프(knife) 공격 시, 신속한 움직임으로 상대방 나이프(knife)를 뺏기니, 상대반 나이프(knife)를 이용해 역으로 공격하는 기술을 말합니다.
5. 나이프 디펜스 락킹(듀몽) 어플리케이션(knife defense locking and dumong application)

- 상대방이 나이프(knife) 공격 시, 상대방을 완전히 제압하는 기술 등의 순서로 이루어져 있습니다.

나이프 디펜스(knife defense) 시 주의할 점은 상대방과 거리가 밀착 되어 있어야 최대한 안전을 확보를 할 수 있고, 상대방의 카운터 공격을 방어 할 수 있습니다. 또한, 상대방의 나이프(knife)를 방어 후 반드시 타격을 해야만, 다음 기술들을 연계하여 사용 할 수 있으며, 그 다음 단계인 듀몽(유술)기술을 사용하여 상대방을 완전 제압 할 수 있습니다. 나이프 디펜스(knife defense)는 상대방을 완전히 제압하는 것이 목적이지만, 더 중요 한 것은 중상이 아닌, 경상으로 제압 및 피하는 것이 기본적인 나이프 디펜스(knife defense) 기술 원리입니다.

01 나이프 디펜스 기초 방어 동작(knife defence basic motion)

❶ 상단 방어 동작

나이프 디펜스 자세(knife defense stance)
[point]

오른발이 45° 방향 앞으로 나간다.

오른발이 나가면서 동시에 허리를 틀어준다.

오른손을 45° 방향으로 상단 공격을 막는다.
[point]

다시 제자리로 돌아온다.

왼발이 45° 방향 앞으로 나아간다.

왼발이 나가면서 동시에 허리를 틀어준다.

[point] 왼손을 45° 방향으로 상단 공격을 막는다.

❷ 중단 방어 동작

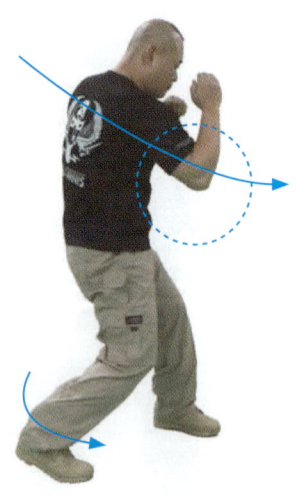  

상단 방어자세와 스텝은 동일 하지만 팔꿈치로 중단 공격을 막는다.
[point] 어깨 힘으로 막는 것이 아니라, 허리, 어깨의 힘을 동시에 사용하는 것이 중요하다.

다시 제자리로 돌아온다.

〈반대 방향 동작〉

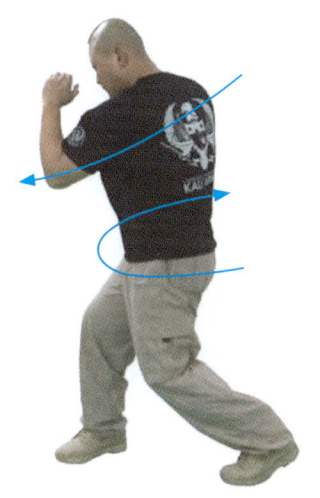

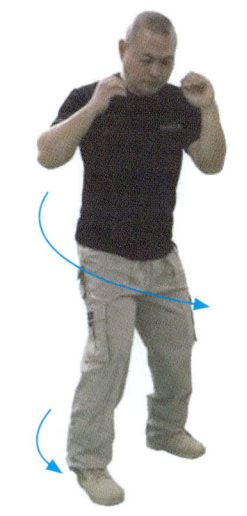

상단 방어자세와 스텝은 동일 하지만 팔꿈치로 중단 공격을 막는다.
point : 어깨 힘으로 막는 것이 아니라, 허리,어깨의 힘을 동시에 사용하는 것이 중요하다.

제자리로 돌아온다.

제자리에서 오른발과 허리를 틀어준다.

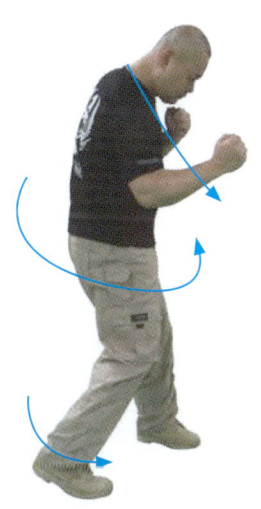
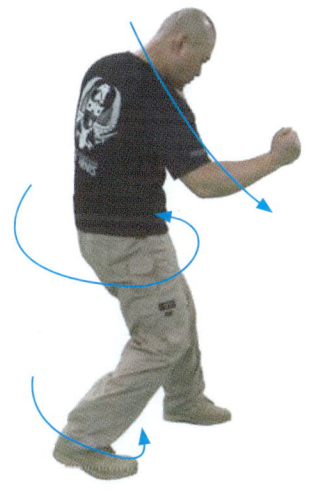

허리를 틀어 팔뚝으로 복부 중앙 공격을 막는다.

이때 어깨 힘이 아닌 허리를 틀어 허리힘을 이용하여 팔뚝으로 강하게 공격자에게 복부 중앙 공격을 후려 쳐 주듯이 막는다.

다시 제자리로 돌아온다.

03. 나이프 디펜스 테크닉

❸ 복부 중앙 공격 방어 동작

준비자세

오른발이 살짝 뒤로 빠진다.

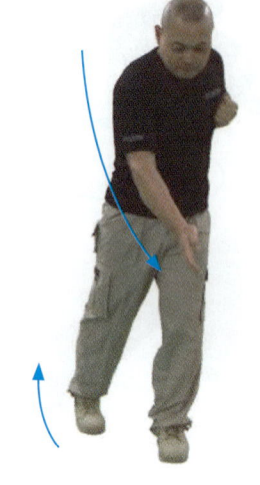

오른발이 빠지며 오른손이 사선방향으로 하단을 강하게 치듯이 방어한다.

다시 준비자세로 돌아온다.

02 나이프 디펜스 드릴(knife defence drill)

  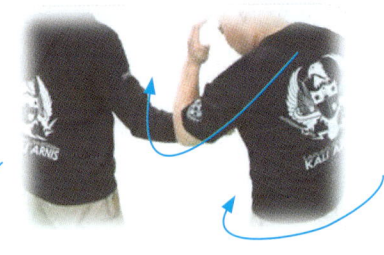

상대자가 주먹을 복부에 대주고, 연습자는 나이프 디펜스 자세(knife defense stance)를 한다.

왼쪽 허리를 비틀어 준다.

왼쪽 팔꿈치로 상대방의 손을 직선으로 올려 친다.

팔꿈치로 올려쳐 준 왼손을 상대방의 15° 방향으로 강하게 손바닥으로 상대의 팔을 내려친다.

다시 왼손으로 상대방의 팔꿈치 안쪽을 친다.

03. 나이프 디펜스 테크닉

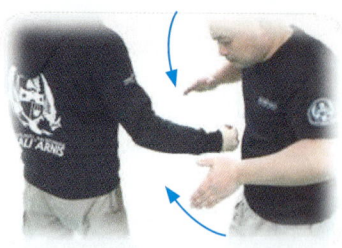
왼손이 상대방의 팔뚝을 밀어친다.

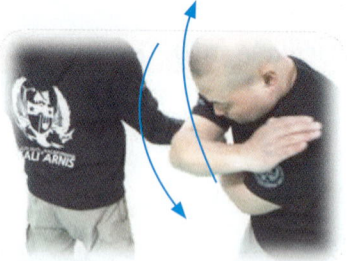
허리를 틀어 오른손 팔꿈치로 베듯이 상대방의 팔을 후려친다.

다시 반대로 허리를 틀어 왼쪽 팔꿈치로 상대방의 팔을 친다.

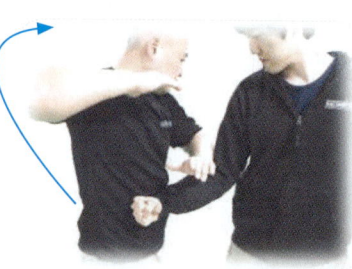
다시 오른손을 올린다.

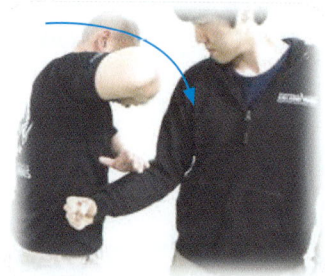
오른손 팔꿈치로 상대방의 팔을 내려치듯이 강하게 친다.

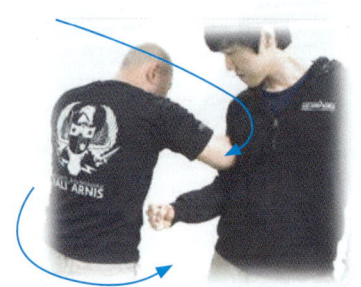
허리를 틀어 팔꿈치로 상대방의 팔을 강하게 내려 찍는다.

다시 왼손 팔꿈치로 상대방의 팔을 친다.

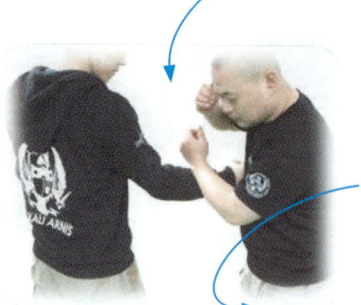
허리를 틀어 팔뚝으로 상대방의 팔을 45° 방향으로 내려친다.

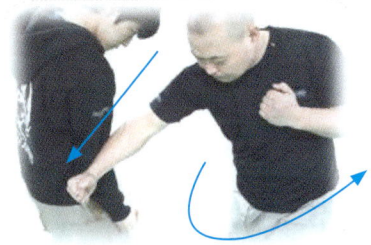

오른손 팔등으로 상대방의 팔꿈치 관절 부분을 직각으로 내려친다.

내려친 오른손을 빠르게 회수한다.

내려친 오른손을 빠르게 회수한다.

[주의할 점] 나이프디펜스 드릴의 연습 목적은 팔꿈치와 팔뚝을 이용하여 상대방의 공격을 양손과 허리를 틀어 방어하는 연습을 하는 것입니다. 이때 팔꿈치를 정확히 접어서 상대방에 팔을 가격하듯이 해야 하며 어깨 힘이 아닌 허리에 힘을 이용하는 것이 중요합니다.

03 나이프 디펜스 교전 (나이프 디펜스(knife defence)는 우선적(block and hit application)으로 타격 동작이 필요하다)

❶ 공격자가 왼쪽 얼굴을 나이프로 공격할 때

나이프 디펜스 자세(knife defense stance)

상대방이 포워드 그립(forward grip)으로 왼쪽 얼굴을 공격할 때, 오른발이 45° 안쪽 방향으로 한 보 움직인다.

그 상태에서 허리를 틀어 왼손 팔등으로 상대방 손목 부분을 방어한다.

[point]
오른손으로 빠르게 팔등으로 방어 한다.

point : 팔뚝으로 나이프 디펜스(knife defense)를 하는 이유는 팔 안쪽은 동맥이 흐르고 있기 때문에, 나이프 디펜스(knife defense)시 위험이 크므로, 반드시 팔뚝이나 팔등으로 방어를 해야 한다.

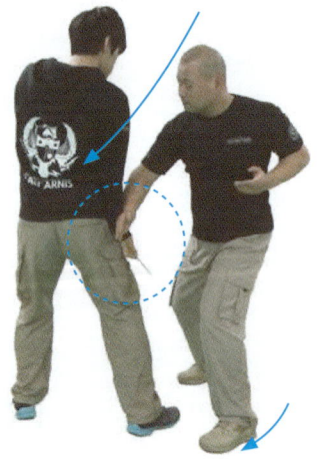

[point]
왼발이 15° 방향으로 나가며, 오른손으로 상대방 오른손을 직선으로 내려친다.

허리를 틀어 왼손 팔꿈치로 상대편이 나이프(knife)를 든 오른쪽 팔을 가격한다.

[주의할 점] 나이프를 든 상대의 오른손을 직각으로 내려치는 동작은 상대가 다음 공격을 못하도록 방어하는 동작입니다. 이 동작은 상대가 나이프를 잘 사용하는 숙련자일 경우 반드시 다음 공격을 못하도록 방어하는 동작이므로 매우 중요합니다.

나이프 디펜스(knife defense)를 할 때 상대방 공격을 양손을 다 번갈아 가면서 막는 이유는 방어자의 안전성을 최대한 높이기 위한 방어 동작이기 때문입니다.

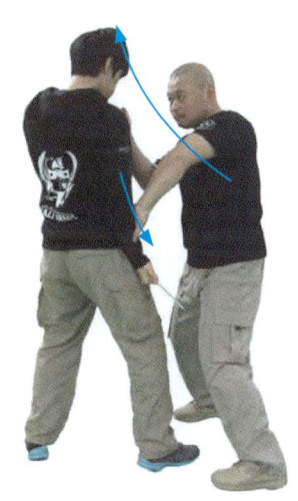

왼손으로 상대방 손목을 잡고 오른손으로 상대방의 턱이나 목을 주먹으로 공격한다.

다시 오른손으로 팔꿈치 돌려치기로 얼굴을 공격한다.

❷ 공격자가 오른쪽 얼굴을 나이프로 공격할 때

나이프 디펜스 자세(knife defense stance)

상대방이 나이프(knife)로 오른쪽 얼굴을 공격할 때

왼발이 45° 방향으로 나가면서 오른손 팔등으로 방어한다.

03. 나이프 디펜스 테크닉

03

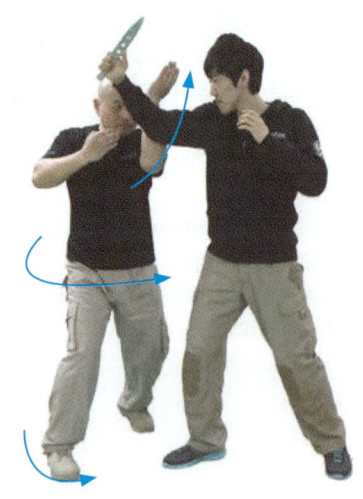

오른손으로 방어한 후, 허리를 틀어 왼손 팔등으로 다시 방어한다.

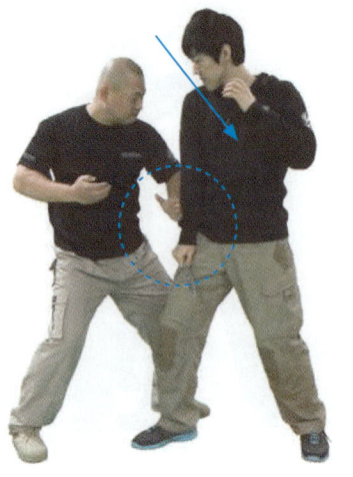

[point]
왼손으로 방어한 후, 상대방이 반격을 못하도록 후려치듯이 직선으로 상대방의 팔을 내린다. 이때 왼발이 앞으로 한 보 나아간다.

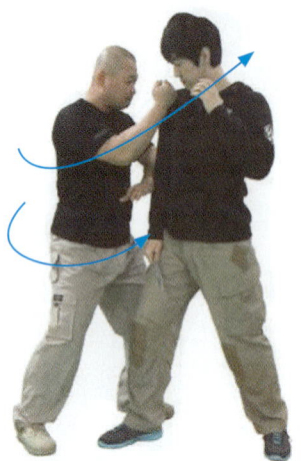

오른손으로 상대방의 얼굴을 공격한다.

왼손 팔꿈치로 상대방의 팔을 공격한다.

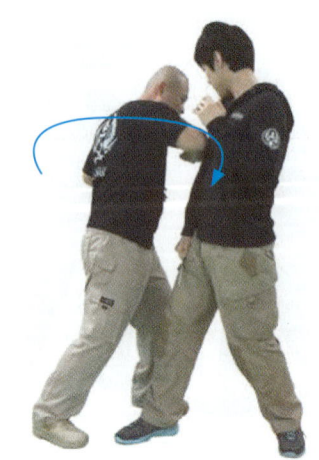

허리를 틀어 오른손 팔꿈치로 상대방을 공격한다.

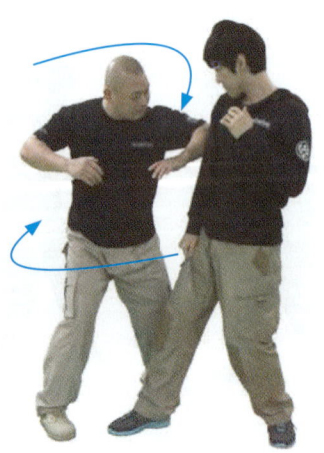

다시 왼손 팔꿈치로 상대방을 공격한다.

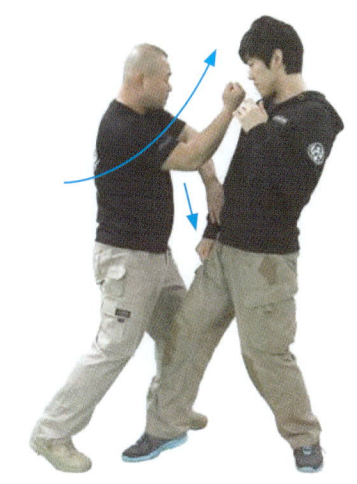

왼손으로 상대방의 손목을 잡고 허리를 틀어
오른손 주먹으로 얼굴을 공격한다.

❸ 공격자가 오른쪽 옆구리를 나이프로 공격할 때

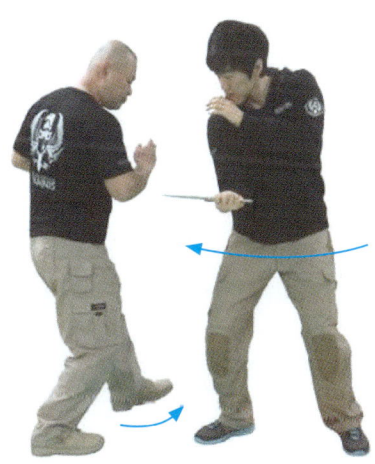 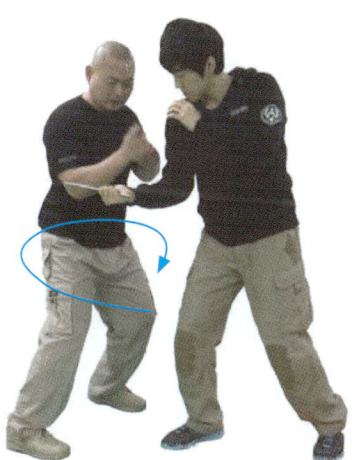 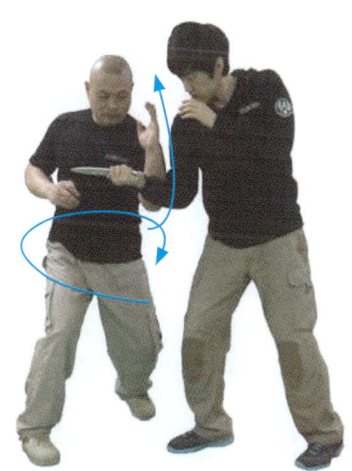

상대방이 나이프(knife)로 오른쪽 옆구리를
공격할 때, 왼발이 45° 방향 앞으로 나간다.

허리를 틀어서 방어자세를 취한다.

허리를 틀어 강하게 팔꿈치로 방어한다.

03

팔꿈치 공격 후 상대방이 반격을 못하도록 상대방의 팔을 직선으로 내려친다. 이때 왼발이 한 보 앞으로 나아간다.

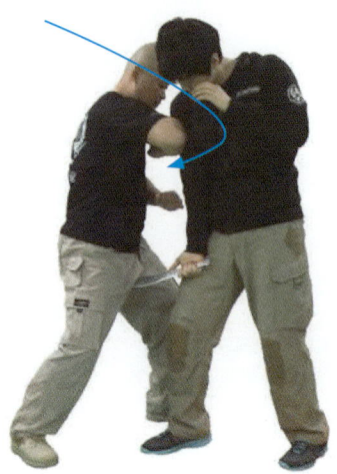
오른손 팔꿈치로 상대방의 오른팔을 공격한다.

[point]
다시 왼손 팔꿈치로 상대방의 오른팔을 공격한다.

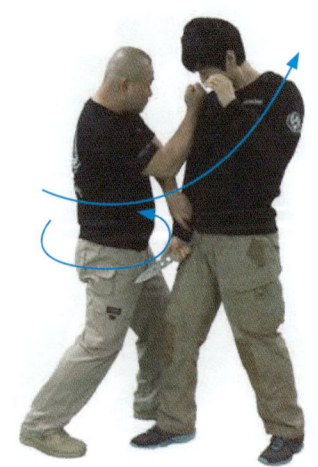
허리를 틀어 오른손 주먹으로 얼굴을 공격한다.

❹ 공격자가 왼쪽 옆구리를 나이프로 공격할 때

상대방이 나이프(knife)로 왼쪽 옆구리를 공격할 때, 오른발이 45° 방향으로 공격자를 향해서 앞으로 나간다.

허리를 틀어 오른손 팔꿈치로 방어한다.

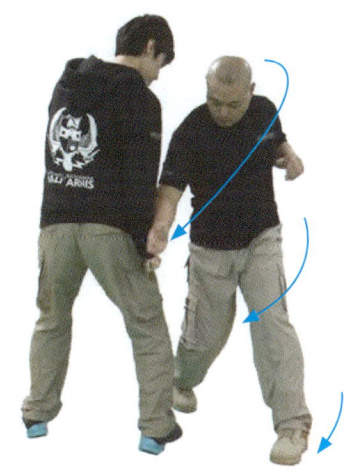

오른손 팔꿈치로 방어 후 상대방의 오른손을 팔등으로 강하게 밑으로 내려쳐준다.

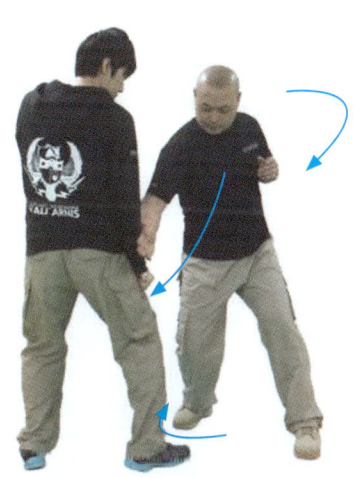

오른손 팔꿈치로 방어 후 상대방의 오른손을 팔등으로 강하게 밑으로 내려친 후 팔꿈치 공격을 위해 몸을 이완시켜준다.

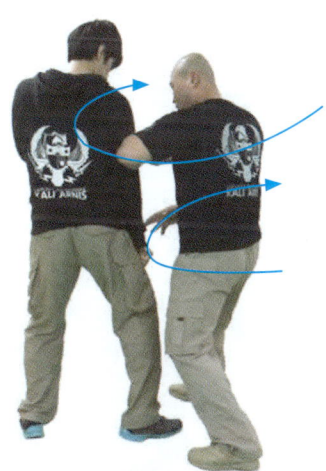

상대방의 우측 팔을 팔꿈치로 가격한다.

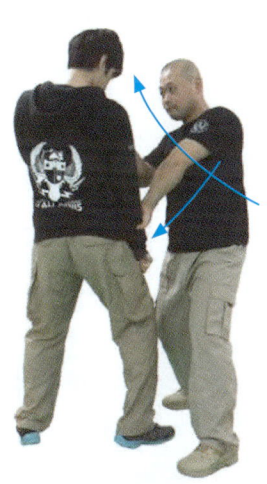

가격 후 상대방의 손목을 왼손으로 잡는 동시에 오른손 주먹으로 상대의 얼굴을 가격한다.

가격 후 오른쪽 팔꿈치로 상대방의 얼굴을 가격한다.

❺ 공격자가 가운데 복부를 나이프로 공격할 때

상대방이 나이프(knife)로 가운데 복부를 공격할 때

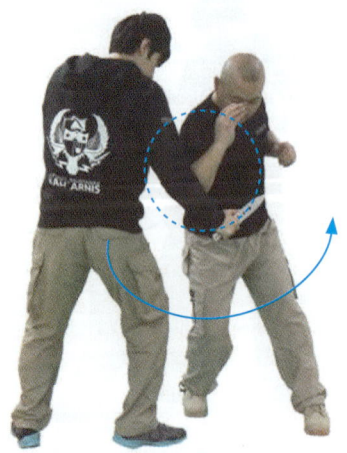

[point]
순간적으로 허리를 틀어 오른손 팔꿈치로 방어한다.

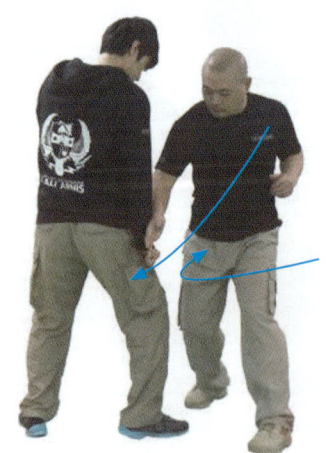

방어 후 오른손 팔꿈치로 상대방의 오른손을 강하게 내려쳐 준다.

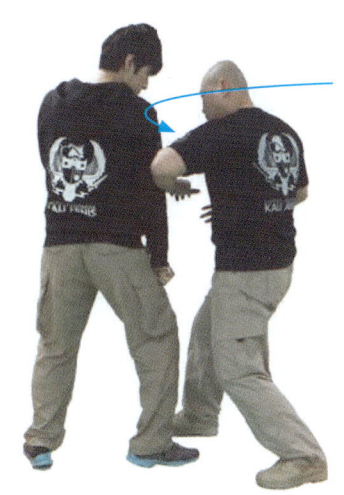 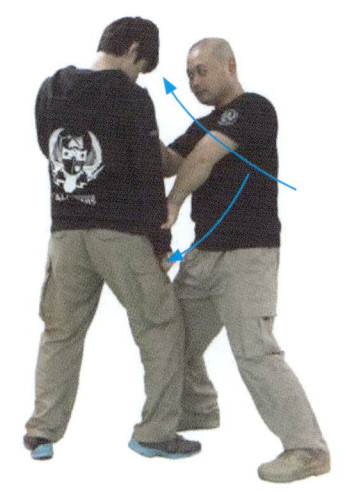

허리를 틀어 왼손 팔꿈치로 상대방의 팔을 가격한다.

가격 후 상대방의 오른쪽 손목을 잡음과 동시에 오른손 주먹으로 상대방의 얼굴을 가격한다.

❻ 공격자가 어깨를 잡고 마구잡이로 공격할 때

 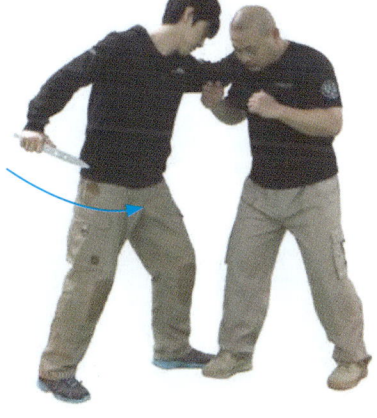

상대방이 왼손으로 어깨를 잡고 마구잡이로 공격할 때

허리를 틀어 팔뚝으로 방어(팔뚝으로 방어할 때 방어 순간에 방어자는 충격이 최소화 되지만, 상대방은 최대화 된다.)한다.

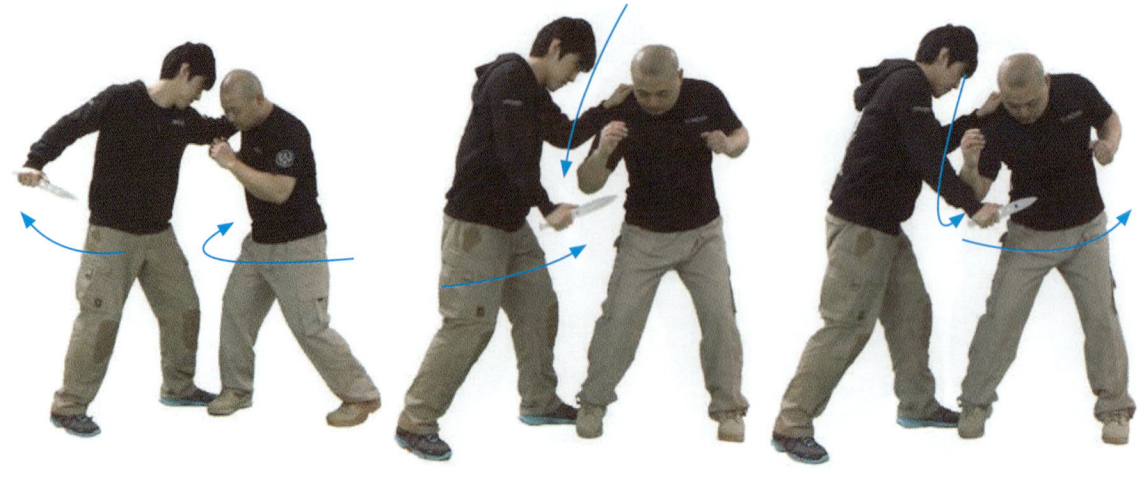

재차 상대방이 공격해 온다. 　　　　　　허리를 틀어 팔뚝으로 방어한다.

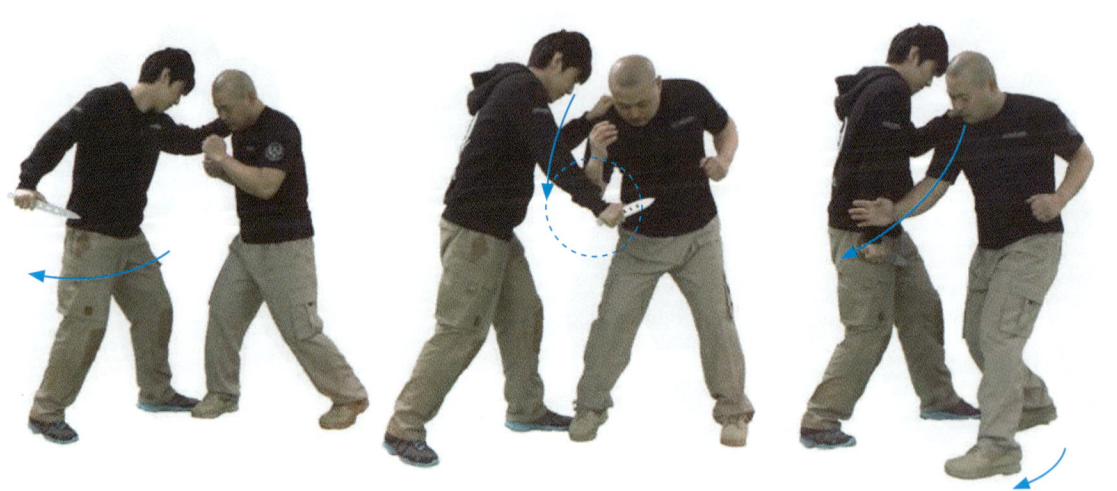

또다시 상대방이 공격해 온다.　　　[point]　　　　　　　　방어한 오른손으로 상대방 팔을 직선으로 내린
　　　　　　　　　　　　허리를 틀어 팔뚝으로 방어한다.　다. 이때 왼발이 45° 방향 앞으로 나아간다.

 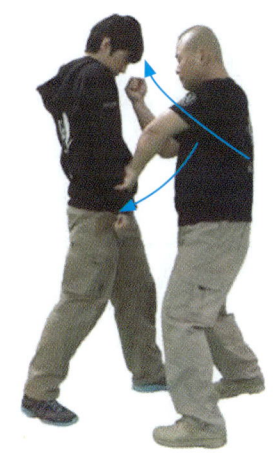

[주의할 점] Block and Hit Application에서 가장 주의할 점은 상대방이 나이프 공격 시 허리를 순간적으로 틀어 방어하는 동작과 동시에 나이프를 든 상대방의 팔을 다음 공격을 못하도록 팔꿈치로 공격하여 상대방에 다음 공격을 봉쇄하는 것이 매우 중요한 포인트입니다.

왼손 팔꿈치로 상대방 오른팔을 공격한다.   허리를 틀어 상대방 얼굴을 주먹으로 공격한다.

❼ 리버스 그립으로 얼굴을 직선으로 공격할 때

나이프 디펜스 스텐스
(knife defense stance)

상대방이 리버스 그립(reverse grip)으로 정 중앙 직선으로 얼굴을 공격할 때

왼발이 45° 방향으로 나가면서, 동시에 오른손 팔등으로 방어한다.

03

[point]
방어 후, 왼손으로 다시 방어한다.

방어한 왼손으로 상대방의 오른손을 밑으로 낚아 채준다.

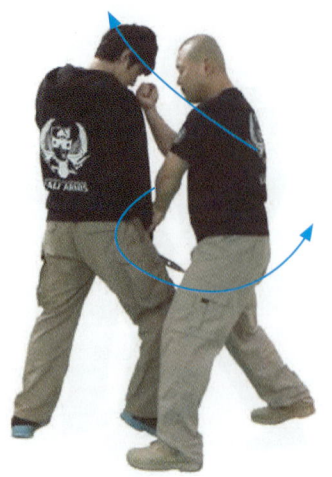
오른손 주먹으로 상대방의 얼굴을 공격한다.

오른손 주먹을 회수한다.

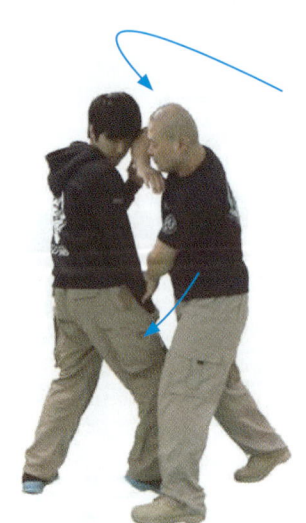
오른손 팔꿈치로 상대방의 얼굴을 공격한다.

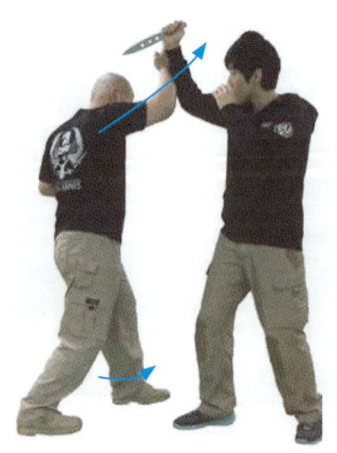
<반대방향> 왼발이 45° 방향으로 앞으로 나이가며 팔등으로 상대방의 직선 공격을 방어한다.

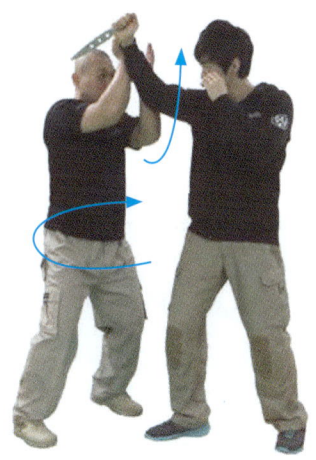 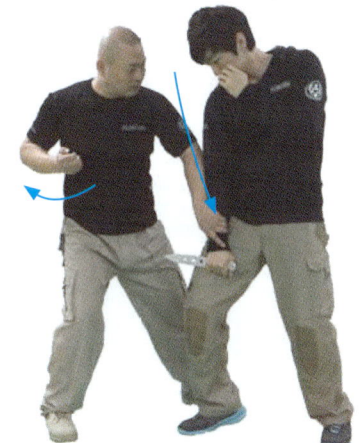 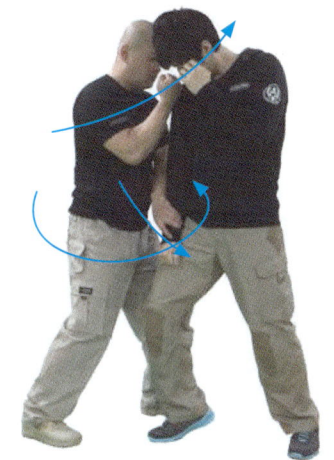

방어와 동시에 왼손으로 상대방의 오른손을 밑으로 강하게 손바닥으로 쳐준다.

허리를 틀어 오른손 주먹으로 상대방의 얼굴을 가격한다.

 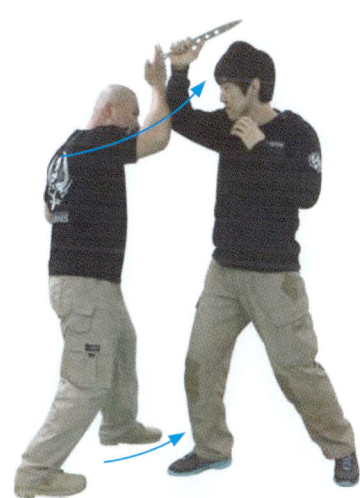

다시 오른손 팔꿈치로 상대방 얼굴을 강하게 가격한다.

상대방이 포워드그립으로(forward grip) 나이프 공격 시에도 동일하게 적용된다. 왼발이 45° 방향으로 나가면서 오른손 팔등으로 방어 후 디펜스 및 공격한다.

03. 나이프 디펜스 테크닉

04 나이프 디펜스 타핑 어플리케이션(knife defense hit application)

❶ 공격자가 포워드 그립으로 왼쪽 얼굴을 공격할 때

왼쪽 얼굴을 상대방이 포워드 그립 (forward grip)으로 공격할 때

오른발이 45° 방향으로 나가면서 왼손 팔등으로 방어한다.

왼손 팔등으로 막은 후 강하게 허리를 틀어준다.

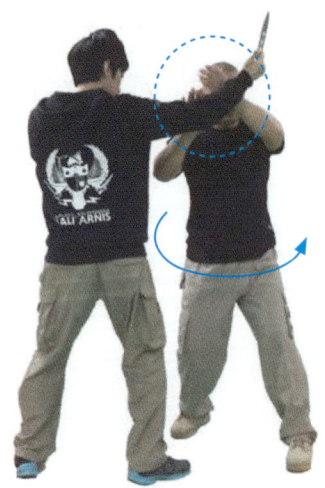
[point]
오른쪽 손바닥으로 상대방의 팔꿈치 안쪽을 강하게 밀어 친다.

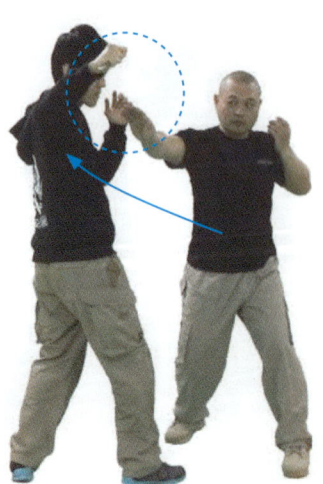
[point]

오른손으로 밀어 칠 때, 상대방을 15° 방향으로 밀어야 한다. 상대방의 나이프(knife)를 든 오른손이 어깨 뒤로 넘어가게 해야만, 방어자의 안전성을 확보가 가능하다.

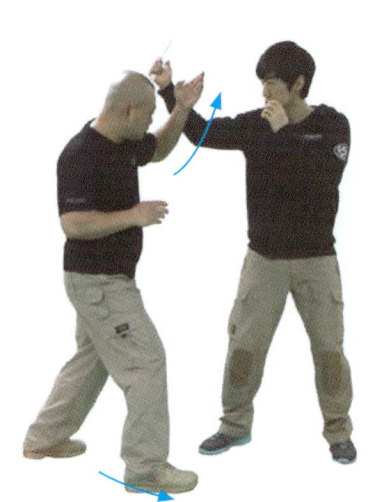 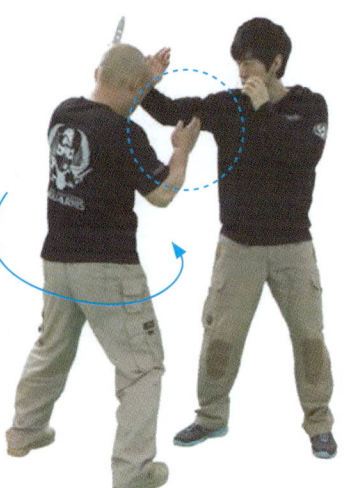 

<반대 각도> 오른발이 45° 방향으로 나아가며 왼손 팔등으로 상대방의 나이프 공격을 막는다.

[point] 방어자가 오른손으로 상대방의 팔 안쪽을 강하게 밀어친다.

[point]

❷ 공격자가 포워드 그립으로 왼쪽 얼굴을 공격할 때

 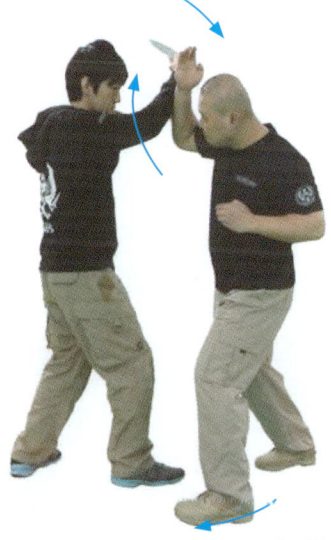 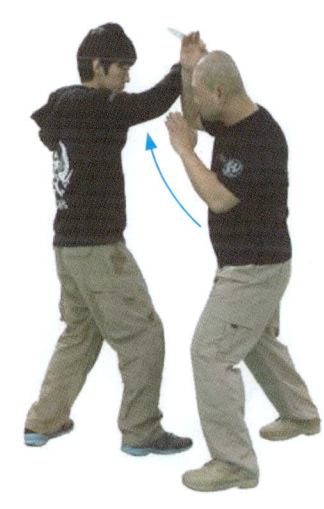

상대방이 포워드 그립(forward grip)으로 왼쪽 얼굴을 공격할 때

왼발이 45° 방향으로 나가면서, 오른손 팔등으로 나이프(knife)를 막는다.

오른손 팔등으로 상대의 나이프를 막은 후 허리를 강하게 틀어준다.

03. 나이프 디펜스 테크닉

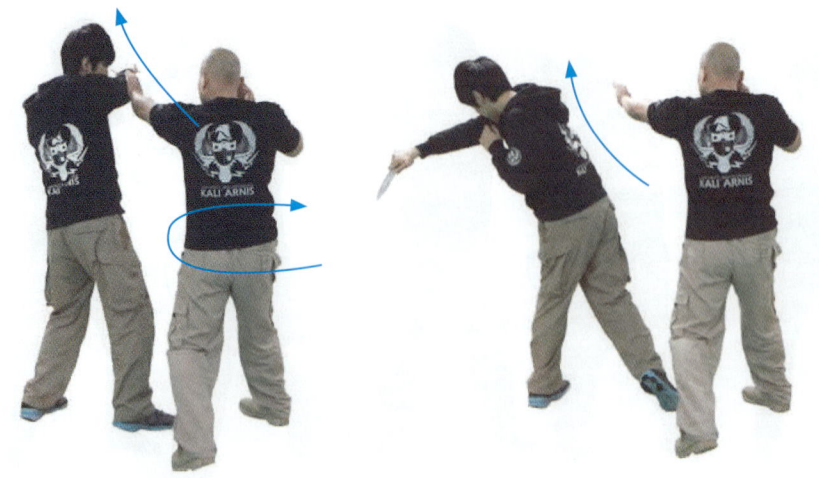

허리를 틀어 왼손으로 상대방의 팔꿈치를 15° 방향으로 강하게 밀어 친다.

❸ 공격자가 포워드 그립으로 오른쪽 옆구리를 공격할 때

상대방의 오른쪽 옆구리를 공격할 때

허리를 틀어 팔꿈치로 상대방의 나이프(knife)를 방어한다.

왼손 팔꿈치로 방어 후 동시에 왼손을 들어 올린다.

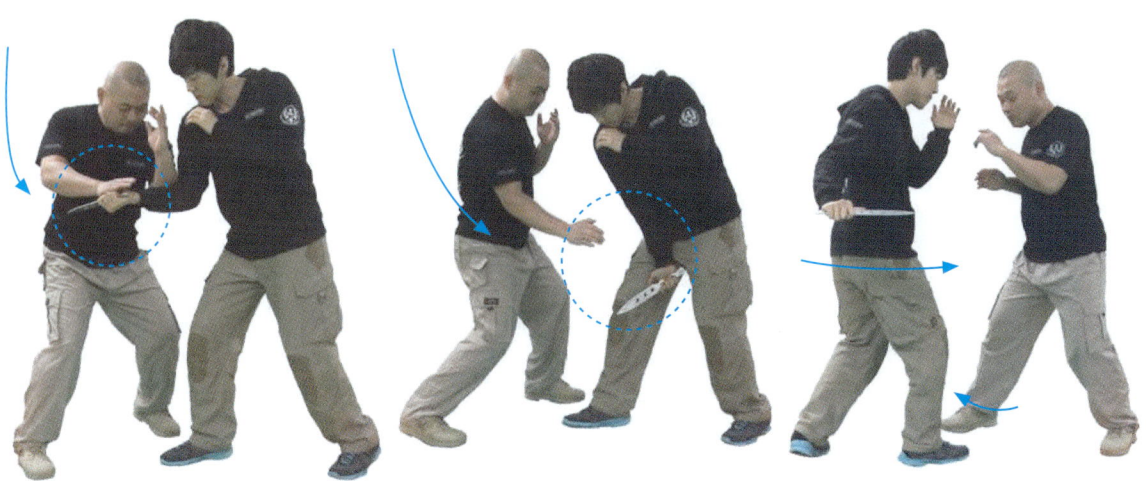

[point]
왼손으로 상대방의 나이프(knife)를 든 손을 밑으로 강하게 후려친다.

[point]

<반대편 각도> 상대방이 오른쪽 옆구리를 나이프로 공격할 때

오른팔 팔꿈치로 상대방의 나이프를 막는 동시에 왼손을 들어 올려준다.

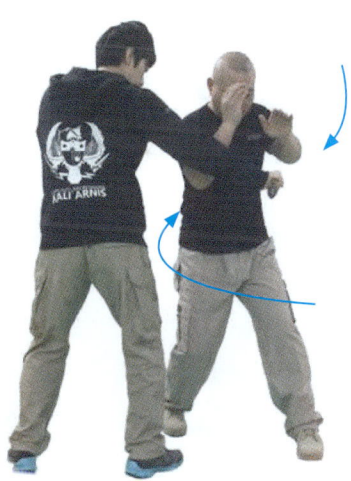

허리를 틀어 상대방 나이프를 오른손을 강하게 밑으로 쳐준다.

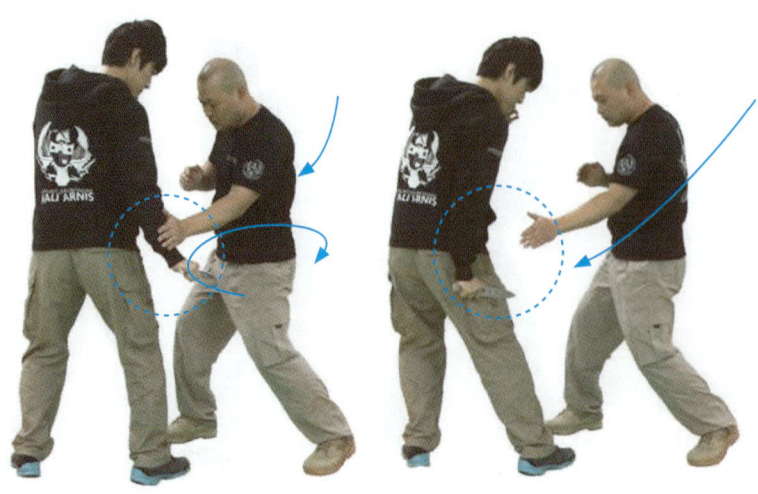

[point]   [point]
허리를 틀어 상대방이 나이프를 잡고 있는 오른손목을 강하게 밑으로 내려친다.

❹ 공격자가 포워드 그립으로 복부를 공격할 때

상대방이 나이프(knife)로 복부를 공격할 때   순간적으로 오른발이 뒤로 빠진다.   [point]
오른발이 뒤로 빠지면서, 오른손 팔등 직선으로 상대방의 팔을 내려치면서 막는다.

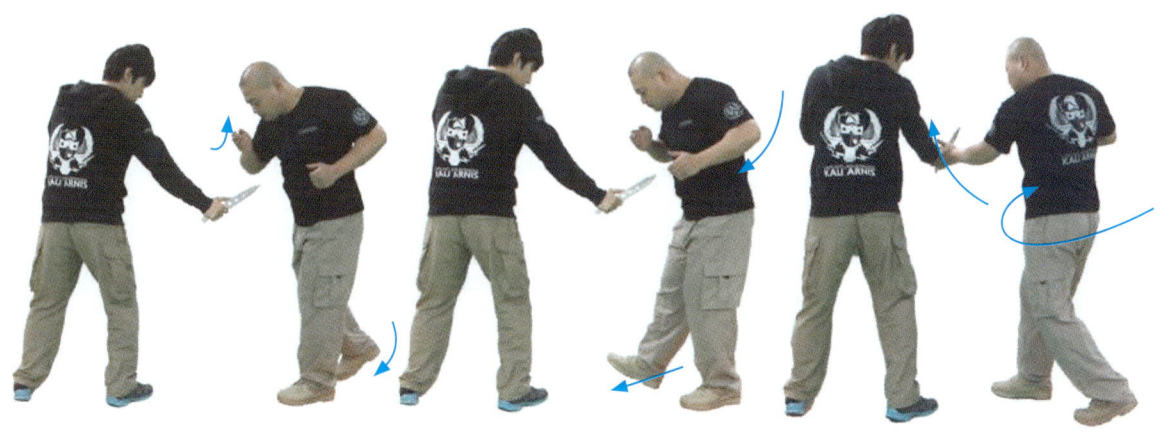

나이프를 막은 오른손을 빠르게 회수한다.

오른발이 한 보 앞으로 나간다.

허리를 틀며 왼손으로, 상대방의 손등 또는 팔목을 15° 방향 옆으로 강하게 후려친다.

허리를 틀며 왼손으로, 상대방의 손등 또는 팔목을 15° 방향 옆으로 강하게 후려친다.

❺ 공격자가 리버스 그립으로 얼굴을 공격할 때

상대방이 리 버스 그립(reverse grip)으로 얼굴 정 중앙을 공격할 때

왼발이 45° 방향 앞으로 나간다.

왼발이 45° 방향 앞으로 나가면서, 동시에 오른손 팔등으로 방어한다.

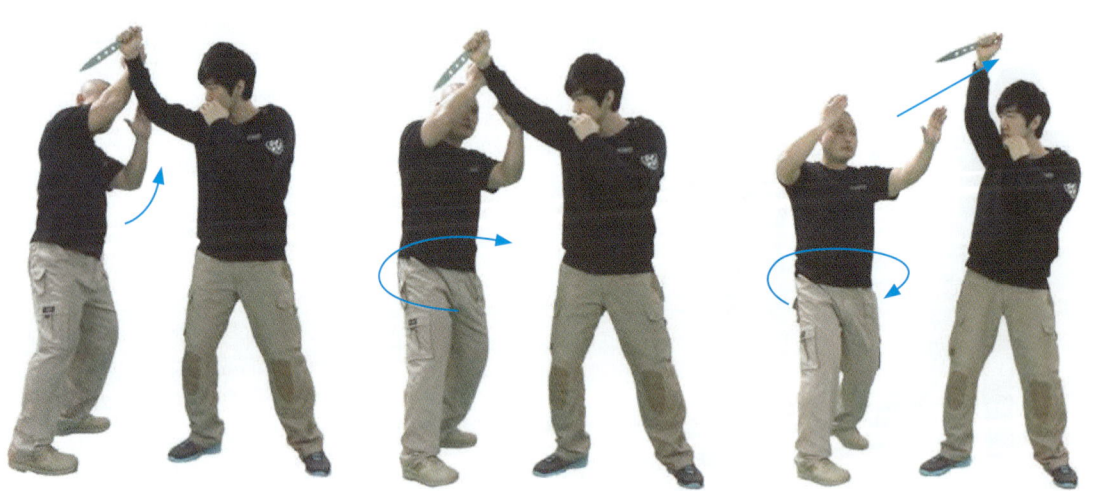

상대방 팔꿈치 안쪽을 왼쪽 손바닥으로 밀어 친다.

나이프를 든 상대방의 오른손 팔꿈치 안쪽을 상대방의 왼쪽 얼굴 윗부분으로 강하게 밀어쳐 준다.

다시 한번 나이프를 든 상대방의 오른손 팔꿈치 안쪽을 상대방의 왼쪽 얼굴 윗부분으로 강하게 밀어쳐 준다.

05 나이프 디펜스 디스암 어플리케이션(knife defense disarm application)

❶ 공격자가 포워드 그립으로 왼쪽 얼굴을 공격할 때

나이프 디펜스 자세(knife defense stance)

상대방이 포워드 그립(forward girp)으로 왼쪽 얼굴을 공격할 때

오른발이 45° 방향으로 나가면서, 왼손 팔등으로 방어한다.

방어한 왼손으로 상대방 손목을 잡고 오른손 팔뚝 날로 상대방을 팔을 공격한다.

오른손을 공격한 후 빠르게 안쪽으로 회수한다.

[point]
주먹으로 상대방 턱을 공격한다.

오른손을 회수한 후 상대방의 나이프(knife)를 든 왼손을 밑으로 낚아챈다.

오른발이 뒤로 빠지는 힘을 이용하여, 상대방의 손목을 뒤로 강하게 끌어당긴다.

이때 왼손을 상대방의 팔 위쪽으로 강하게 잡는다.

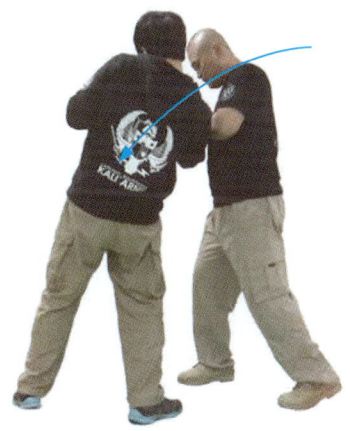

상대방의 손목을 강하게 잡는다.

손목을 안쪽으로 꺾으며 오른 팔등을 이용해 강하게 사선으로 밀어준다.

디스암(disarm)

03. 나이프 디펜스 테크닉

디스암 그립

디스암(disarm)을 하는 오른손 팔등부분에 상대방의 나이프 옆면에 댄다.

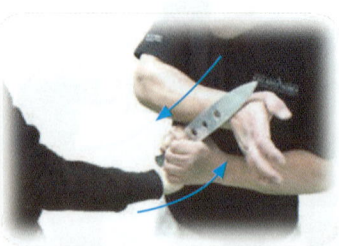
나이프를 든 상대방의 손목을 안쪽으로 끌어 당긴다.

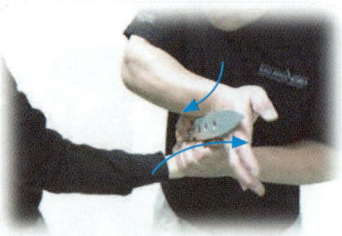
나이프를 든 상대방의 엄지 손가락부분을 강하게 안으로 잡아 당겨준다.

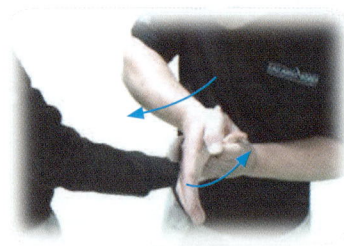

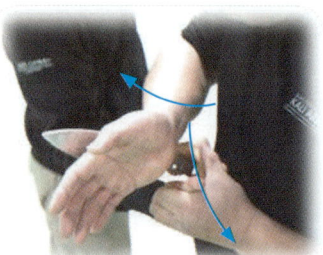

상대방의 엄지손가락 부분을 강하게 잡아 당겨주며 팔등부분으로 강하게 밀어준다.

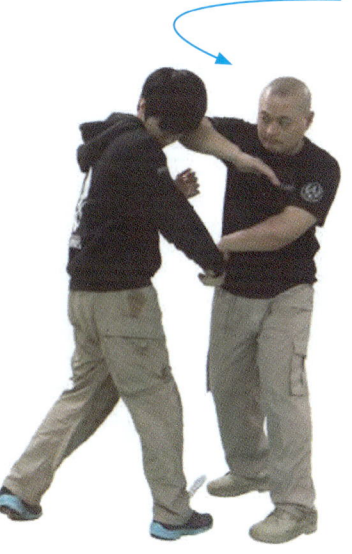
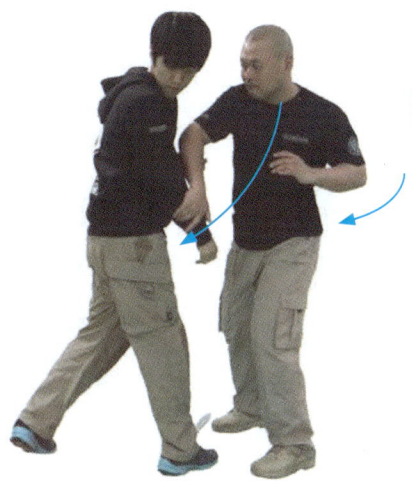

오른손 팔꿈치로 상대방의 얼굴을 공격한다.

오른손으로 상대방의 오른손을 밑으로 내려쳐 준다.

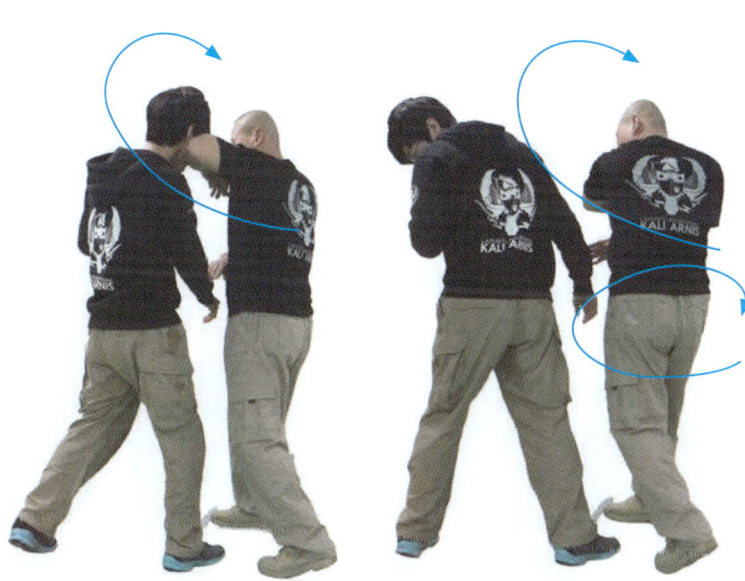

허리를 틀어 팔꿈치로 상대방의 얼굴을 공격한다.

❷ 공격자가 포워드 그립으로 오른쪽 얼굴을 공격할 때

나이프 디펜스 자세(knife defense stance)

상대방이 포워드 그립(forward grip)으로 오른쪽 얼굴을 공격할 때

왼발이 45° 방향으로 나가면서 오른쪽 팔등으로 방어한다.

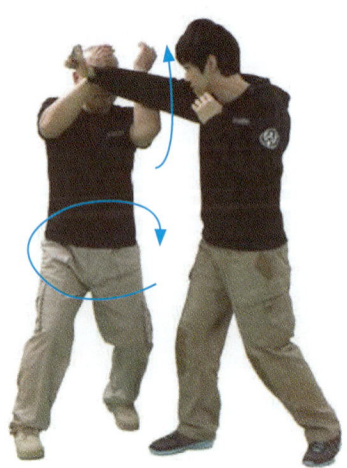

허리를 틀어 왼손과 팔등으로 방어한다.

상대방의 나이프를 방어한 왼손을 강하게 밑으로 내려준다.

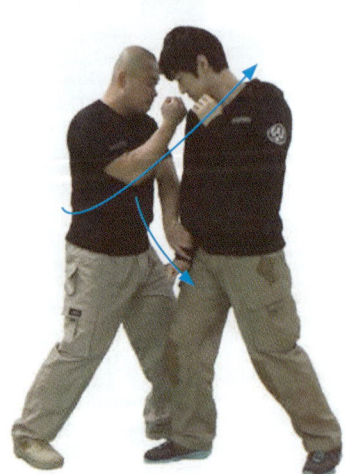

허리를 틀어 오른손으로 상대방의 얼굴을 강하게 올려쳐 준다.

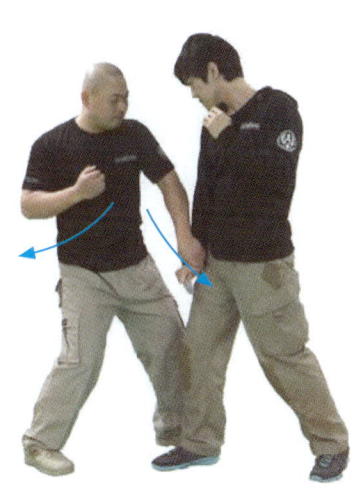  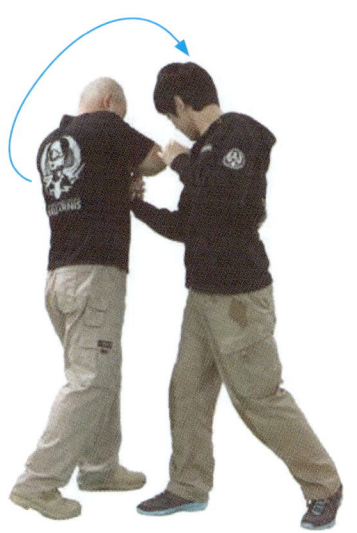

상대방의 얼굴을 타격 후 회수한다. 오른손으로 상대방 나이프를 든 손목을 잡는다. 손목을 상대방 몸 쪽 안으로 꺾는다.

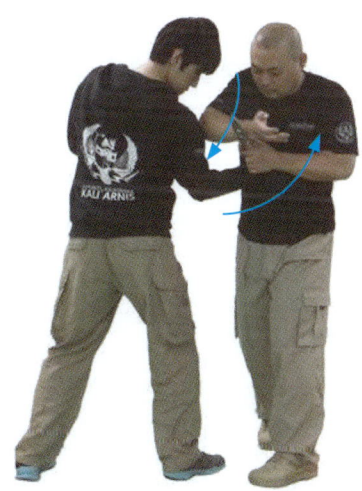 

왼손으로 상대방의 나이프를 든 엄지손가락을 걸어 올려주듯이 당기며 오른손 팔등으로 상대방의 나이프 옆면을 강하게 사선으로 밀어준다.

[point]

오른손을 회수한다.

03. 나이프 디펜스 테크닉 167

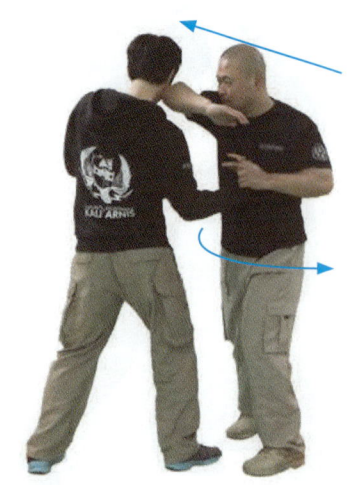  

상대방의 얼굴을 오른손 팔꿈치로 강하게 직선으로 가격한다.

왼쪽 팔꿈치로 강하게 허리를 틀어 상대의 얼굴을 가격한다.

[주의할 점] 나이프 디펜스 어플리케이션에 주의할 점은 상대방이 나이프로 공격 시 방어와 동시에 상대방을 가격하여 공격을 봉쇄하며 상대방의 나이프를 디스암 하는 기술입니다. 상대방이 나이프 공격 시 나이프 방어 후 반드시 타격이 들어가야지만 디스암 기술을 사용할 수 있으며 상대방의 나이프를 디스암 때 팔등 부분으로 강하게 사선으로 밀쳐내는 것이 중요합니다. 이때 상대방 나이프와 팔등을 최대한 밀착시켜 디스암 기술을 구사하는 것이 가장 중요한 포인트입니다.

❸ 공격자가 포워드 그립으로 오른쪽 옆구리를 공격할 때

   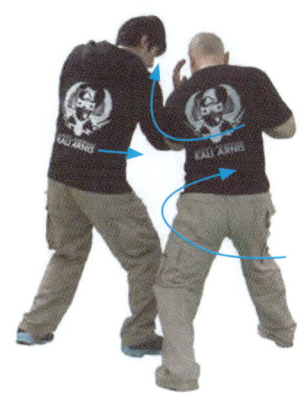

나이프 디펜스 자세(knife defense stance)　　　　　상대방이 오른쪽 옆구리를 공격할 때　　　　왼발이 45° 앞으로 나가면서, 왼손 팔꿈치로 방어한다.

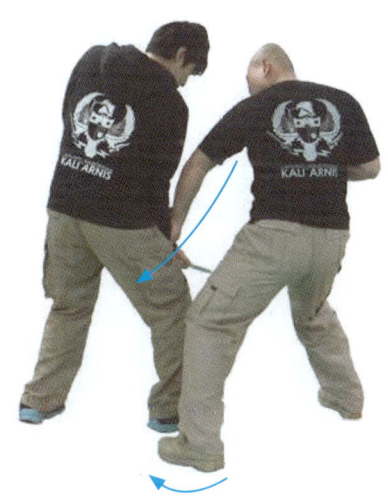  

나이프를 방어한 왼손으로 상대방의 오른손을 강하게 내려쳐 준다.　　　허리를 틀어 상대방의 얼굴을 가격한다.　　　왼발이 뒤로 빠지며 상대방의 팔을 안쪽으로 당긴다.

03

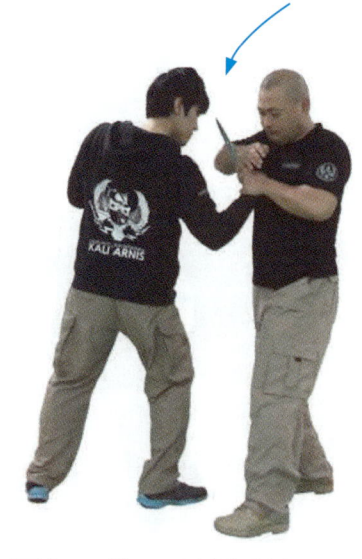 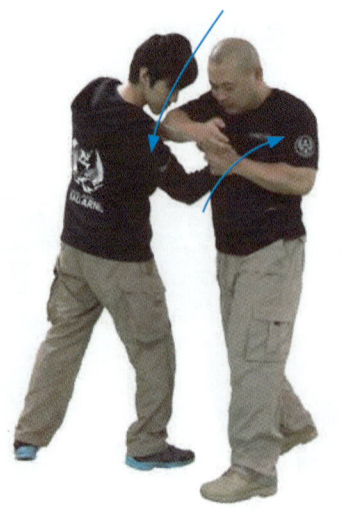 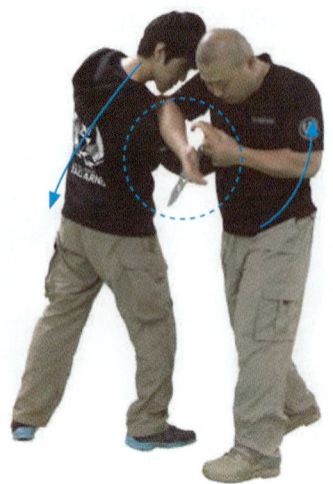

왼발이 45° 방향으로 나가면서 상대방의 팔목을 꺾어주며 팔등으로 나이프를 디스암한다.

상대방의 팔목을 꺾으면서, 팔등으로 상대의 나이프를 디스암(disarm)한다.

[point]

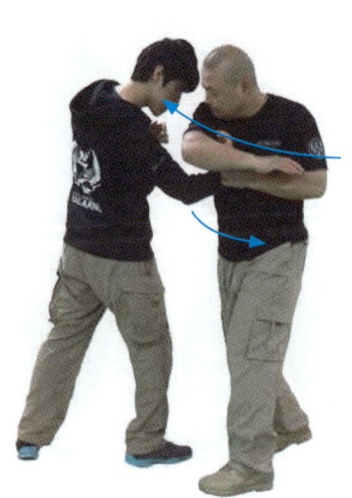  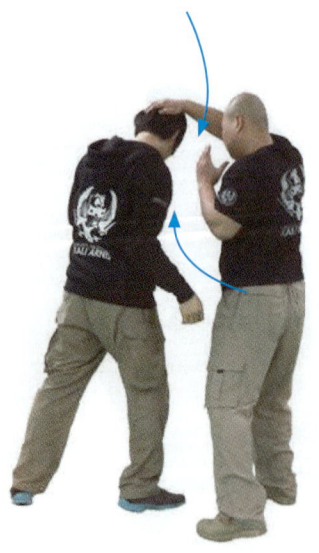

오른손을 회수한 뒤 팔꿈치로 공격한다.

상대방의 턱을 팔꿈치로 쳐 올린다.

오른손으로 상대방의 머리를 끌어당긴다.

170　모두를 위한 칼리&아르니스

상대방의 머리를 끌어당겨주면서, 왼손팔꿈치로 상대의 머리를 올려쳐준다.

〈반대편 각도〉 상대방이 오른쪽 옆구리를 나이프로 공격할 때

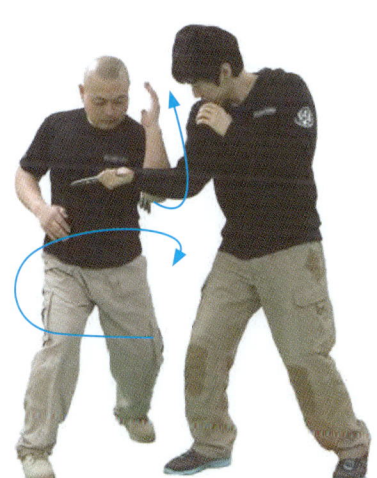

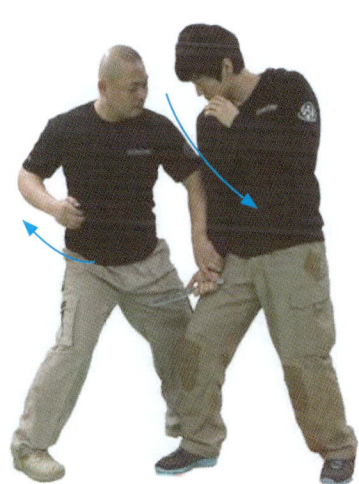

왼발이 45° 방향 앞으로 나아가며 왼손 팔꿈치로 나이프 공격을 막는다.

나이프를 방어한 왼손을 강하게 밑으로 내려준다.

이때 왼발이 앞으로 한 보 나아간다.

03. 나이프 디펜스 테크닉

03

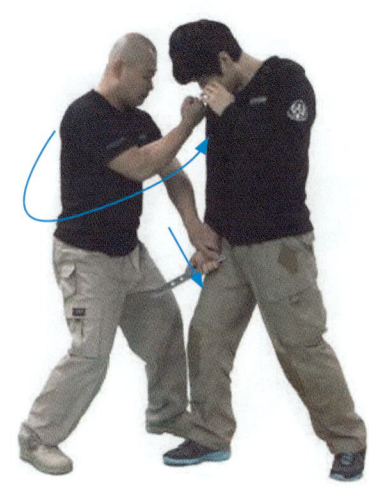
허리를 틀어 오른손 주먹으로 상대방의 얼굴을 강하게 올려쳐준다.

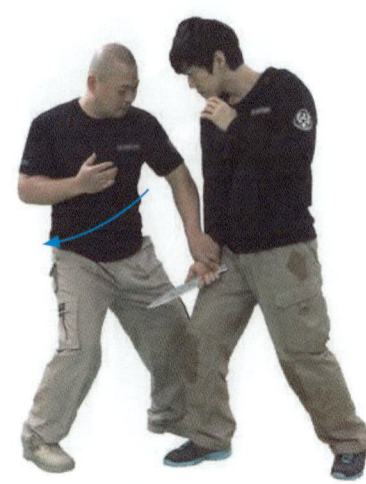
상대방의 얼굴을 공격한 오른손을 회수한다.

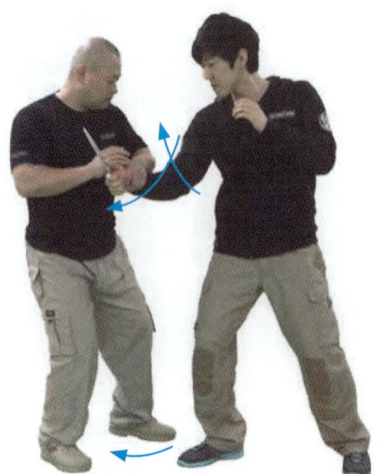
왼손으로 상대방의 나이프를 든 오른손을 안쪽으로 끌어당겨준다.

[point]
방어자 몸 쪽으로 상대방의 오른쪽 손목을 끌어당기면서, 팔뚝으로 디스암(disarm) 한다.

❹ 공격자가 리버스 그립으로 얼굴을 공격할 때

상대방이 리 버스 그립(reverse grip)으로 직선으로 얼굴을 공격할 때

왼발이 45° 방향으로 나가면서, 오른손 팔등으로 막는다.

허리를 틀어주면서 왼손 손바닥으로 나이프를 든 상대방의 오른손을 강하게 밑으로 쳐준다.

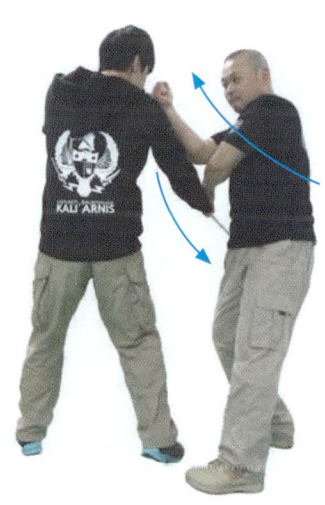

왼손을 밑으로 내리며, 오른손으로 상대 얼굴을 주먹으로 공격한다.

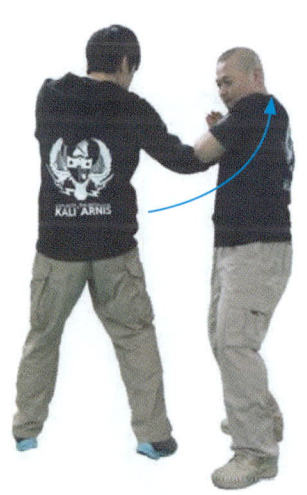

나이프(knife)를 든 상대방의 오른손을 방어자 가슴쪽으로 끌어당긴다.

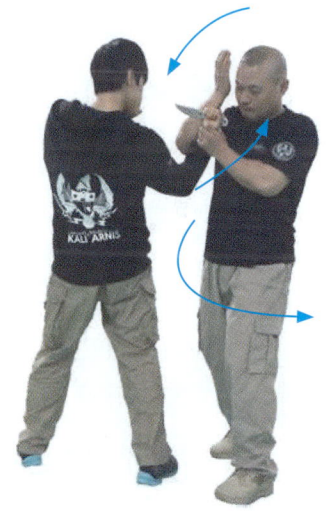

나이프(knife)를 든 상대방의 오른팔을 바깥쪽으로 꺾는다.

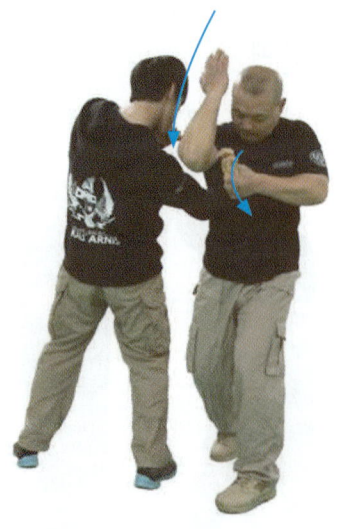

팔등으로 나이프(knife)를 밀어서 디스암(disarm)한다. 이때 왼손으로 상대방의 오른손을 안쪽으로 끌어당긴다.

팔꿈치로 상대방의 팔을 내려쳐 공격한다.

내려친 후 팔꿈치로 상대방의 얼굴을 공격한다.

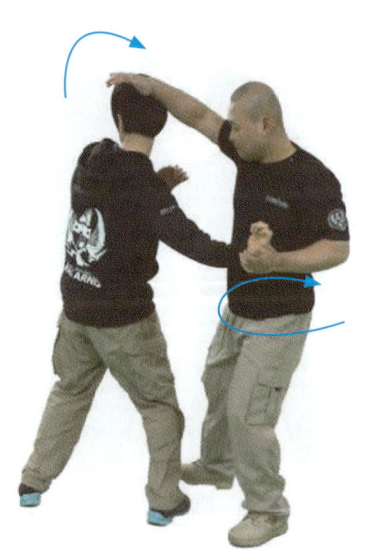
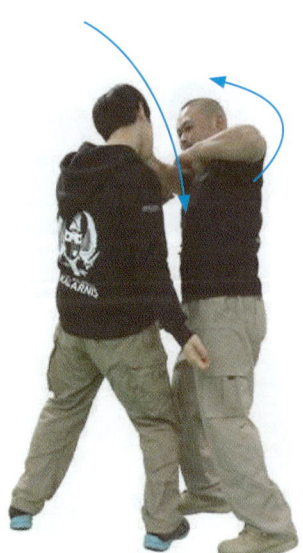

가격한 오른손으로 상대방의 머리를 끌어당겨준다.

오른손으로 끌어당겨주며 왼손 팔꿈치로 동시에 상대방의 얼굴을 가격한다.

06 나이프 디펜스 푸쉬 & 풀링 어플리케이션(knife defense push and puling application)

❶ 공격자가 포워드 그립으로 왼쪽 얼굴을 공격할 때

왼쪽 얼굴을 상대방이 포워드 그립 (forward grip)으로 공격할 때

왼손 팔뚝으로 방어 후 상대방의 오른쪽 팔목을 잡는다.

오른손으로 상대방의 오른손 팔꿈치 안쪽을 가격한다.

가격 후 수도로 상대방의 목을 공격한다.

공격 후 오른손을 안쪽으로 회수한다.

[point]
오른손으로 상대방의 손목을 잡는다.

오른발이 뒤로 3보 이상 빠진다.

상대방의 오른팔을 방어자의 안쪽으로 강하게 끌어당긴다.

상대방의 오른손을 강하게 끌어당겨 상대방의 중심을 무너뜨린다.

상대방의 오른손을 위쪽으로 올려준다.

끌어당긴 상대방의 오른손을 상대방 안쪽으로 꺾는다.

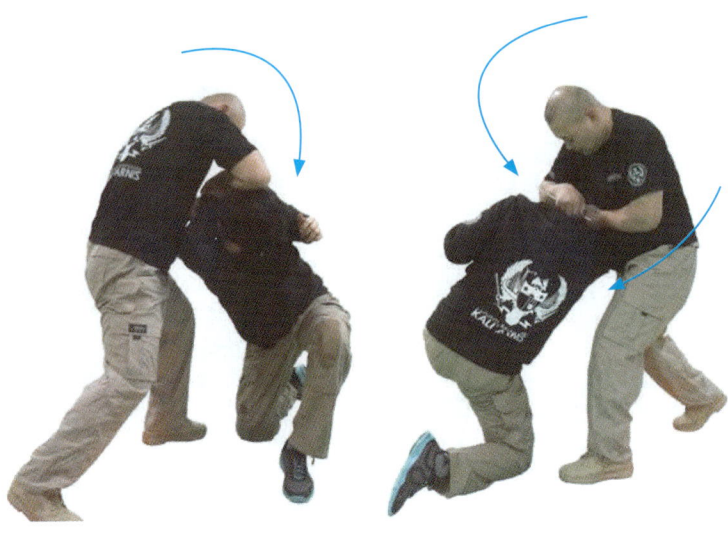

상대방의 오른손을 상대방 목덜미 뒤쪽으로 강하게 꺾어 제압한다.

❷ 공격자가 포워드 그립으로 오른쪽 얼굴을 공격할 때

상대방이 오른쪽 얼굴을 나이프로 공격할 때

왼발이 45° 방향으로 나가면서, 양손을 동시에 이용하여 칼을 든 상대방의 손을 막는다.

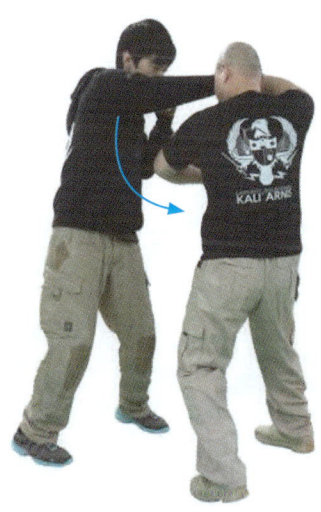

방어 후 왼손을 안쪽으로 당겨준다.

03. 나이프 디펜스 테크닉 177

03

안쪽으로 당겨준 왼손으로 상대방의 명치를 손날 부분으로 가격한다.

명치를 가격 후 상대방의 손목을 잡는다.

왼발이 뒤로 빠진다.

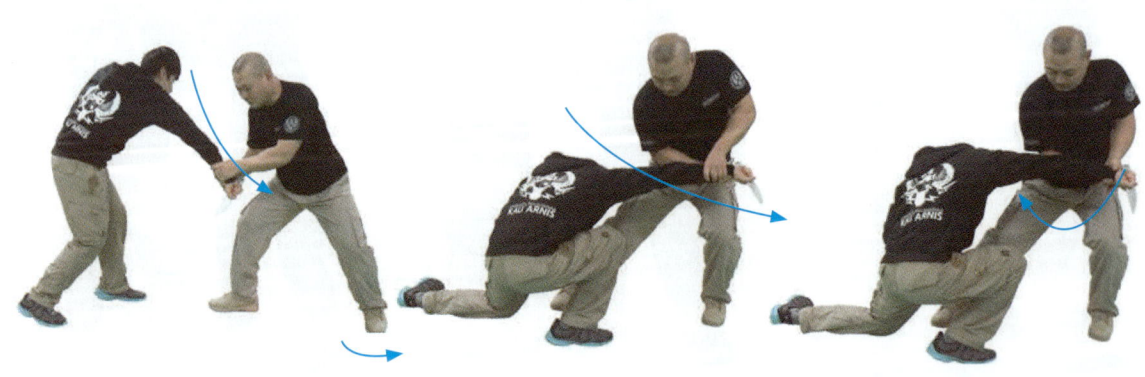

왼발이 뒤로 빠지면서, 상대방의 손목을 비틀어 안쪽으로 잡아챈다.

상대방의 오른팔을 끌어당겨서, 상대방 중심을 완전히 무너뜨린다.

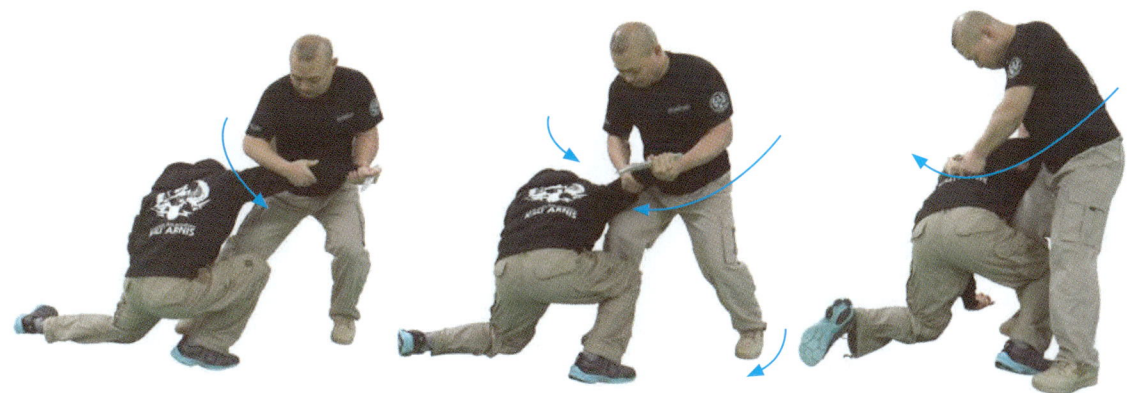

오른손으로 상대방의 팔꿈치를 잡는다.

팔꿈치를 잡은 후, 왼손으로 상대방의 팔꿈치로 안쪽을 강하게 밀어준다.

왼발이 앞으로 한 보 나아가며 상대방의 오른팔을 안쪽으로 꺾어 완전히 제압한다.

03. 나이프 디펜스 테크닉

07 나이프 디펜스 락킹(듀몽) 어플리케이션 (knife defense locking and dumong application)

03

❶ 공격자가 나이프로 오른쪽 얼굴을 공격할 때

상대방이 나이프(knife)로 오른쪽 얼굴을 공격할 때

왼팔과 오른팔로 상대방 나이프(knife)공격을 막는다.

막은 후 왼손 손바닥으로 상대방 얼굴을 공격한다.

이때 상대방의 오른팔을 끌어당겨준다.

[point]

공격 후, 왼손이 바깥에서 안쪽으로 들어간다.

왼발이 뒤로 빠지면서, 상대방의 나이프를 왼쪽으로 잡아챈다.

더블 암락(double armlock)

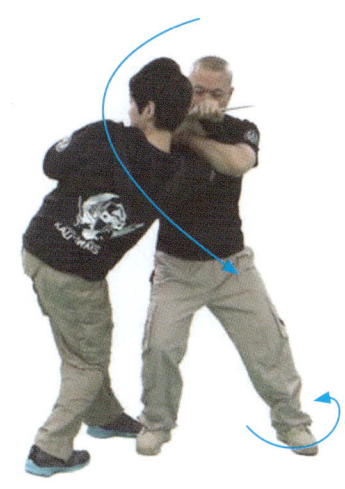
오른손으로 상대방의 오른손을 강하게 잡아 허리를 틀어 45° 방향으로 낚아챈다.

상대방의 팔을 45° 방향으로 완전히 낚아챈다.

상대방을 쓰러뜨린다.

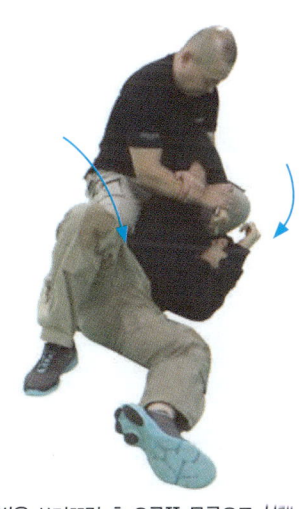
상대방을 쓰러뜨린 후 오른쪽 무릎으로 상대 늑골을 찍어 누르며, 왼쪽 무릎은 상대방 얼굴을 찍어 누른다.

03. 나이프 디펜스 테크닉

03

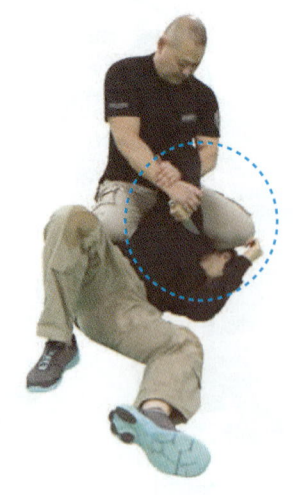

[point] 왼쪽 무릎으로 상대방 관자놀이를 짓누르고, 암락(arm lock)을 건 상대방의 팔을 안쪽으로 끌어당기면서 완전히 제압한다.

❷ 공격자가 나이프로 오른쪽 얼굴을 공격할 때

나이프 디펜스 자세(knife defense stance)

상대방이 오른쪽 얼굴을 공격할 때

왼발이 45° 방향으로 나가면서, 동시에 오른쪽 팔등으로 방어한다.

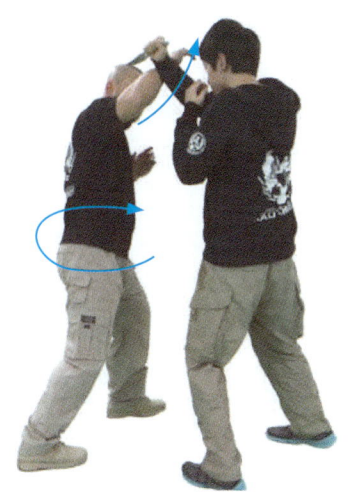 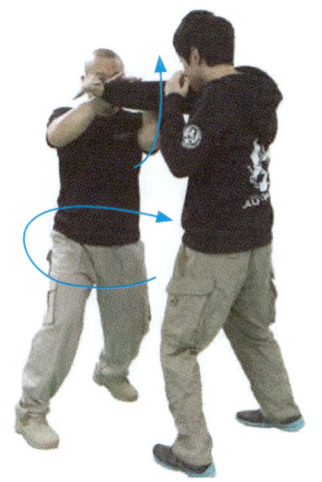 

오른쪽 팔등으로 방어한 후, 허리를 틀어 왼쪽 팔 날로 상대방 팔꿈치를 공격 한다.

팔꿈치로 공격한 후, 왼손을 회수한다.

 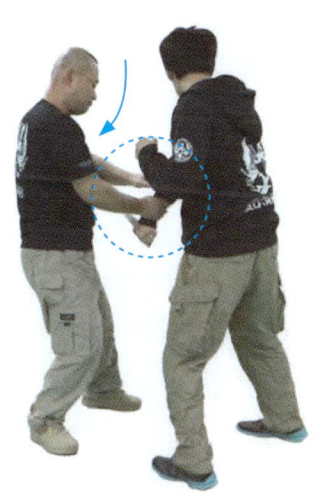 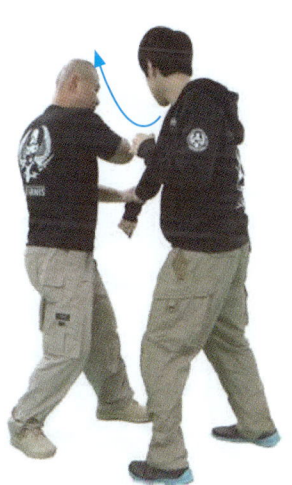

왼쪽 손바닥으로 상대방의 얼굴을 공격한다.

[point]
왼손으로 상대방의 오른쪽 손목을 잡고 오른손을 안쪽으로 회수한다.

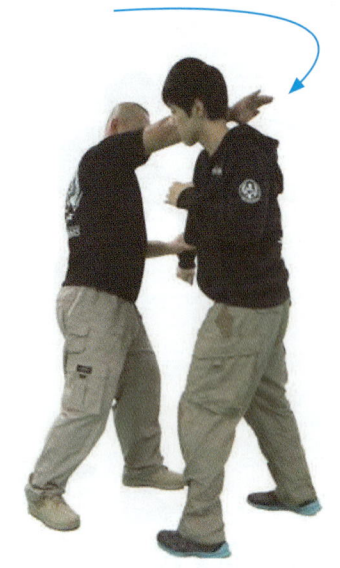

회수한 오른손으로 상대방의 얼굴을 가격한다.

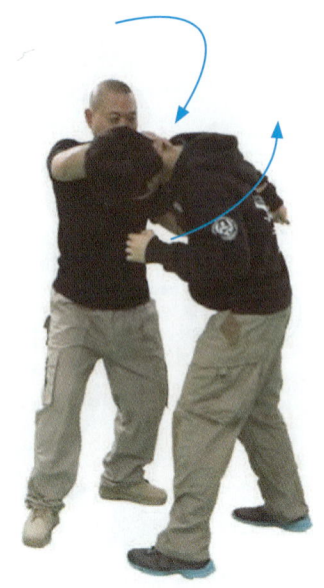

오른손으로 목을 잡고 밑으로 내리며, 왼손이 상대방의 겨드랑이를 타고 들어간다.

오른손으로 상대방의 목을 밑으로 눌러주고, 왼손으로 상대의 오른쪽 겨드랑이를 타고 들어가 강하게 밑으로 내려준다.

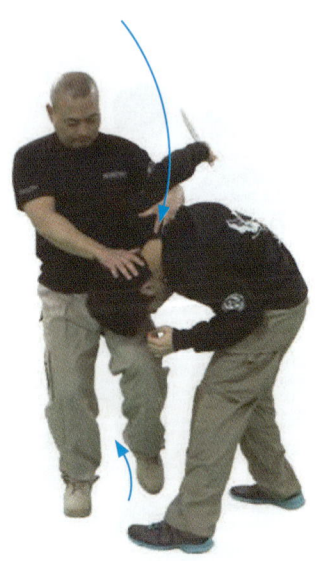

왼발 무릎으로 상대방의 얼굴을 공격한다.

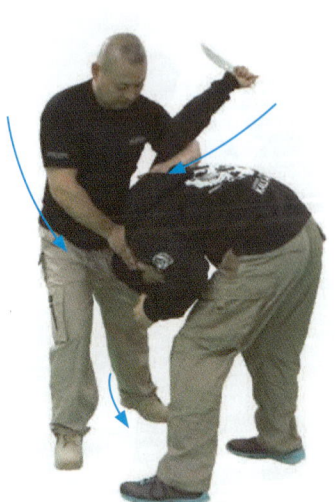

무릎으로 공격 후, 상대방의 얼굴을 방어자 안쪽으로 후려치듯이 밀어 넣는다.

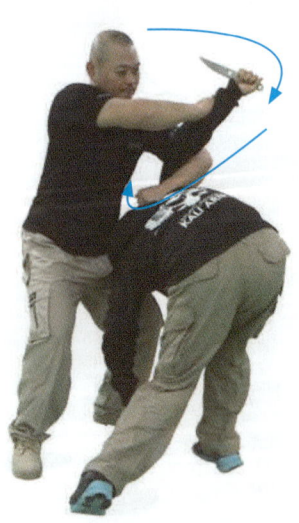

오른손으로 상대방의 팔뚝을 잡는다.

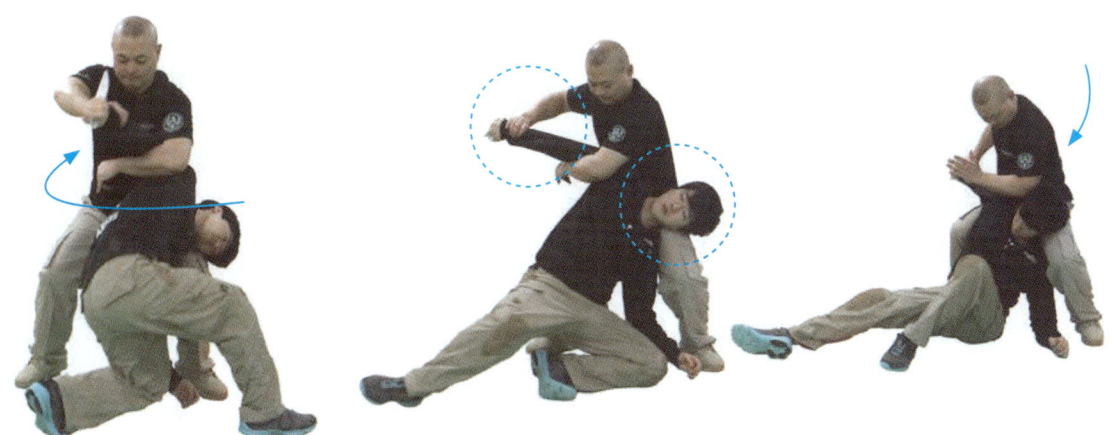

허리를 틀며 오른손으로 잡은 팔뚝을 돌려준다. 이때 상대방 얼굴을 왼쪽 허벅지에 고정시켜준다.

[point]

상대방을 넘어뜨린 후 얼굴을 팔꿈치로 가격한다.

팔꿈치를 공격할 때 중심을 낮추고 체중을 실어 팔꿈치로 내려친다.

오른손 팔꿈치로 상대방 얼굴을 다시 가격한다.

팔꿈치로 상대방의 얼굴을 공격해서 완전히 제압한다.

❸ 공격자가 나이프로 복부를 공격할 때

나이프 디펜스 자세(knife defense stance) | 상대방이 나이프(knife)로 복부를 공격할 때 | 허리를 틀면서, 팔등으로 상대방의 나이프(knife)를 치듯이 강하게 막는다.

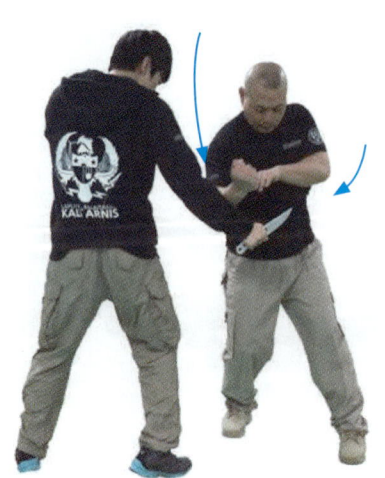  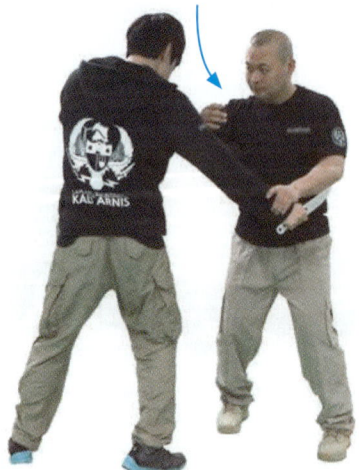

허리를 틀어 나이프(knife)를 팔등으로 방어한다. | 왼손으로 상대방 팔목을 잡고, 오른쪽 손등 주먹으로 상대방 얼굴을 가격한다. | 오른손을 회수한다.

 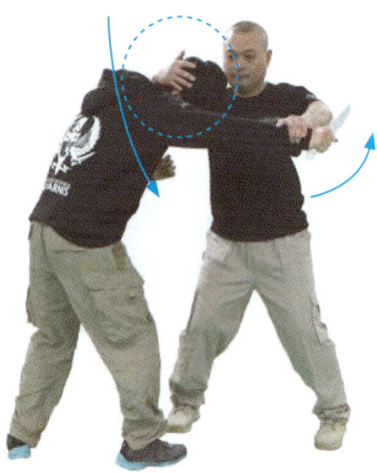 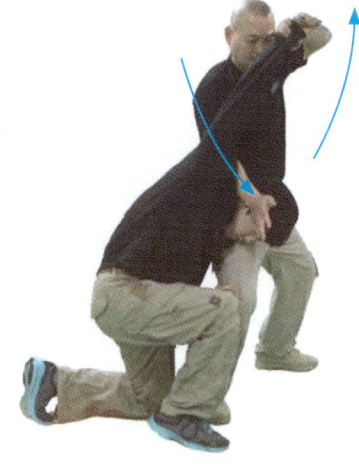

다시 오른손으로 상대방의 목덜미를 치듯이 잡는다.

[point] 잡은 목덜미를 안으로 끌어당긴다. 이때 왼손을 안쪽으로 끌어 당겨준다.

왼발이 직선으로 뒤로 빠지면서, 오른손으로 상대방의 얼굴을 눌러준다.

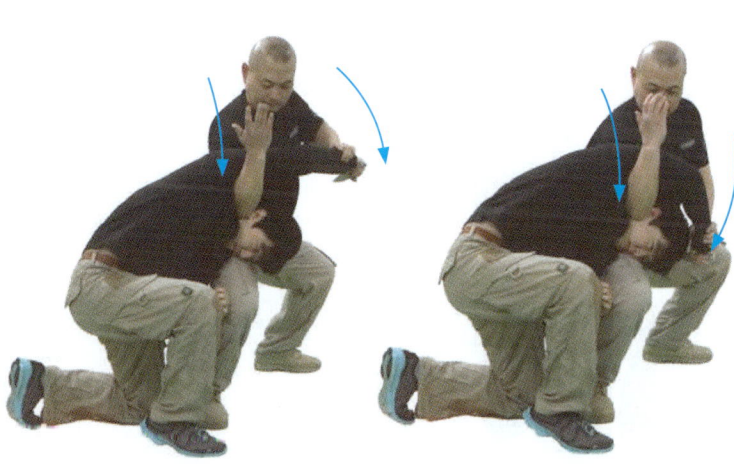

왼손으로 상대방 손을 끌어당기면서, 오른손 팔꿈치로 상대방의 얼굴을 찍어 누르듯 가격한다.

중심을 낮추어 상대방의 목을 완전히 제압한다.

[주의할 점] 상대방의 나이프(knife)를 방어한 후, 조건 반사적으로 상대방에게 타격을 가해야 합니다. (공격과 방어 일체) 타격이 선행되지 않는 락킹(locking) 기술 동작들은 매우 위험하므로, 반드시 타격 후, 기술을 사용해야 합니다. 더불어 보법 과 체중이동이 부드럽고 경쾌하게 이루어져야 합니다. 이러한 동작들을 하기 위해선 많은 연습이 필요합니다.

08 나이프 디스암 그립 종류(knife disarm grip)

❶ 차이나 본 그립(china bone grip)

 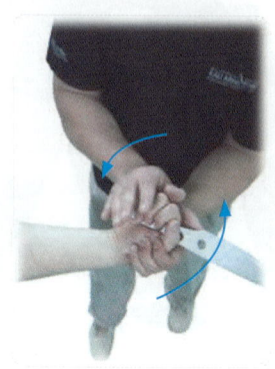 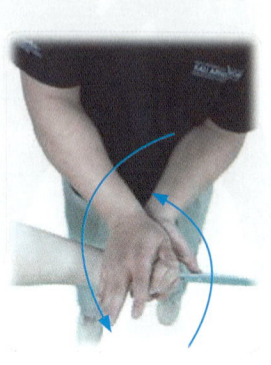

차이나 본 그립 (china bone grip) → 오른손과 왼손으로 상대방 나이프(knife)를 든 손을 감싸 주듯이 잡는다.

감싸 쥔 오른손과 왼손을 쥐어짜듯 돌린다.

45° 방향으로 강하게 밀어 쥐어짜듯 밀면서 꺾어준다.

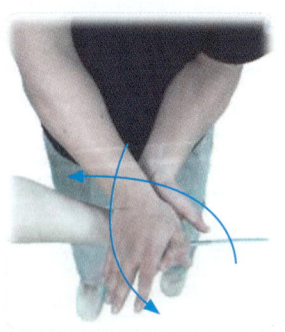 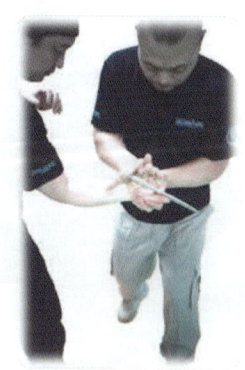

[주의할 점] 차이나 본 그립 나이프 디스암 동작의 주의할 점은 나이프를 든 상대방에 손을 강하게 교차해서 밀어 디스암을 하는 것이 중요합니다. 이때 각도는 상대방의 하단부분으로 45° 방향으로 정확히 손을 교차하여 강하게 사선으로 밀듯이 꺾어야만 상대방에게 큰 고통을 줄 수 있습니다.

이때 상대방의 손을 밀착한 상태에서 꺾는 것이 중요하다. 이때 상대방 손목에 공간이 생기지 않도록 한다.

❷ 나이프를 팔등으로 밀어내듯 쳐서 디스암(disarm)하는 방법

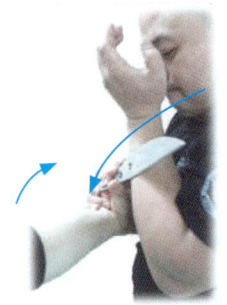 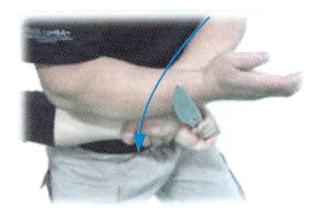 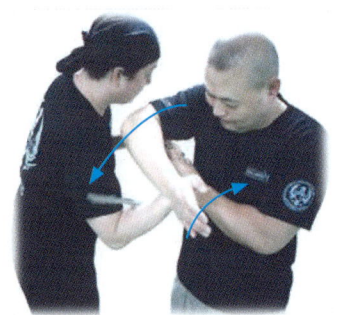

상대방의 손목을 강하게 안쪽으로 잡아당겨주며 팔뚝으로 강하게 아래로 밀어준다.

 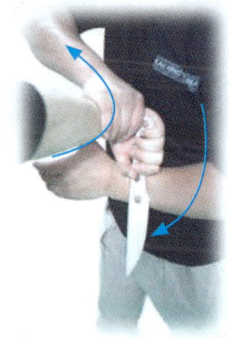

나이프(knife)를 든 상대방의 손을 안 쪽으로 잡아당기며 반대 손으로 밀어서 떨어뜨린다. (이때 중요한 점은 나이프(knife)의 옆면을 밀어줘야 한다.)

나이프(knife)를 든 상대방의 손을 잡아당기며, 나이프 반대쪽 팔뚝으로 밀어서 떨어뜨린다. (이때 중요한 점은 나이프(knife)의 옆면을 밀어줘야 한다.)

❸ 나이프(knife) 옆면을 잡아서 뺏는 방법

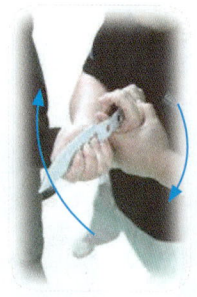 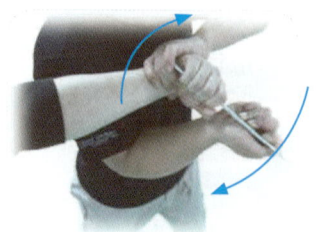 

상대방 손목을 꺾으면서 나이프(knife)의 옆면을 잡아서 뺏는다.

나이프에 날이 없는 부분을 손가락과 손바닥으로 밀착시켜 나무젓가락을 부러뜨리는 동작과 동일하게 나이프 옆면을 잡아서 뺏어준다.

❹ 나이프(knife) 옆면을 잡아서 뺏는 방법의 여러가지 동작들

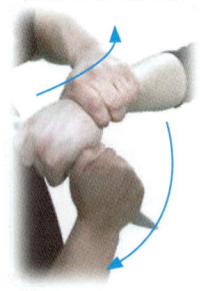 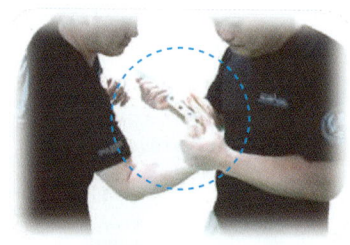

[point]

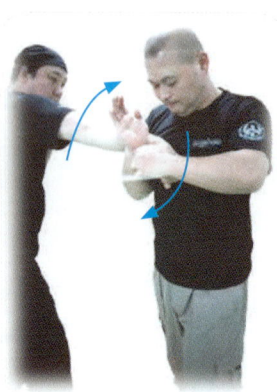  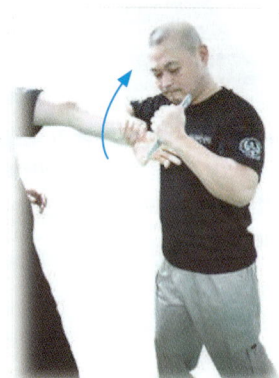

❺ 손바닥 날로 나이프(knife)를 밀어서 뺏는 방법

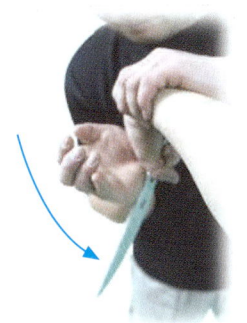 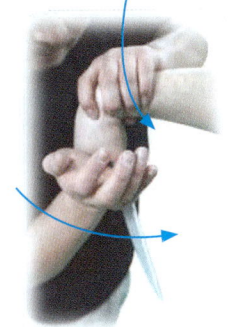 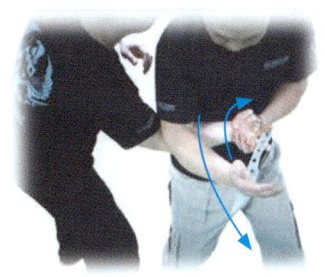

상대방의 나이프(knife)를 든 손을 꺾고, 손바닥 날 부분으로 밀어 치듯이 밀어 낸다.(이때 상대방 손목을 몸 안쪽으로 당기면서 꺾어줘야 한다.)

❻ 손목을 꺾어서 상대방이 들고 있는 나이프(knife)로 상대방을 공격하는 법

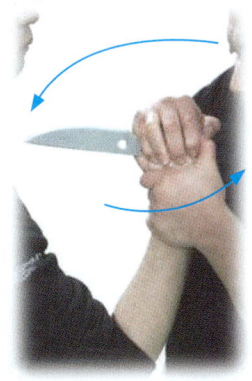 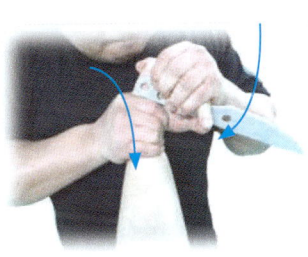 

상대방의 나이프(knife)가 움직이지 못 하도록, 상대방의 손가락 부분을 움켜잡아 나이프(knife)로 공격한다.

03

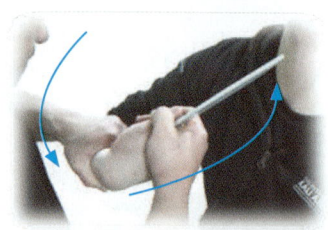 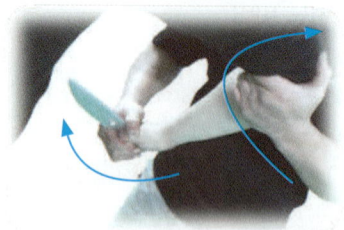

왼손으로 상대방의 손목을 비틀 듯이 꺾어주며 오른손으로는 상대방의 나이프를 든 손목을 안쪽으로 강하게 꺾어준다.

상대방의 팔꿈치를 안쪽으로 밀어 상대방이 든 나이프를 상대방의 몸 쪽 안으로 강하게 밀어준다.

Chapter 04 나이프 파이팅 테크닉
(Knife Fighting Technique)

나이프 파이팅 테크닉(knife fighting technique)은 나이프 디펜스(knife defense)와 같이 아르니스의 백미 중의 백미인 기술 입니다. 나이프(knife)와 나이프(knife)의 교전 기술을 수록 하였습니다.

나이프 파이팅 테크닉(knife fighting technique)은 무기대응 부분에 있어서 고급 기술입니다. 이 훈련을 하는 목적은 나이프 파이팅(나이프vs나이프)테크닉을 훈련함으로써 나이프 공격 동선, 카운터 방어 공격 스텝, 신체에 움직임 등 모든 부분에 대해 통합적으로 훈련하는 것이 목적입니다.

각종 나이프 그립(잡는 법)에 대한 공격 및 방어를 훈련함으로 각종 흉기 및 나이프 방어 제압, 근접, 원거리 등, 거리 및 각도에 대한 각종 흉기 및 나이프 방어 제압 전문 훈련으로 이루어집니다. 또한, 나이프 파이팅 테크닉에 중점은 생존(SURVIVING) 훈련 개념이 매우 강한 훈련입니다.

1. hammer grip(칼을 직선으로 잡는 방법) VS hammer grip(칼을 직선으로 잡는 방법) (DEFENSEUR (방어자) OFFENSEUR(공격자))
2. ice-pick grip(칼을 꺼꾸로 잡는 방법) VS ice-pick grip(칼을 꺼꾸로 잡는 방법) (DEFENSEUR (방어자) OFFENSEUR(공격자))
3. hammer grip(칼을 직선으로 잡는 방법) VS ice-pick grip(칼을 꺼꾸로 잡는 방법) (DEFENSEUR (방어자) OFFENSEUR(공격자))
4. ice-pick grip(칼을 꺼꾸로 잡는 방법) VS hammer grip(칼을 직선으로 잡는 방법) (DEFENSEUR (방어자) OFFENSEUR(공격자)
    등 여러가지 실전 상황에서 벌어지는 교전 테크닉을 해설했습니다.
5. 나이프(knife) 방어 시 문제되는 방어법 해설 등으로, 여러 가지 나이프 그립(knife grip)에 대한 기술들이 수록되어 있습니다.

나이프 파이팅(knife fighting)시 주의할 점은, 상대방과의 거리, 카운터 공격 및 방어가 매우 중요한 부분입니다.

01 나이프 파이팅 스탠스(Knife Fighting Technique)

❶ 나이프 파이팅 스탠스(Knife Fighting Stance) - 포워드 그립 스탠스(Forward Grip Stance)

시선을 정면으로 한 후 왼발을 뒤로 빼준다. 이때 왼발 뒤꿈치를 살짝 들어줘야 한다.(나이프 파이팅(knife fighting)시 기동성을 위함이다.) 그리고 왼손은 목 쪽으로 올리며 나이프(knife)를 든 오른손은 가슴 쪽으로 댄다. 이때 칼끝이 상대방쪽으로 향하게 해야 한다.

스탠스(stance)는 동일하며, 칼날을 상대방 쪽으로 한다. 이때 주의할 점은 칼날이 목 쪽으로 향하면 안 되고, 상대방 쪽으로 향하게 해야 한다.

❷ 리버스 그립 스탠스 설명(Reverse Grip Stance)

포워드 그립스탠스(forward grip stance)와 동일하며, 나이프(knife)의 위치는 칼등이 정면으로 보게 한다.

포워드 그립스탠스(forward grip stance)와 동일하며, 칼끝이 상대방을 향하게 한다.

칼을 직선으로 잡는 법

❶ 포워드 / 해머 그립(Forward / Hammer Grip)

기본적으로 도구를 잡는 형태의 그립이며 나이프 그립에 전통적인 그립입니다. 나이프 끝 부분이 안쪽이 아닌 정면을 바라보게 하며, 일반적으로 망치를 잡는 모양과 유사해 "해머 그립"으로 많이 불립니다.

포워드 / 해머 그립(Forward / Hammer Grip)은
- 나이프를 팔의 연장선 이라고 볼 때, 나이프 길이만큼 상대에게 공격 길이가 길어진다.
- 일반적으로 자루 형태의 물건을 쥘 때 사용하는 일반적인 자세이므로, 큰 거부감이 없고 나이프 테크닉 동선이 자유롭다.
- 연속으로 찌르기 공격이 자유롭고 나이프를 파지 시 강한 힘을 낼 수 있다.
- 나이프 손잡이 뒷부분 을 이용하여 버팅으로 상대의 얼굴이나 팔꿈치 손등 등 을 가격할 수 있다.

[주의할 점]
- 상대의 공격이나 충격으로 팔꿈치가 몸 안쪽으로 접히게 되는 경우에 칼끝이 상대가 아닌 나의 가슴이나 목 또는 얼굴로 향해 큰 부상을 입을 수 있다.(상대방의 카운터 공격 시)
- 비숙련 자 일 경우 군용 나이프처럼 나이프 코등이 없을 경우 상대방 공격 시 나이프가 밀려 자기 손을 베일 수가 있다. 이러한 부상을 방지하기 위해서 나이프 파지 시 나이프 손잡이를 안쪽으로 15° 방향으로 비틀어서 잡는 것이 중요하다.

❷ 서포트 그립 / 필리피노 그립(Thumb-supported Grip/ Filipino Grip)

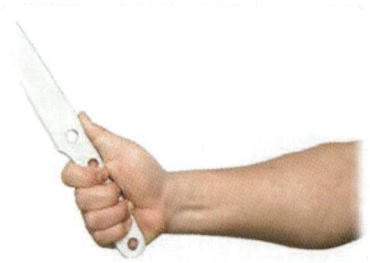

나이프를 쥔 엄지손가락이 나이프의 날 뒤면 에 위치하는 그립이다. 필리핀 전통 다거(나이프) 에 엄지손가락을 위치 할 수 있는 홈이 파여 있다. 이러한 나이프 전통 테크닉으로 아르니스 나이프 테크닉에서 주로 많이 사용되는 그립 에스가다 다거(스틱과 나이프를 운영하는 기술) 동작 시 많이 사용되는 그립이다.

서포트 그립 / 필리피노 그립은
- 나이프를 팔의 연장선 이라고 볼 때, 나이프 길이만큼 상대에게 공격 길이가 길어진다.
- 나이프의 날 길이가 짧은 경우 더욱더 안정적으로 나이프 테크닉이 가능하다.
- 나이프의 방향, 각도 등을 엄지손가락을 이용하여 세밀하게 나이프 컨트롤(나이프 테크닉 시 동선에 빠른 움직임. 상대 나이프를 디스암 등) 아주 용이하다.
- 나이프 날의 등을 엄지로 눌러, 나이프로 물체를 베게 될 때 순간적으로 강한 힘을 줄 수 있다.
- 나이프 테크닉 시 찌르고 바로 베어버리는 연속 테크닉이 유용하다.

[주의할 점]
- 나이프를 잡은 손이 열려 있어 나이프를 잡는 악력이 상대적으로 약해진다. 나이프를 든 손이 상대의 무기 또는 상대의 손바닥이나 팔뚝, 팔꿈치 공격으로 충격을 받았을 때 해머 그립보다 나이프를 놓치기 쉽다.
- 해머 그립 나이프 테크닉 보다 많은 연습이 필요하다.
   예를 들어 숙련자 테크닉으로 가기 위해서 상황에 따라 필리피노 그립에서 해머 그립으로 순간적으로 그립이 변환 되는 테크닉이다.

칼을 거꾸로 잡는 법

❶ 리버스 / 아이스 픽 그립 아웃(Reverse/ice-pick Grip out)

칼을 거꾸로 잡는 전통적인 형태이다.
리버스 / 아이스 픽 그립 아웃은
- 아래로 내려찍는 공격 및 옆으로 바로 찌르는 공격에 강한 힘을 낼 수 있다.
- 나이프 공격 시 찌르고 바로 베어버리는 테크닉 과 정면 공격 후 바로 옆으로 찌르는 연속공격이 유용합니다. 또한 상대방 에 나이프를 걸거나 옆으로 밀어버리는 테크닉이 유용하다.
- 나이프 만이용하는 것이 아니라 상황에 따라 나이프를 쥔채 주먹 및 팔꿈치로 상대를 공격할 수 있다.
- 군용 나이프 테크닉(CQC 나이프 파이팅)에서 많이 사용되는 그립이다.
- 나이프 날 부분으로 상대방에 나이프 공격 시 손목이나 팔 부분을 효과적으로 방어할 수 있다.

[주의할 점]
- 해머 그립에 비해 상대와 거리가 짧아, 상대방과의 교전 에서 근접 거리에서 사용할 수 있다.
- 내려찍는 동작을 상대가 쳐내는(타핑 테크닉) 동작 등으로, 나의 칼로 나의 다리나 몸을 찌를 수 있다.
- 옆으로 베는 동작을 한 후 반대 각도로 다시 베기 위해서는 손을 뒤집어야 는 테크닉이 필요하다.

❷ 리버스 / 아이스픽 그립 인(Reverse/ice-pick Grip in)

리버스 / 아이스픽 그립 인은
- 내려찍는 동작에도 강한 힘을 싫을 수 있고, 찍은 후 당기고 위로 베어버리는 동작이 가능하다.
- 나이프 공격 시 찌르고 바로 베어버리는 테크닉이 유용하고 상대방 나이프를 걸거나 옆으로 밀어버리는 테크닉이 유용하다.

[주의할 점]
- 상대방을 찌르고 바로 베어버리는 동작이 불가능하다. 연속 공격시 상대방을 찌르고 바로 상대방의 신체부분을 걸어 당기거나 밀어버리는 기술을 써야 한다.
- 나이프 그립은 이외에 여러가지 나이프 그립방법이 있으나 실전 상황에서 제일 많이 사용되는 나이프 그립으로, 나이프 그립 종류 에 따라 뭐가 좋은 그립이다. 안 좋은 그립이다 라고는 말할 수는 없다. 각각 에 상황에 맞추어 사용해야 하며 꾸준한 수련으로 모든 나이프 그립을 적재적소에서 사용 해야만 한다.

02 칼을 직선으로 잡는 방법(hammer grip) VS 공격자가 칼을 직선으로 잡는 방법(hammer grip)

❶ 공격자가 왼쪽 얼굴을 나이프로 공격할 때

나이프 파이팅 스탠스(knife fighting stance)

상대방이 왼쪽 얼굴을 나이프(knife)로 공격할 때

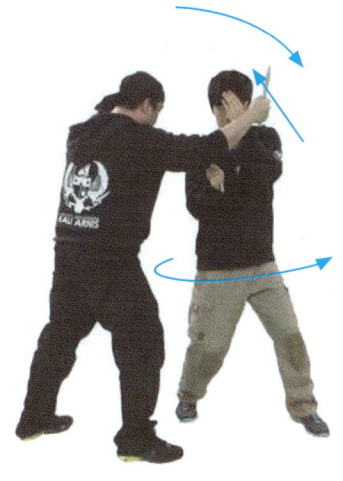

오른발이 45° 앞쪽 방향으로 나가면서, 왼손으로 상대방의 나이프(knife)든 손을 방어하고,

동시에 오른손으로 상대방 팔을 베어버린다.

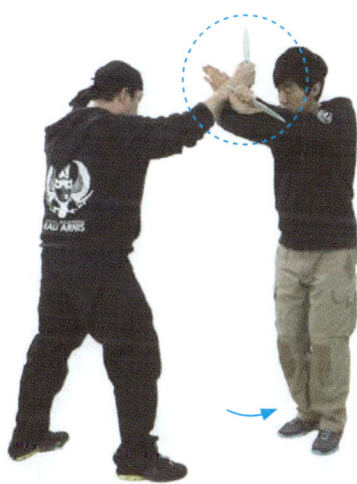

[point]
오른발을 뒤로 빼면서, 오른손으로 상대방 나이프(knife)를 걸어 걷어낸다.

다시 왼발이 앞으로 나가면서, 왼손으로 상대방의 팔꿈치를 잡아준다.

왼손으로 상대방의 오른손 팔꿈치를 잡은 상태에서 상대방의 손목을 직선으로 베어버린다.

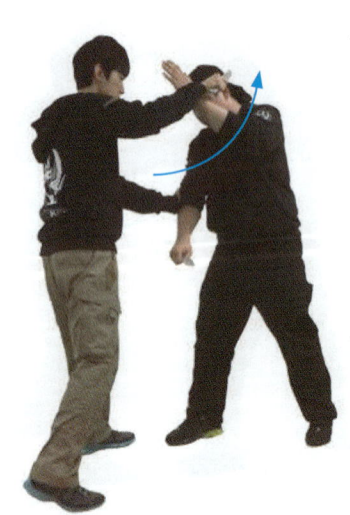 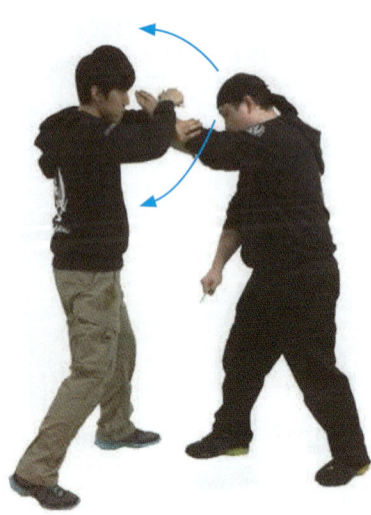 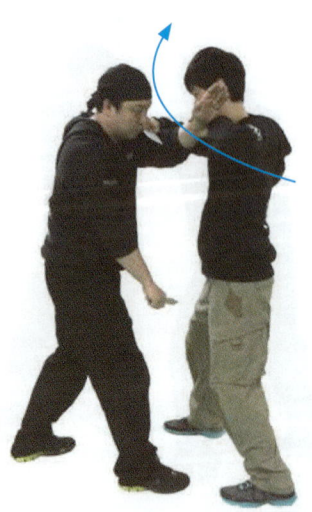

다시 나이프(knife)로 상대방의 목을 찌른다. 이 때 상대방은 찌르는 동작을 오른손으로 막는다.

왼손으로 상대방의 오른손을 안쪽으로 잡아 당겨준다.

잡아당기는 동시에, 상대방의 목을 베어버린다.

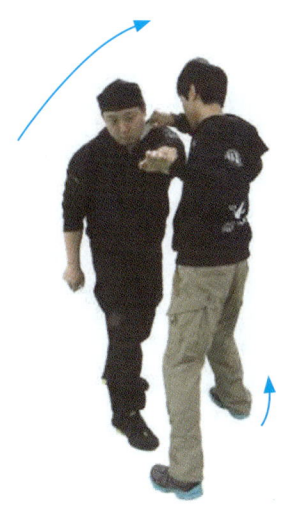
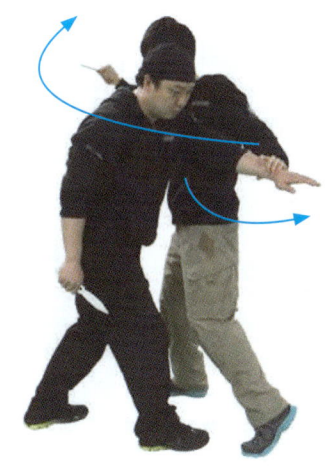

오른발이 앞으로 나아가면서 왼손으로 상대방의 왼손을 잡아당기며 상대방 목을 베어버린다.

❷ 공격자가 오른쪽 얼굴을 공격해 올 때

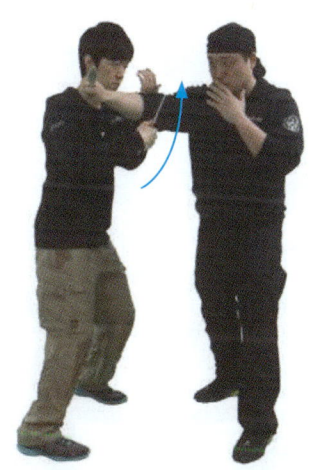
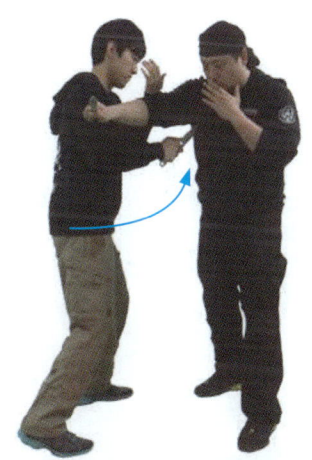

상대방이 나이프(knife)로 얼굴을 공격해 올 때. 방어자는 왼발이 45° 방향 오른쪽으로 나가면서, 왼손 팔등으로 방어한다.

팔등으로 방어하는 동시에 상대방의 팔꿈치 안쪽 동맥을 베어버린다.

나이프(knife)를 안쪽으로 회수 후 다시 상대방의 겨드랑이를 찌른다.

04. 나이프 파이팅 테크닉

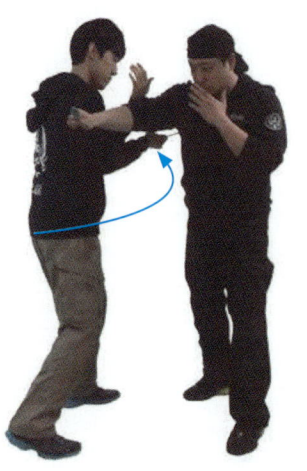 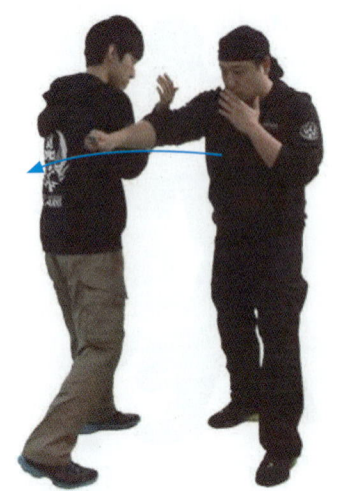 

겨드랑이를 찌른 후 바로 겨드랑이를 다시 베어버린다.

겨드랑이를 베어버린 후, 상대방이 다시 공격을 못 하도록 왼손 팔등으로 상대방 팔뚝을 쳐준다.

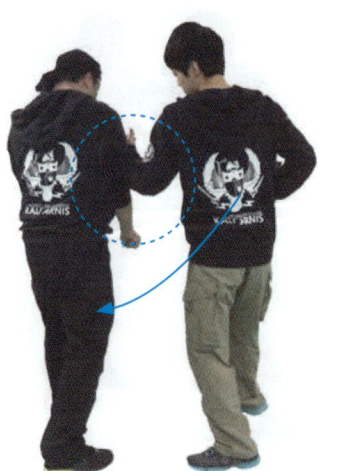 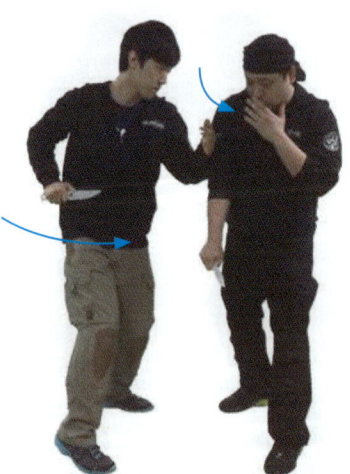 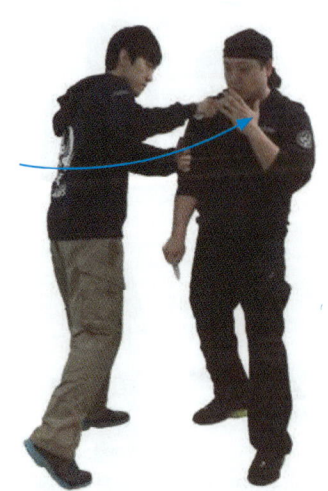

[point]

나이프(knife)를 안쪽으로 빠르게 회수한다.

회수한 나이프(knife)로 상대방 목을 다시 찌른다.

❸ 공격자가 복부를 공격할 때

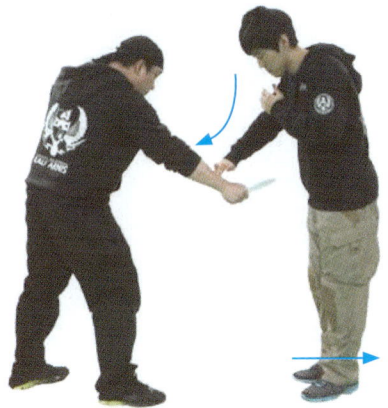
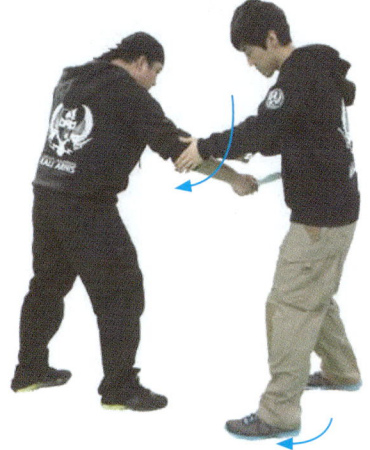

상대방이 나이프(knife)로 복부를 공격할 때

오른발이 뒤로 빠지면서, 상대방의 팔뚝을 나이프(knife)로 날로 내려치듯이 막는다.

왼발이 45° 방향으로 앞으로 나가면서, 동시에 왼손으로 상대방의 팔뚝을 쳐준다.

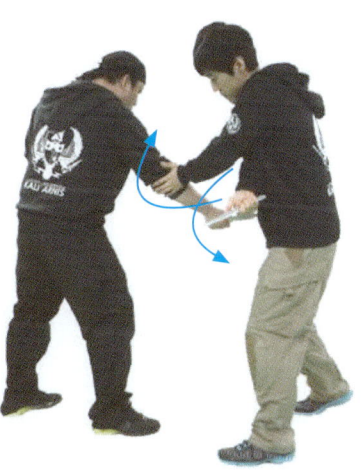

상대방의 팔뚝을 쳐주면서, 동시에 상대방의 손목을 나이프로 베어버린다.

다시 상대방의 팔꿈치를 나이프로 베어버린다.

04. 나이프 파이팅 테크닉

04

왼손 팔등으로 상대방의 오른손을 움직이지 못 하게 막아준다.

허리를 틀어 나이프로 상대방의 목을 찌른다.

03 칼을 거꾸로 잡는 방법(ice-pick grip) VS 공격자가 칼을 거꾸로 잡는 방법(ice-pick grip)

❶ 공격자가 왼쪽 얼굴을 나이프로 공격할 때

나이프 파이팅 스탠스
(knife fighting stance)

상대방이 나이프(knife)로 왼쪽 얼굴을 공격할 때

방어자가 45° 안쪽 방향으로 앞으로 나간다. 왼손 팔등으로 상대방의 나이프(knife)든 손을 방어하고, 동시에 오른손으로 상대방의 팔꿈치 안쪽을 베어버린다.

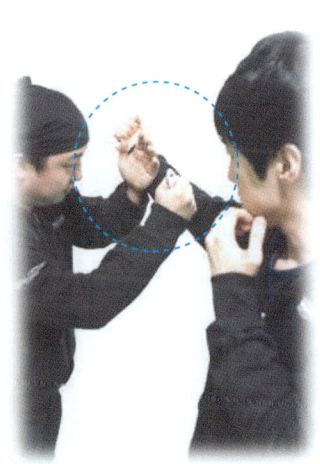
[point]

상대방의 팔꿈치 안쪽을 강하게 올려 베어준다.

베어 올려준 나이프(knife)로 상대방의 손목을 걸어준다.

 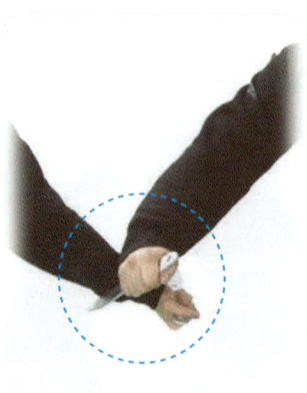 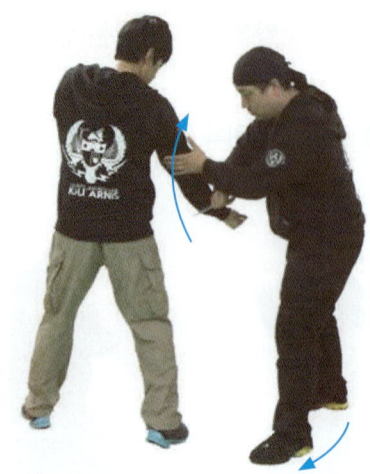

걸어준 나이프(knife)를 오른발이 빠지면서, 밑으로 강하게 내린다.

[point]

왼발이 45° 방향 앞으로 나가면서, 왼손으로 상대방의 오른손 팔꿈치를 쳐준다.

 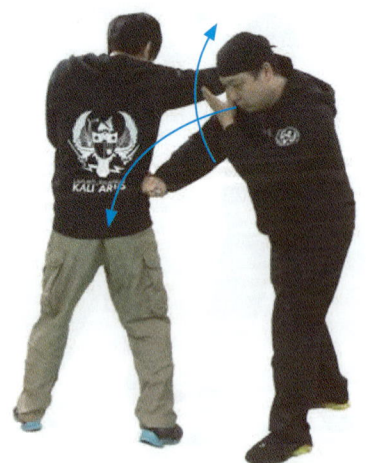 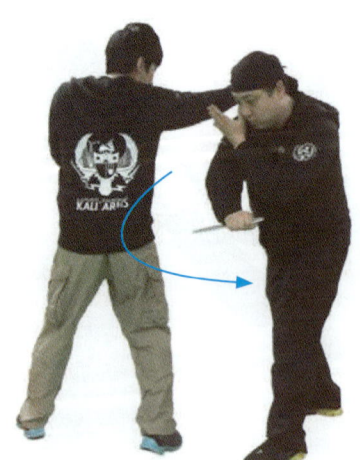

오른손 나이프(knife)로 상대방의 복부를 허리를 틀어 강하게 베어버린다.

베어버린 나이프(knife)로 상대방의 팔꿈치를 직선으로 베어버린다.

이때 왼손으로 상대방의 오른손 팔꿈치 안쪽을 강하게 내려친다.

상대방이 반격을 못하게 왼손으로 팔꿈치를 쳐준다.

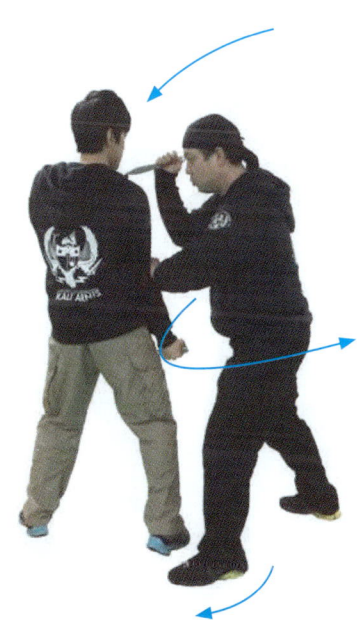

허리를 틀어 왼발이 앞으로 나아가며 상대방 목을 찌른다.

04. 나이프 파이팅 테크닉

❷ 공격자가 오른쪽 얼굴을 나이프로 공격할 때

상대방이 나이프(knife)로 오른쪽 얼굴을 공격해 온다.

왼발이 45° 방향 안쪽 앞으로 나가면서, 왼손으로 상대방의 나이프(knife)를 든 손을 방어하고 동시에 상대방의 손목을 베어버린다.

베어버린 나이프(knife)를 이용해 다시 손목 안쪽으로 나이프를 건다.

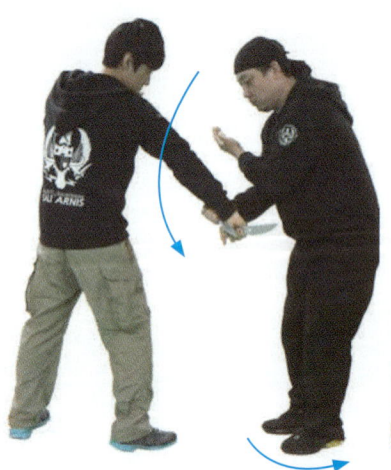
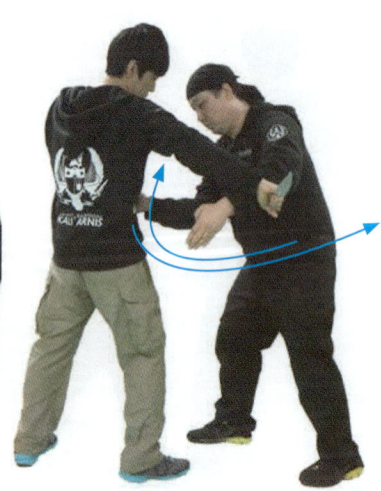

[point]

왼발이 뒤로 빠지며 나이프(knife)로 상대방의 손을 바깥쪽으로 밀어 쳐준다.

오른발이 45° 방향으로 나가면서, 왼손으로 상대방의 나이프(knife)를 든 오른팔을 바깥쪽으로 밀어낸다.

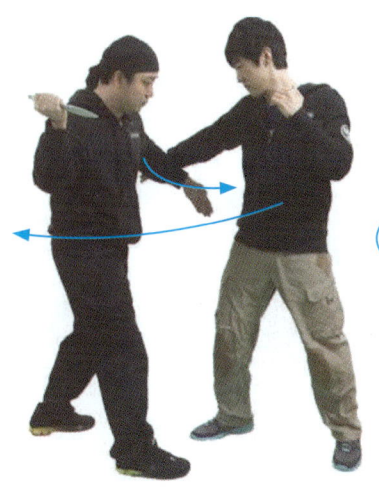
상대방 복부를 나이프(knife)로 베어버린다.

허리를 틀어 상대방의 팔꿈치 안쪽을 직선으로 베어버린다.

이때 왼손으로 상대방 오른손을 밑으로 강하게 밀어쳐 준다.

베어버린 나이프(knife)를 회수한다.

회수한 나이프로 상대방 목을 찌른다.

04. 나이프 파이팅 테크닉

❸ 공격자가 직선으로 얼굴을 찌르려고 할 때

 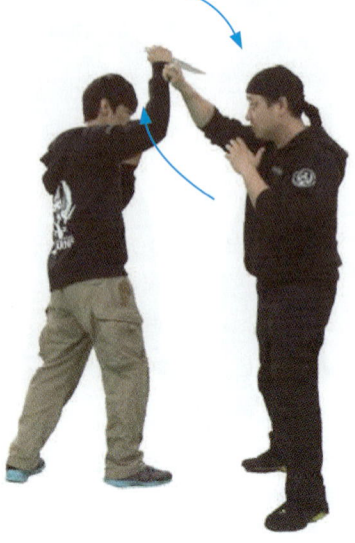 

상대방이 직선으로 얼굴을 찌를 때, 방어자는 왼발이 45° 방향 앞으로 나간다.

왼발이 45° 방향으로 나가면서, 상대방의 손목을 나이프(knife)날로 방어한다.

방어 후, 나이프(knife)를 상대방의 손목에 걸어준다.

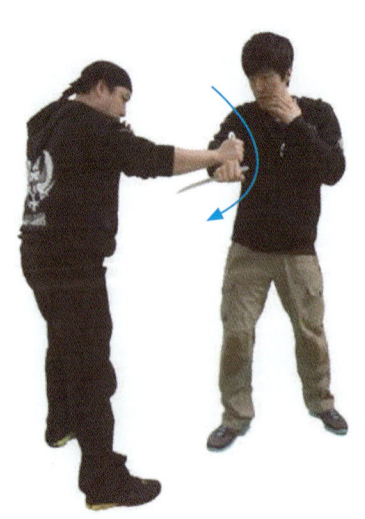 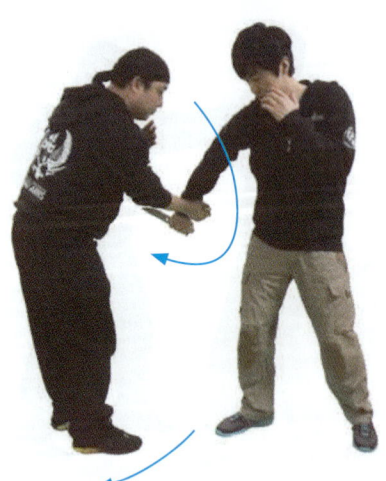 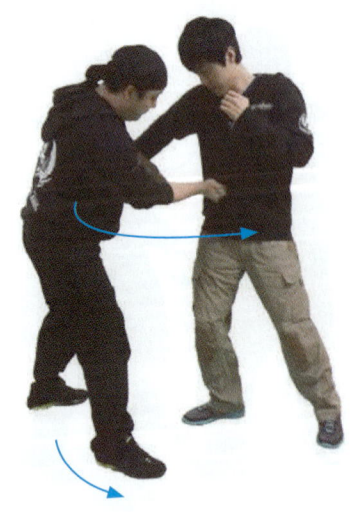

걸어준 나이프로 상대방의 손목을 강하게 내린다.

오른발이 안 쪽으로 들어온다.

다시 오른발이 45° 방향으로 나가면서, 상대방의 복부를 베어버린다.

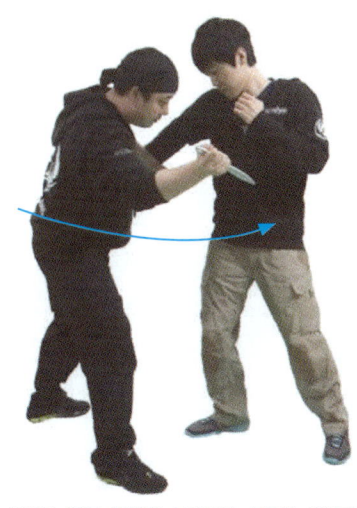 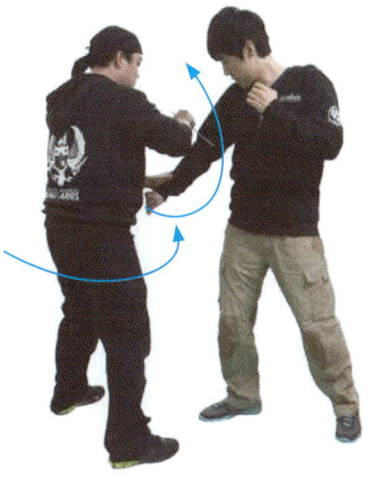 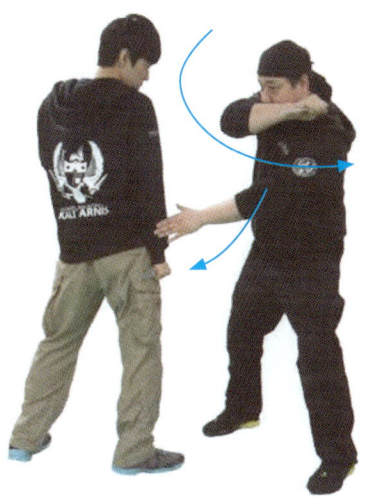

허리를 틀어 강하게 상대방의 오른쪽 옆구리를 베어버린다.

상대방의 오른쪽 손이 공격을 못하게 방어하면서, 상대방의 팔꿈치 안쪽을 직선으로 베어버린다.

베어버린 나이프(knife)를 얼굴 안쪽으로 회수한다.

상대방의 오른쪽 손이 공격을 못하게 방어하면서, 상대방의 목을 찌른다.

[주의할점] 상대방의 아니스 픽 그립 나이프로 공격 시 직선과 사선으로 공격 하므로, 보법과 체중이동이 매우 중요 합니다. 아이스픽그립은 대체적으로, 나이프(knife)로 걸어 돌리는 동작이 많습니다. (이때 보법을 같이 사용해야 합니다. 그러지 않을 경우, 상대방 나이프(knife)에 방어자의 팔내지는 하체 부분이 베일 확률이 매우 높습니다.

04　칼을 거꾸로 잡는 방법(ice-pick grip) VS 칼을 직선으로 잡는 방법(hammer grip)

❶ 공격자가 나이프로 오른쪽 옆구리를 공격할 때

나이프 파이팅 스탠스
(knife fighting stance)

상대방이 오른쪽 옆구리를 공격할 때, 방어자는 왼발이 45° 방향 안쪽 앞으로 들어가면서 동시에 상대방 손목을 나이프(knife)로 방어한다.

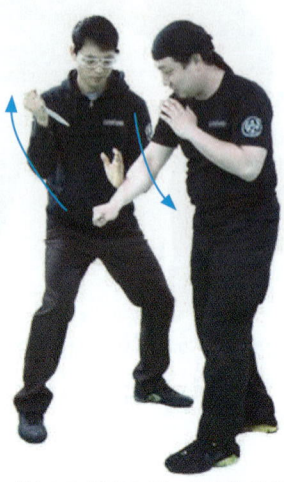

왼손으로 방어를 하는 동시에 상대방의 손목을 위로 베어버린다.

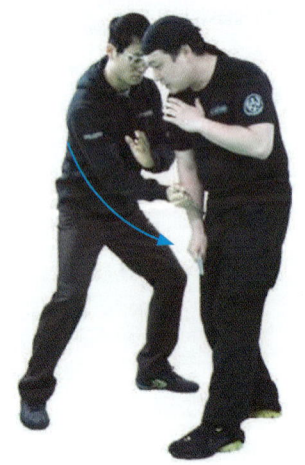

베어버린 나이프(knife)로 상대방의 손목을 직선으로 걸어 내려친다.

왼손 팔등으로 상대방의 오른손을 베어버리면서 나이프(knife)를 회수한다.

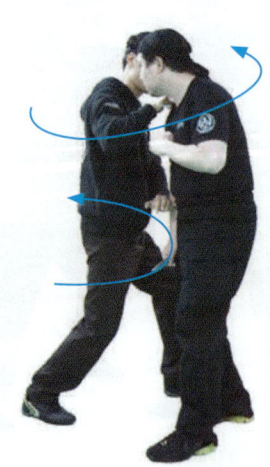

방어 후 허리를 틀어 상대방의 목을 베어버린다.

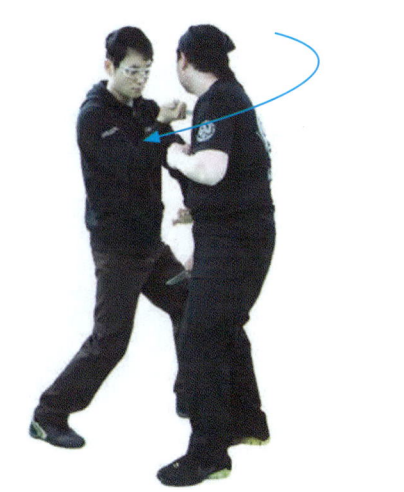
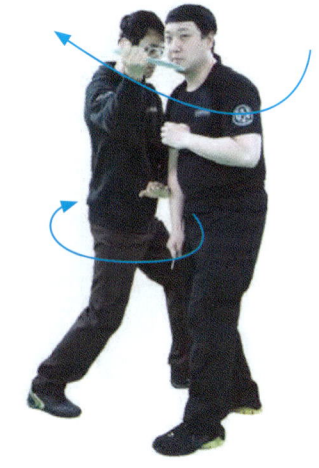

나이프(knife)를 든 손목을 뒤집어 직선으로 허리를 틀어 다시 상대방의 목을 베어버린다.

❷ 공격자가 나이프로 얼굴을 공격할 때

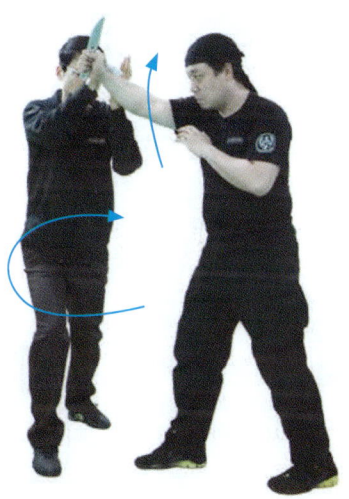

상대방이 직선으로 얼굴 공격을 할 때, 왼발이 45° 방향으로 나가면서, 나이프(knife)로 상대방의 손목을 베어버린다.

베어버린 후, 팔뚝으로 상대방의 손목을 막는다.

허리를 틀어 나이프(knife)로 상대방의 손목을 거는 동시에 왼손 팔등으로 상대방이 공격 못하도록 방어한다.

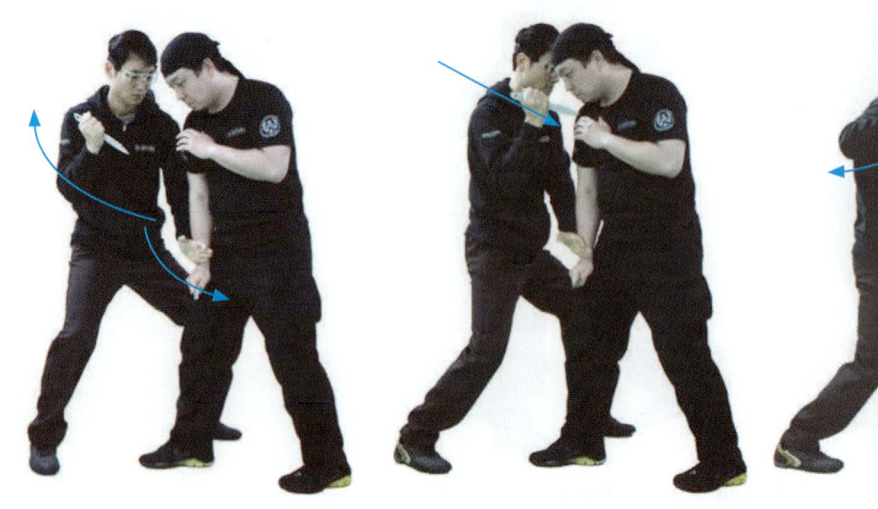

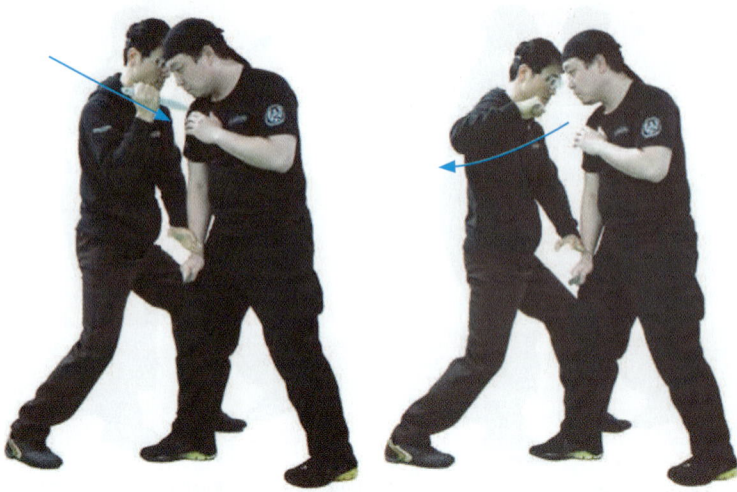

왼손으로 상대방 오른쪽 손목을 강하게 내린다.

허리를 틀어 상대방 목을 찌른다.

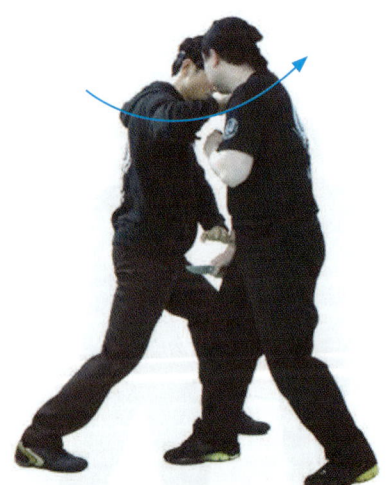

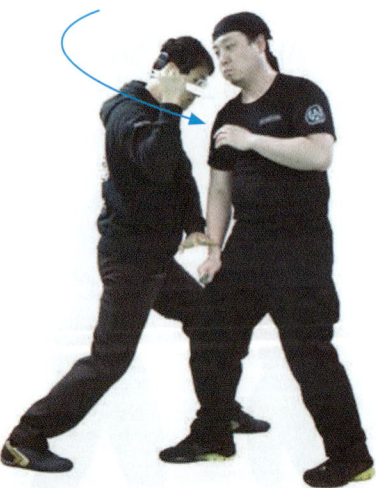

다시 상대방의 목을 베어버린다.

나이프(knife)를 뒤집어서, 다시 상대방의 목을 베어버린다.

허리를 틀어 다시 상대방의 목을 찌른다.

[주의할 점] 칼을 거꾸로 잡는 방법(ice-pick grip)은 보법과 체중이동이 매우 중요 합니다. 또한, 왼팔로 상대방의 나이프(knife)를 방어하는 동작이 매우 중요하므로, 많은 연습이 필요 합니다. 나이프 디펜스(knife defense) 때 손목 부분이 아닌 팔등 부분을 방어 하는 것이 핵심입니다.

05 칼을 직선으로 잡는 방법(hammer grip) vs 공격자가 칼을 거꾸로 잡는 방법(ice-pick grip)

❶ 공격자가 나이프로 오른쪽 옆구리를 공격할 때

나이프 파이팅 스탠스
(knife fighting stance)

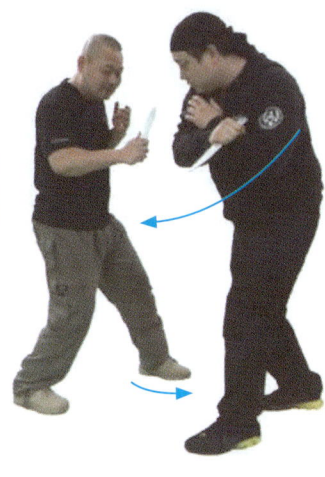

상대방이 오른쪽 옆구리를 찌를 때.

왼발이 45° 방향 앞으로 나가면서, 왼손 팔날로 방어한다.

방어하는 동시에, 상대방의 손목을 내려 베어 버린다.

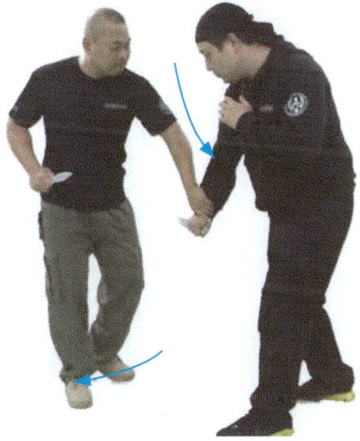

왼발이 뒤로 빠지면서, 왼손으로 상대방의 손목을 낚아챈다.

오른발이 45° 방향 앞으로 나간다.

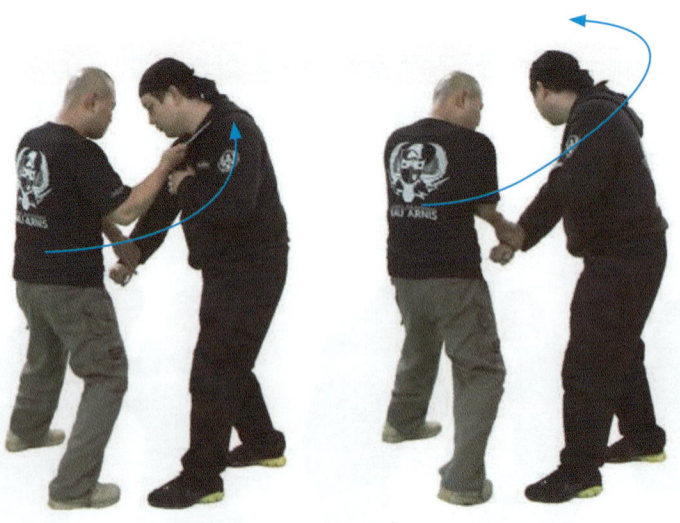

허리를 틀어 상대방의 목을 강하게 베어버린다.

허리를 틀어 다시 상대방의 목을 베어버린다.

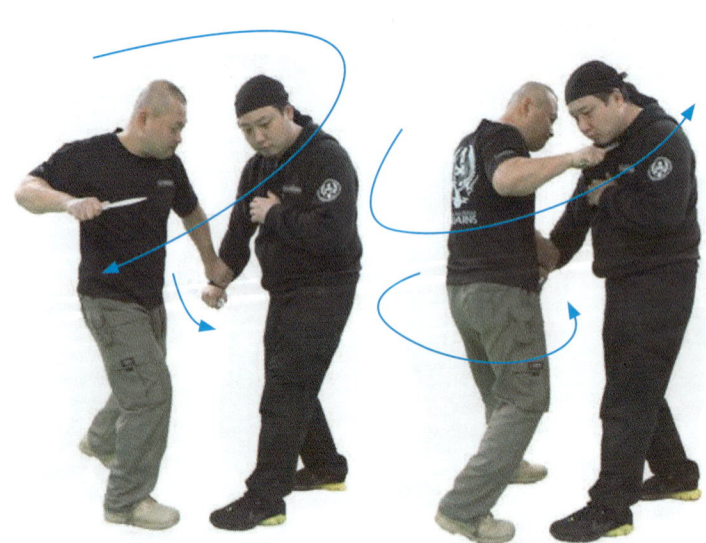

이때 왼손으로 상대방이 공격을 못하도록 오른손을 잡아준다.

허리를 틀어 상대방 목을 찌른다.

❷ 공격자가 왼쪽 옆구리를 나이프로 공격할 때

나이프 파이팅 스탠스(knife fighting stance)

상대방이 왼쪽 옆구리를 찌를 때

오른발이 45도 방향으로 나가면서, 허리를 틀어 왼손 팔등으로 상대방의 나이프(knife)를 방어한다.

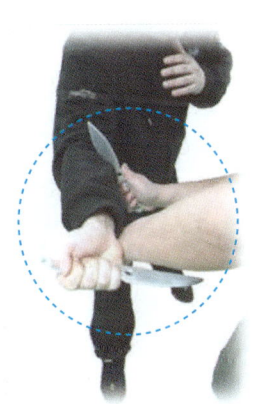

[point]

방어한 후, 상대방의 팔꿈치 안쪽을 직선으로 내려 베어버린다.

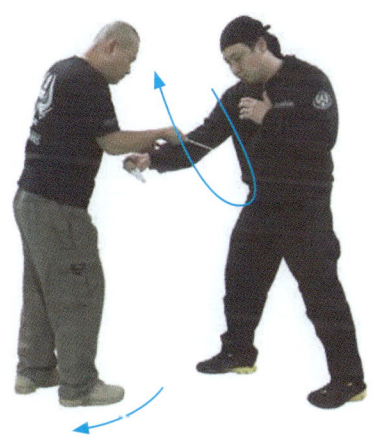

오른발이 뒤로 빠지면서, 상대방의 팔꿈치 안쪽을 다시 올려 베어버린다.

이때 왼손으로 상대방의 손을 밀어주면서 올려 베어버린다.

상대방이 다시 오른쪽 옆구리를 찌른다.

왼손 팔 날로 상대방의 오른손을 방어한다.

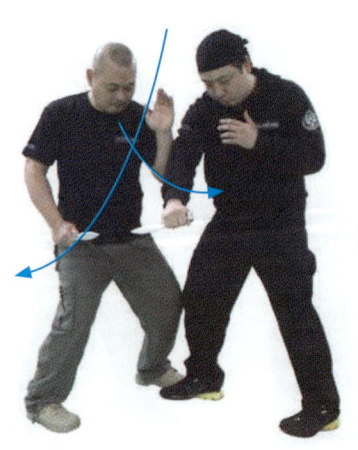  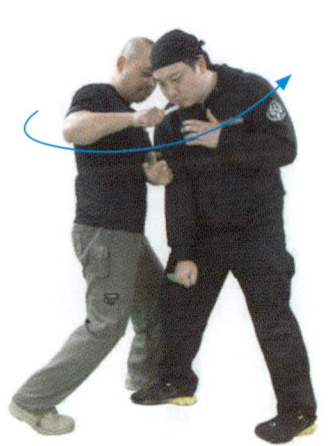

왼손 팔 날로 상대방 팔꿈치를 막는 동시에 오른손을 강하게 베어버린다.

상대방이 다시 공격을 못하도록 왼손 팔뚝으로 상대방의 오른팔을 방어한다.

허리를 틀어 상대방의 목을 찌른다.

❸ 공격자가 나이프로 얼굴을 직선으로 공격할 때

상대방이 직선으로 얼굴을 공격할 때, 45° 방향 안쪽으로 들어가면서, 상대방 손목을 베어버린다.

베어버린 후, 팔뚝으로 상대방의 팔을 15° 방향으로 강하게 쳐낸다.

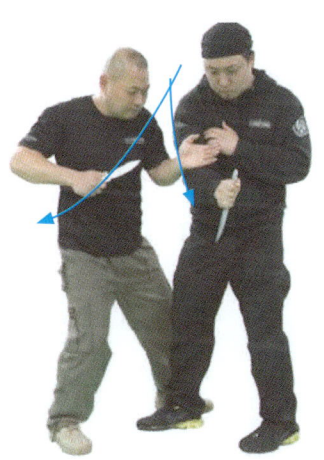

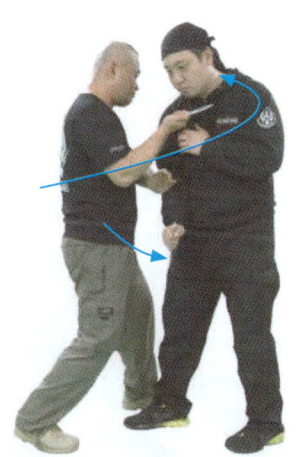

상대방이 다시 나이프로 공격해 때 왼손으로 방어하면서, 상대방의 손목을 다시 밑으로 강하게 베어버린다.

나이프(knife)를 회수한다. 상대방의 오른팔을 왼팔로 방어한다.

허리를 틀어 나이프로 상대방의 복을 베이버린다.

04

왼손으로 상대방 오른팔을 방어하면서, 상대방의 목을 베어 버린다.

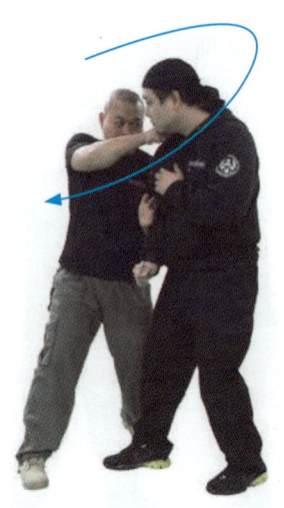

허리를 틀어 다시 상대방의 목을 강하게 베어버린다.

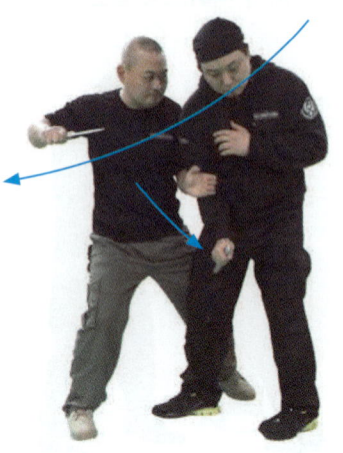

왼팔로 상대방의 오른팔을 방어하면서 왼발이 앞으로 나아간다.

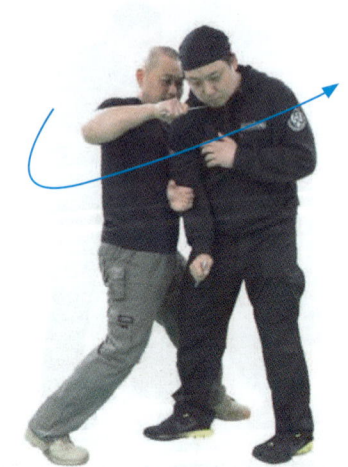

왼발이 앞으로 나가는 힘을 이용하여 나이프로 상대방 목을 직선으로 찌른다.

| 06 | 나이프 디펜스 및 교전 시 문제되는 방어법 |

❶ 나이프(Knife) 교전 시 서로 손목을 잡았을 때(Forward vs Forward)

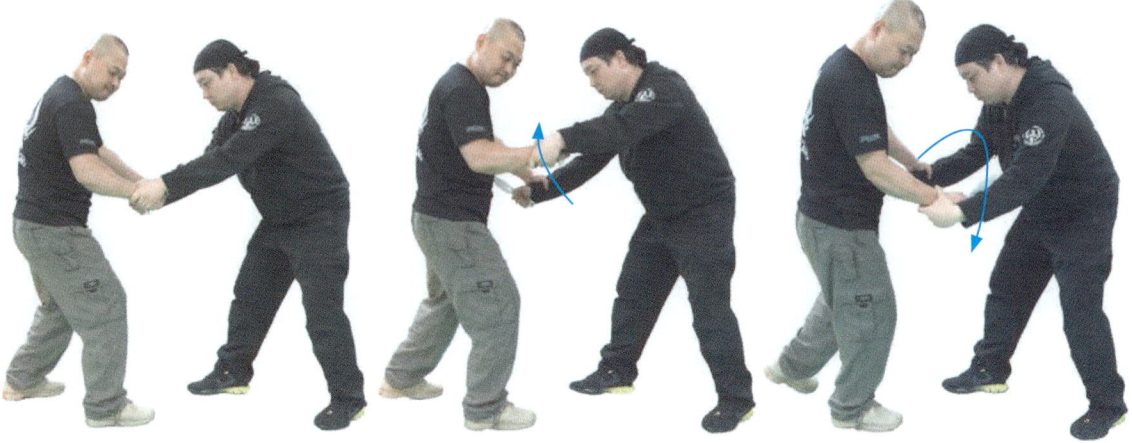

나이프(knife) 교전 시 서로 손목을 잡았을 때
(Forward vs Forward)

상대방이 바깥 손목을 잡았을 때, 손목을 자신의 안쪽으로 당겨준다.

손목을 안쪽으로 돌려서 상대방의 손목 안쪽을 베어버린다.

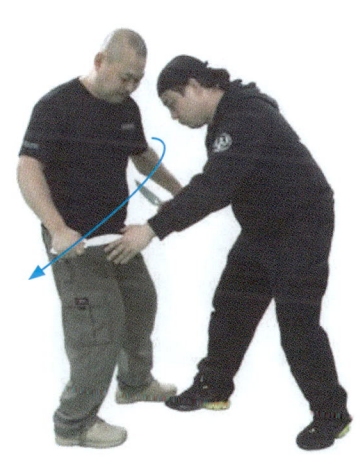 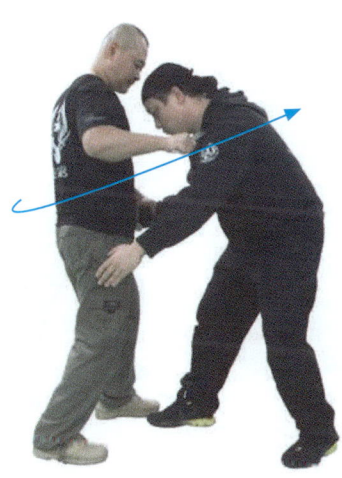

상대방의 손목 안쪽을 베어버리면서 강하게 안쪽으로 잡아 끌어준다.

허리를 틀어 상대방의 목을 찌른다.

❷ 나이프(Knife) 교전 시 서로 손목을 잡았을 때(Forward vs Forward)

나이프(knife) 교전 시 서로 손목을 잡을 때
(Forward vs Forward)

앞발이 뒤로 빠지면서, 상대방의 손목을 안쪽으로 끌어당긴다.

상대방의 손목을 안쪽으로 강하게 잡아당긴다.

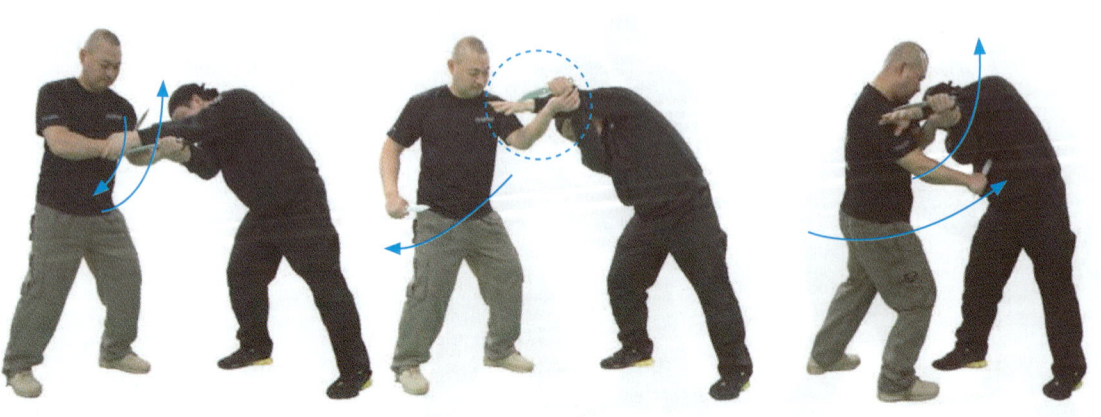

상대방의 손목을 잡아 채주면서, 상대방의 팔꿈치를 위로 올려쳐준다.

[point]
나이프(knife)를 안쪽으로 끌어당겨주며 왼손으로 상대방의 손목 위로 올려쳐 올려준다.

앞으로 나가면서, 상대방의 옆구리를 찌른다.

222　모두를 위한 칼리&아르니스

❸ 나이프(Knife) 교전 시 서로 손목을 잡았을 때(Reverse vs Forward)

나이프 교전 시 서로 손목을 잡았을 때
(reverse vs forward)

상대방의 손목을 위로 끌어올린다.

손목을 바깥쪽으로 비틀어서 나이프(knife)로 상대방의 바깥 손목에다 건다.

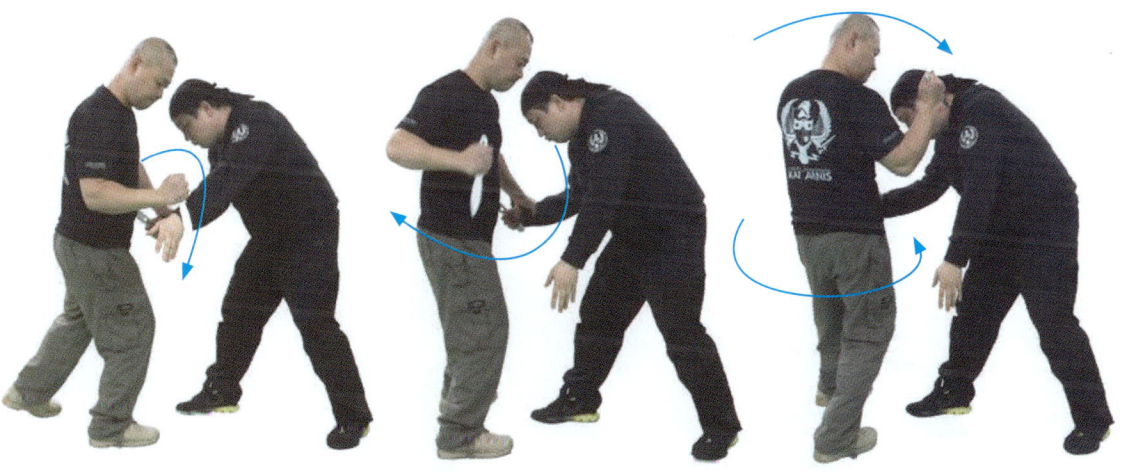

나이프(knife)로 상대방의 손목을 밑으로 끌어 당겨 준다.

오른발이 뒤로 빠지면서 나이프를 든 오른손을 안쪽으로 끌어당겨준다.

허리를 틀어 상대방의 목을 찌른다.

04. 나이프 파이팅 테크닉

❹ 나이프(Knife) 교전 시 서로 손목을 잡았을 때(Reverse vs Forward)

나이프(knife) 교전 시 서로 손목을 잡았을 때
(reverse vs forward)

잡힌 손목을 안쪽으로 끌어당기고, 왼손을 옆으로 후려쳐 준다.

[point]

왼손으로 강하게 위로 쳐 올린다.

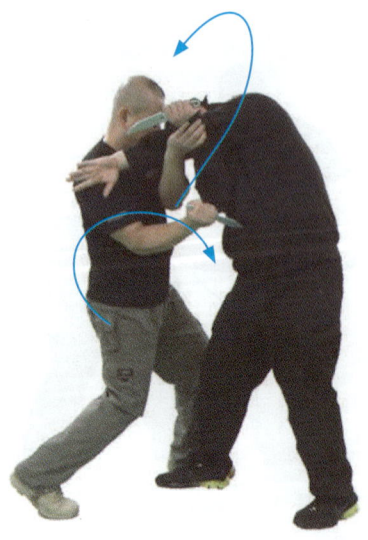

허리를 틀어 상대방의 복부를 강하게 찌른다.

[주의할 점] 상대방이 나이프로 카운터 공격을 할 수 있습니다. 이런 상황 시, 손목을 직선으로 세워서 상대방의 손목을 꺾는 것이 중요합니다. 또한, 보법과 체중이동이 중요하므로 많은 연습이 필요합니다.

07 나이프 디펜스를 할 때 공격자가 나이프를 든 오른손을 두 손으로 잡았을 때 문제점

❶ 나이프로 공격 시 상대방이 두 손으로 잡았을 때

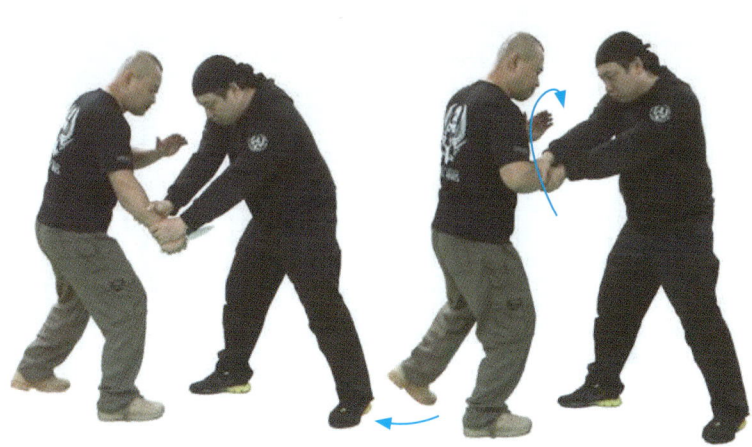

나이프(knife) 공격 시 방어자가 상대방 두 손으로 잡았을 때

뒷발이 앞으로 나가면서, 상대방의 손목을 안쪽으로 끌어준다.

허리를 틀어 나이프(knife)를 안쪽으로 비틀고 왼손으로 상대방의 팔꿈치를 강하게 밑으로 쳐준다.

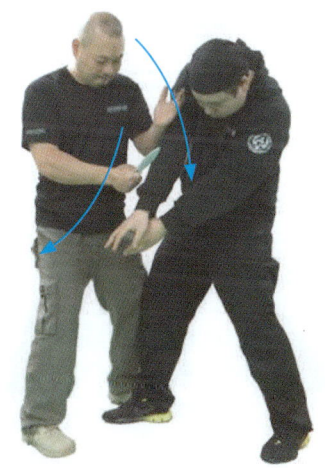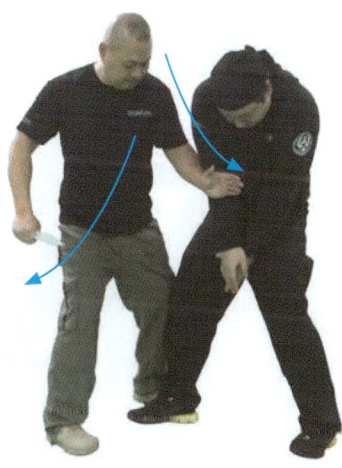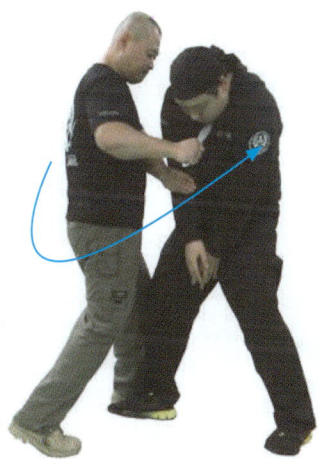

동시에 체중을 실어서 오른손으로 상대방의 팔을 베어버린다.

왼손 팔등으로 상대방을 강하게 후려쳐 준다.

허리를 틀어 나이프(knife)로 목을 찌른다.

❷ 나이프로 공격 시 상대방이 두 손으로 잡았을 때

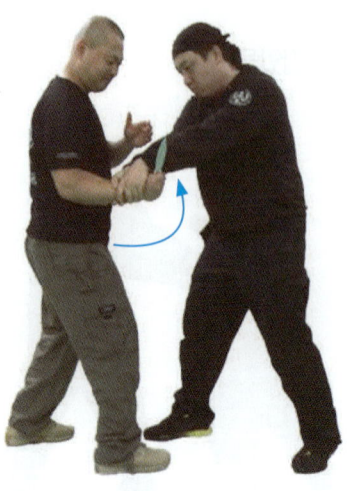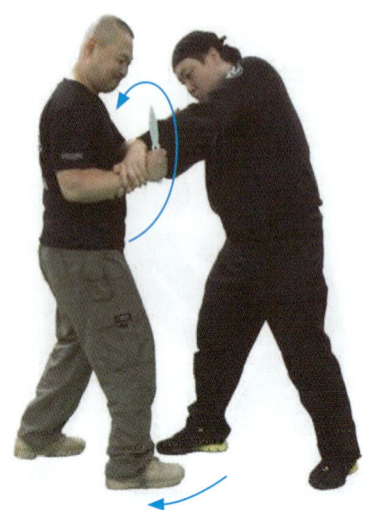

나이프(knife) 공격 시 방어자가 상대방 두 손으로 잡았을 때

잡힌 손목을 안쪽으로 끌어당긴다.

안쪽으로 끌어주는 동시에 왼손을 상대방의 오른손 팔꿈치에 댄다.

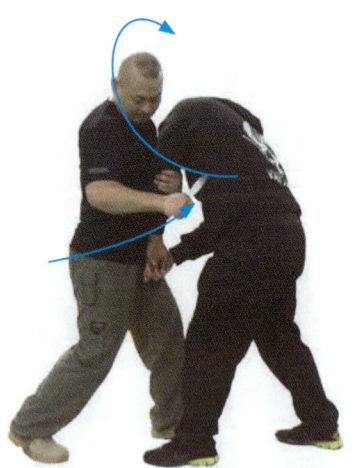

오른발이 뒤로 빠지며 왼손을 끌어당기면서 상대방의 팔꿈치를 위로 쳐 올린다.

왼손을 안쪽으로 잡아당겨주는 동시에 상대방의 중심을 무너뜨린다.

허리를 틀어 상대방의 옆구리를 나이프로 찌른다.

❸ 나이프로 공격 시 상대방이 두 손으로 잡았을 때

나이프(knife) 공격 시 방어자가 상대방을 두 손으로 잡았을 때

뒷발이 앞으로 나가면서, 왼손 팔등으로 상대방의 오른손 팔뚝을 강하게 후려친다.

팔꿈치 안쪽을 동시에 위로 후려쳐 올린다. 오른손을 안쪽으로 강하게 끌어당겨준다.

허리를 틀어 상대방의 옆구리를 찌른다.

[주의할점] 상대방이 두 손으로 나이프(knife)를 잡고 방어 시, 상대방이 밀거나 잡아당길 수 있으므로, 보법과 허리 틀기를 자유자재로 해줘야 하며, 왼손으로 상대방 나이프(knife)를 잡은 손을 쳐내는 것이 매우 중요합니다. 또한 상대방이 체격으로 밀어 붙일 수 있으므로, 경쾌한 보법과 부드러운 체중이동이 중요합니다. 이 또한 많은 연습이 필요합니다.

■ 나이프 타점

나이프 공격 시 상대방의 동맥과 정맥, 비장, 간장, 심장 등 인체에 치명적인 부위를 집중적으로 베거나 찌른다.

경동맥 　　　　　　　　　눈 　　　　　　　　　코

목 밑부분 　　　　　　　겨드랑이 급소 　　　　　겨드랑이 인대

팔꿈치 안쪽 동맥　　　손목 안쪽 동맥　　　늑골

비장　　　손가락 신경　　　허벅지 안쪽 대동맥

울대　　　쇄골과 쇄골사이 천돌혈

인체 동맥 분포도

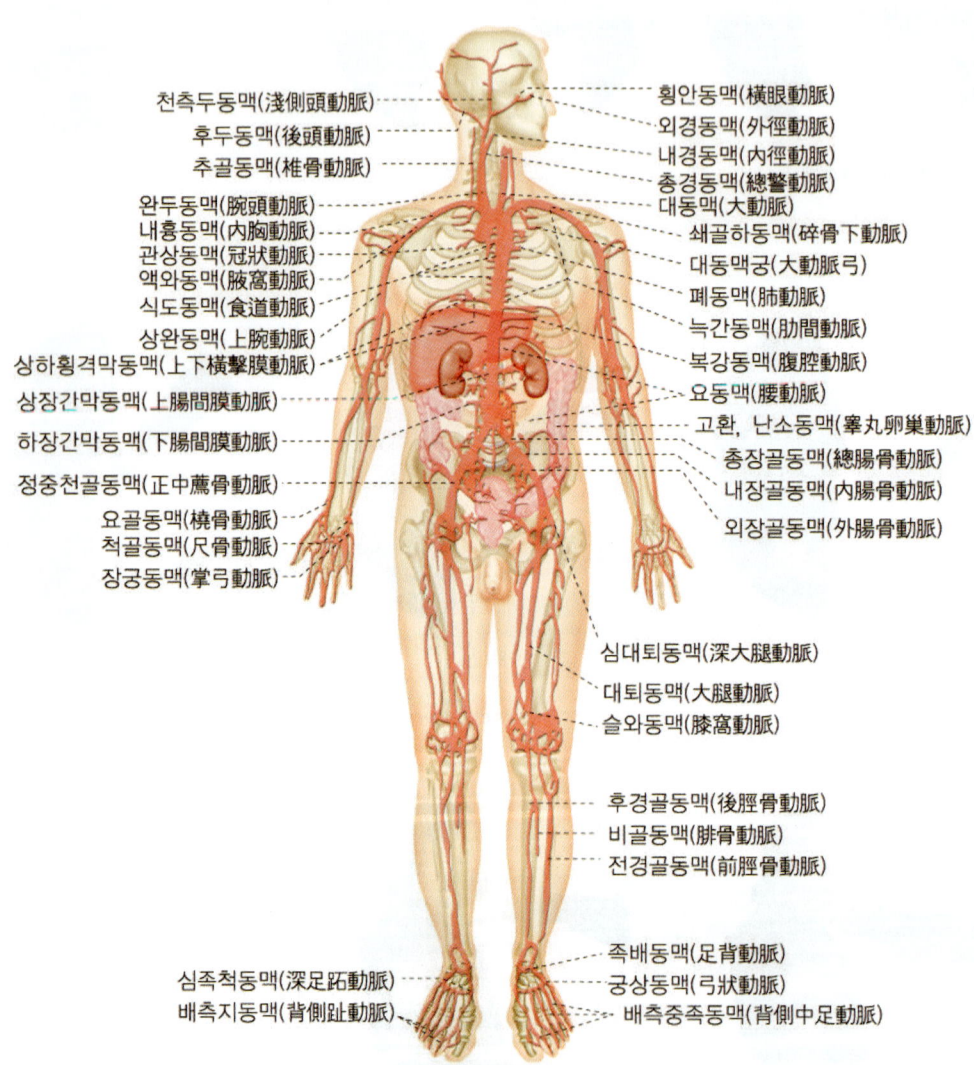

Chapter 05 나이프 VS 나이프 락킹 테크닉
(Knife VS Locking Technique)

나이프 vs 나이프 락킹 테크닉(knife vs knife locking technique)에 대하여 설명 하겠습니다. 이번 장에서 배우는 것은, 나이프 테크닉(knife technique) 최종 제압 기술입니다.

나이프 락킹(knife locking) 기술은 상대방을 제압하고 무력화 시키는 것에 중점을 둡니다. 이때, 상대방 공격 시, 카운터 기술과 그 카운터 기술을 이용하여, 상대방을 제압하고, 상대방을 무력화 시키는 기술의 중점을 두어, 수록 하였습니다.

또한 나이프 락킹(knife locking) 기술의 핵심은 보법과, 몸을 움직이고 이동하는 동작이 부드럽고 빠르게 이루어져야 하며, 나이프(knife) 공격기술의 동선을 파악하여, 나이프(knife)를 이용해 상대방을 걸고, 던지는 기술들을 매우 중요하게 여깁니다.

나이프 락킹(knife locking)에 주의할 점은 상대방에게 락킹(locking) 기술을 구사할 시, 상대방의 카운터 기술이 들어 올 수 없게, 완벽하게 제압 후, 락킹(locking) 기술을 구사하는 것이 매우 중요하므로, 상대방이 나이프(knife) 공격 시 카운터 기술을 중점적으로 연습해야만, 락킹(locking) 기술을 구사 할 수 있습니다.

01 나이프 VS 락킹 테크닉(Knife VS locking Technique)

❶ 공격자가 왼쪽 얼굴을 공격할 때

나이프 파이팅 스탠스
(knife fighting stance)

상대방이 왼쪽 얼굴을 공격하려고 할 때

왼발이 45° 방향 앞으로 나간다.

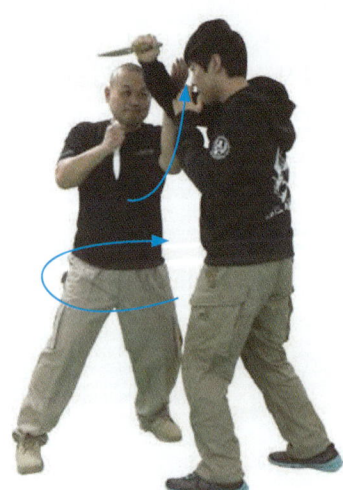

왼손으로 상대방의 팔등을 왼손으로 나이프(knife)를 방어한다.

방어와 동시에 상대방의 손목을 나이프(knife)로 위쪽 방향으로 베어 버린다.

베어버린 후 나이프(knife)로 상대방의 손목을 안쪽으로 건다.

나이프(knife)를 든 왼손과 오른손을 동시에 밑으로 내린다.

왼발을 뒤로 한발 뺀다.

왼발이 다시 나가면서, 나이프(knife)를 안쪽으로 회수한다.

  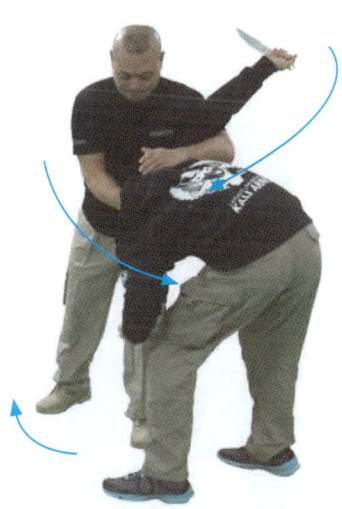

나이프(knife)로 목을 위쪽으로 벤 후 왼손으로 상대방의 겨드랑이를 잡는다.

나이프(knife)로 목을 걸어 밑으로 끌어당긴다.

오른발을 뒤로 뺀나.

05. 나이프 VS 나이프 락킹 테크닉

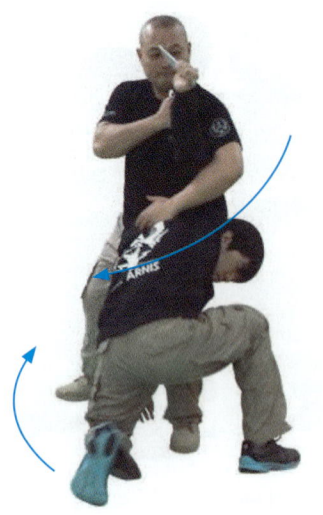

상대방을 왼손으로 완전히 끌어당겨 준다.

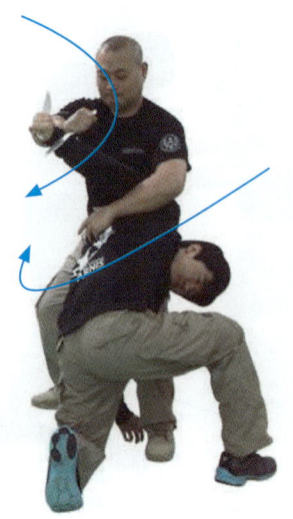

나이프(knife)를 상대방의 오른쪽 손목에 걸어 준다.

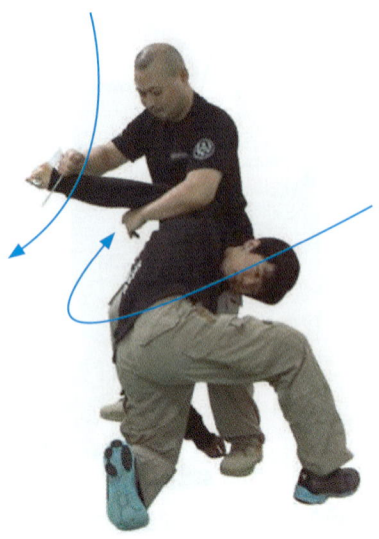

오른쪽 손목을 걸어주는 동시에 돌려준다.

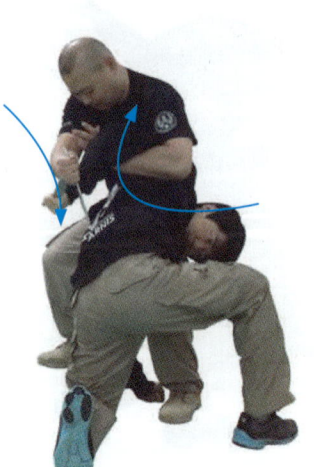

나이프(knife)로 상대방의 손목 바깥쪽을 걸어 챈다.

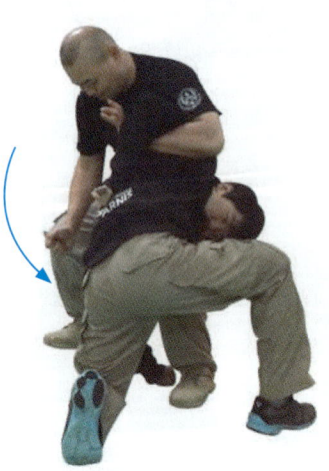

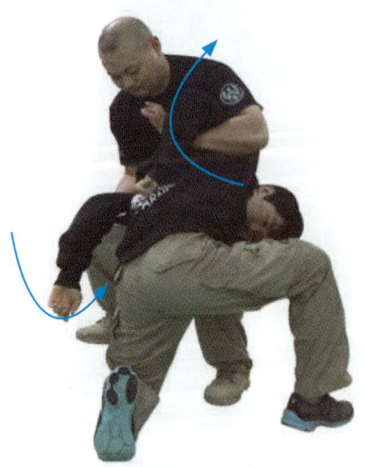

상대방의 왼손 팔꿈치 안쪽을 나이프(knife)로 걸어 올려준다.

 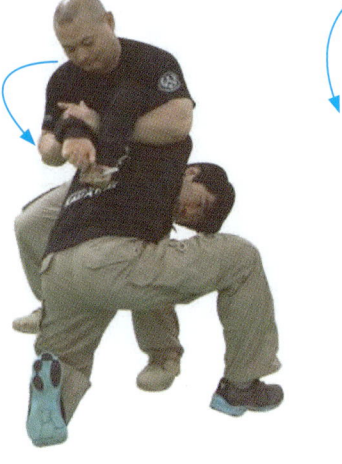 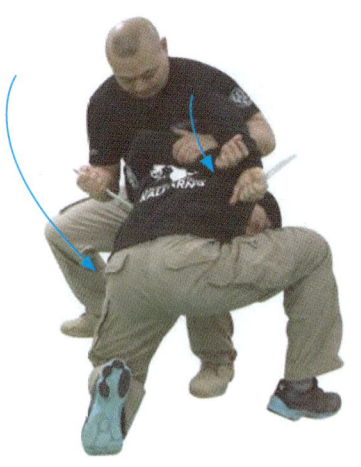

상대방의 손을 안쪽으로 걸어 올려 준다.   걸어 올린 상대방의 손을 움직이지 못하게 왼 손으로 잡아 준다.   상대방의 왼손을 완전 제압 후 상대방의 옆구리를 찌른다.

❷ 공격자가 왼쪽 옆구리를 공격할 때

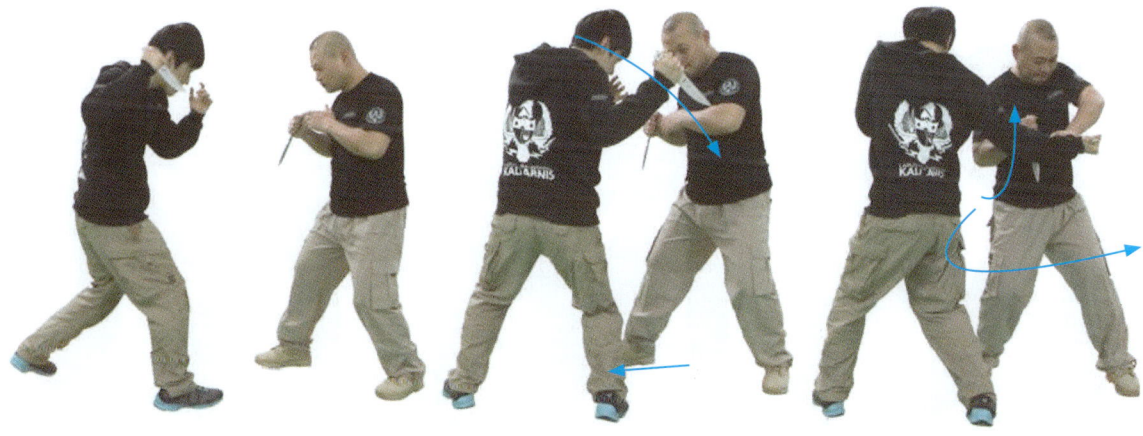

상대방이 왼쪽 옆구리를 공격하려고 할 때   상대방을 향하여 오른발이 45° 방향 앞으로 나 간다.   허리를 틀어 나이프(knife)날로 상대방의 팔꿈치로 안쪽을 방어한다.

상대방의 팔꿈치를 직선위로 베어 버린다.

베어버린 후, 다시 팔꿈치로 상대방의 팔을 내려 찍듯이 공격한다.

오른손 팔꿈치로 공격 후 오른팔을 상대방 안쪽으로 감아준다.

나이프(knife)든 손을 내려준다. 이때 오른발이 앞으로 한걸음 나아간다.

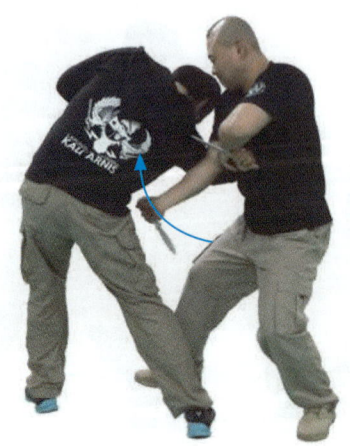

나이프(knife)를 든 오른손으로 상대방의 목 안쪽으로 돌려준다.

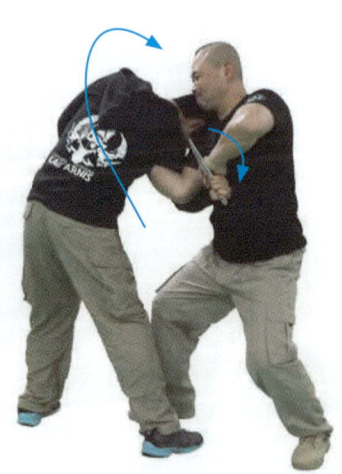

나이프로(knife)로 목을 거는 동시에 상대방의 나이프(knife)를 든 오른손 손목을 잡는다.

상대방의 나이프(knife)를 뺏는다.

뺏은 나이프(knife)로 상대방의 목을 베듯이 찍는다.

허리를 틀어 나이프로 상대방을 돌린다.

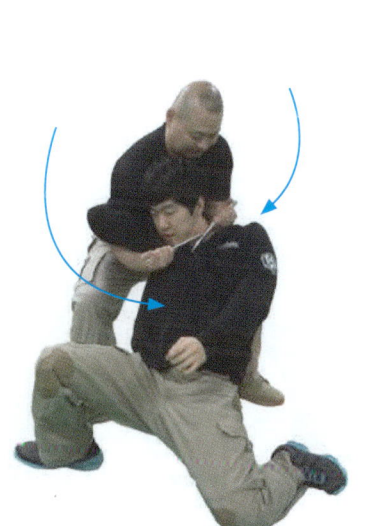
상대방을 왼쪽으로 돌려 상대방을 완전히 제압한다.

<반대 방향> 오른손 나이프로 상대방의 목을 걸어준다.

05. 나이프 VS 나이프 락킹 테크닉

[point]

[주의할 점] 나이프 락킹 기술 동작 시 주의할 점은 상대방이 나이프 공격 시 상대방에 손목 및 팔뚝을 베어 상대방에 다음 공격을 봉쇄 후 상대방에 중심을 무너뜨려 상대방을 제압하는 기술이므로 상대방이 공격 시 정확한 카운터 공격과 보법을 이용하는 것이 매우 중요합니다. 또한 상대방의 중심을 무너뜨린 후 상대방의 목을 무릎으로 제압합니다. 무릎을 이용하는 기술은 지렛대의 원리로 상대를 무력화시키는 것이 포인트입니다.

❸ 공격자가 복부를 찌르려고 할 때

상대방이 복부를 찌르려고 할 때   상대방의 45° 안쪽 방향으로 파고 들어간다.   왼손으로 상대방의 칼날을 방어 후 손목부분을 잡는다.

방어 후 상대방의 팔뚝을 밑으로 베어버린다. 베어버린 후 다시 상대방의 얼굴을 찌른다. 찌른 후 나이프를 든 오른쪽 팔로 상대방의 목을 끌어당긴다.

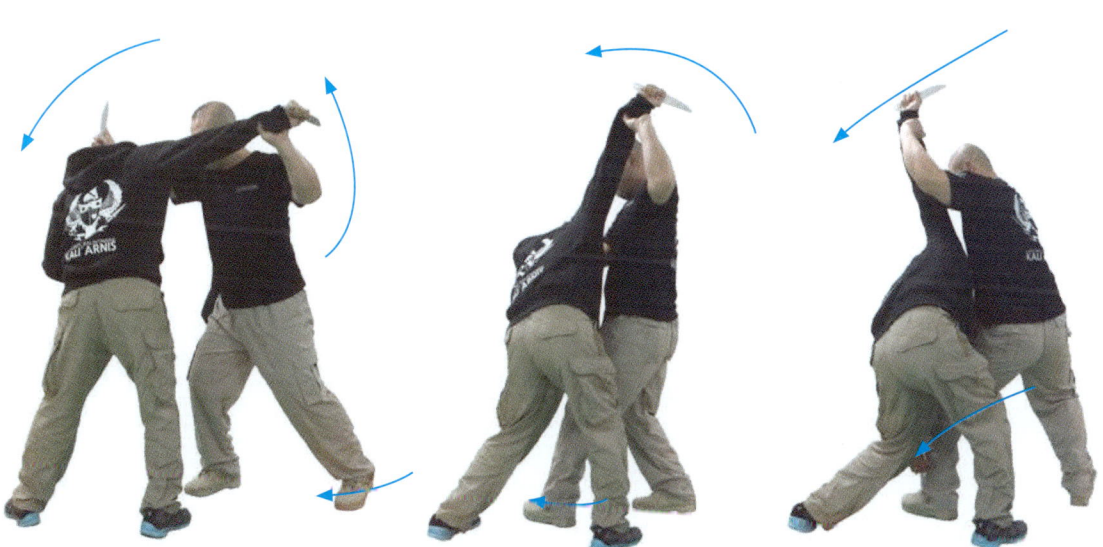

상대방의 오른손을 잡은 왼손을 직선으로 올린다. 왼발이 앞으로 나가면서, 나이프(knife)를 든 손을 직선으로 강하게 밀어준다.

05. 나이프 VS 나이프 락킹 테크닉

 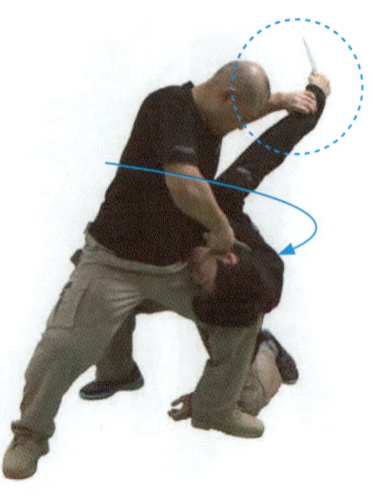

상대방의 목과 팔을 완전히 제압한 후 목을 베어 버린다.

[point]
왼쪽 무릎으로 상대방의 목을 지렛대 원리로 완전히 제압한다.(이때 상대의 오른쪽 어깨를 밀어 꺾어준다.)

[주의할 점] 상대방의 나이프(knife) 공격을 카운터 공격 후 나이프 뒤 부분(버팅부분)으로 상대방의 목을 정확히 걸어 안쪽으로 잡아당겨야 합니다. 이때 왼손으로 상대방에 팔을 들어 올려 상대방 팔 관절이 정확히 펴져서 어깨까지 밀어 꺾는 것도 포인트입니다. 이때 왼발이 나가며 잡아당겨진 상대방의 목을 완전히 밀착시켜 제압하는 것이 중요합니다.

Chapter 06 : 나이프 VS 나이프 카람빗 테크닉
(Knife VS Karmbit Technique)

나이프 vs 카람빗 테크닉(knife vs karambit technique)에 대하여 설명 하겠습니다. 나이프 vs 카람빗 테크닉에서 다루는 것은 상대방이 나이프(knife)로 공격 할 시, 각 방향에 대한 방어와 공격, 후킹(hooking) 동작. 듀몽 기술을 중점으로 수록 하였습니다.

카람빗의 동작은 권법의 형태와 매우 유사하므로, 권법이 숙련된 상태에서는 카람빗 동작 시 매우 유리한 점이 많습니다. 카람빗 테크닉은 나이프 테크닉과 마찬가지로 양손을 다 사용하는 것이 매우 중요합니다.(왼손을 이용하여 타격, 제압, 방어 등의 기술이 매우 중요한 부분입니다.) 카람빗 vs 나이프 테크닉 에서는 날이 한 쪽으로 서 있는(one blade) 카람빗 기술을 수록하였으며, 양날(two blade) 카람빗 기술을 사용 시 더욱 효과적으로 사용 할 수 있는 기술의 장점이 있습니다.

카람빗의 장점은 나이프와 달리 손목을 비트는 동작에 따라 수많은 각도의 공격이 가능합니다. 그리고 나이프보다 더 빠른 공격과 방어 동작이 가능합니다. 카람빗의 특성상(날이 곡선으로 휘어져 있는 칼날 모양), 상대방의 관절과 관절 사이의 인대를 공략하는 기술들이 매우 많고 상대방에게 치명적인 타격을 줄 수 있는 공격 기술들로 이루어져 있습니다. 카람빗 공격과 방어 기술은 리버스 나이프 기술과 매우 유사한 형태이므로 리버스 나이프 기술이 숙달된 상황에서 카람빗 기술로 전환 시 매우 쉽게 습득 할 수 있는 장점을 가지고 있습니다.

카람빗 테크닉의 주의할 점은 근접전 위주의 테크닉 이므로, 상대와 나의 거리를 최대한 좁혀, 전술적으로 카람빗 기술을 구사하는 것이 중요한 포인트입니다.

01 카람빗 그립 종류(karambit grip)

파이팅 스탠스(fighting stance) → 왼발을 뒤로 빼고 왼손으로 자신의 목을 보호한다. 이때 카람빗(karambit)이 상대방을 향하게 한다.
* 스탠스 동작설명은 나이프 파이팅 스탠스 (knife fighting stance)와 동일하다.

- 카람빗 리버스 핑거링 그립(Karambit Reverse Fingering Grip)

검지손가락을 핑거링 에 넣는 리버스그립 핑거링은 카람빗 포워드 그립, 리버스 그립을 통틀어서 카람빗 그립의 대표적이고 많이 알려진 그립 입니다.

상황에 따라 카람빗을 돌리고 걸고 베는 여러 동작이 가능 합니다. 또한 카람빗에 핑거링에 포인트 부분으로 교전 시 상대에 앞면 급소 등을 정확히 타격을 할 수 있는 장점이 있습니다.

모든 핑거링 그립(손가락을 카람빗 링에 넣는 그립)의 주의할 점은 상대방과의 교전 시 상대가 나의 카람빗을 디스암 하거나 손가락을 노리고 꺾으려고 할 때 핑거링 에 넣은 손가락이 꺾일 수도 있고 또한 과도하게

242 모두를 위한 칼리&아르니스

카람빗을 돌리는 동작은 상대방의 충격으로 카람빗을 놓치거나 카람빗을 돌리는 동작 시 자기 손목 부분에 부상을 가져 올 수 있습니다. 그러므로 실전 카람빗 테크닉 시 상대가 충격을 입지 않은 상태에서 카람빗을 돌려서 운영하는 기술을 사용하지 않는 것이 좋습니다.

- 카람빗 리버스 펀치 그립(karambit Reverse punch Grip)

카람빗 리버스 펀치 그립은 카람빗테크닉 시 상대를 베거나 찌를 시 강한 파지법으로 강한 힘을 낼 수 있는 카람빗 그립법입니다. 실전테크닉 시 카람빗을 권법테크닉의 연장선으로 이용하여 사용할 수 있으며 상대방에 강한 충격에도 그립을 쉽게 놓치지 않는 장점이 있습니다.
실전 카람빗 교전 시 가장 안정되고 강한 공격과 방어를 할 수 있는 그립법입니다.

- 카람빗 세이버 핑거링 그립(karambit Saber Fingering Grip)

카람빗 그립 중 날 부분이 상대를 향하며 필리피노 나이프 그립과 동일한 형태의 그립입니다.
세이버그립 핑거링은 세이버 그립에서 새끼손가락을 카람빗의 핑거링 부분에 넣은 그립이고, 카람빗의 날은 일반 나이프 보다 짧으므로 필리피노 나이프 그립에 장점처럼 카람빗 테크닉 시 카람빗을 컨트롤 하기가 용이한 그립입니다.

- **카람빗 포워드 해머 그립**(karambit Forward / Hammer Grip)

포워드 해머 그립은 나이프 포워드 / 해머 그립과 동일하게 카람빗을 강하게 움켜잡는 그립입니다.

카람빅 테크닉 시 상대방을 강하게 직선으로 내려 베어버리 는 동작 시 강한 파지법으로 강한 힘을 낼 수 있습니다.

4가지에 카람빗 그립은 대체적으로 카람빗 테크닉 시 많이 사용되는 카람빗 그립 법입니다.

카람빗의 특징은 나이프 테크닉 보다 손목을 이용하여 변화무쌍 하게 상대를 공격 하고 방어를 할 수 있는 장점이 있습니다. 카람빗은 동남아(필리핀, 인도네시아 등등) 에서 많이 사용 되는 근접 전투 에 아주 유용하고 효과적인 무기 입니다. 카람빗은 농기구에서 무기로 변화 되었고 카람빗은 여러 종류의 모양 과 텍티컬 스타일 등 수십까지 모양으로 현재까지 발달되어 왔습니다. 카람빗에 주된 공격 테크닉은 상대에 관절과 관절 사이의 인대나 건을 끊어 베어 상대를 무력화 시키는 기술들로 이루어져 있고 또한 카람빗 테크닉 에 큰 특징은 맨손격투, 즉 권법기술(팔꿈치 기술 등)과 매우 밀착되어있어 권법 기술이 숙달된 상태에서 카람빗 테크닉을 사용 시 강력하고 변화무쌍하게 기술을 구사 할 수 있는 특징이 있습니다.

01　나이프 VS 카람빗 테크닉(Knife VS Karambit Technique)

❶ 공격자가 왼쪽 얼굴을 나이프로 공격할 때

상대방이 나이프(knife)로 왼쪽 얼굴을 공격하려 할 때

오른발이 45° 방향으로 나가면서, 왼손 팔등으로 상대방 나이프(knife)를 방어한다.

왼손 팔등으로 상대의 나이프를 방어와 동시에 카람빗(karambit)으로 상대방 손목을 직선으로 올려 베어버린다.

 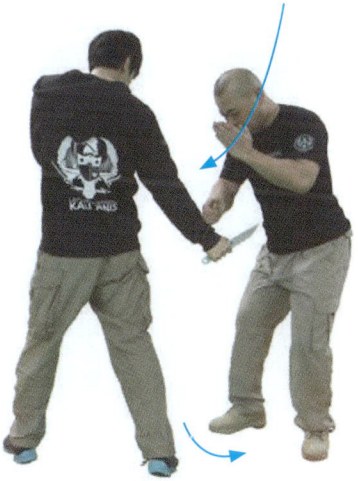 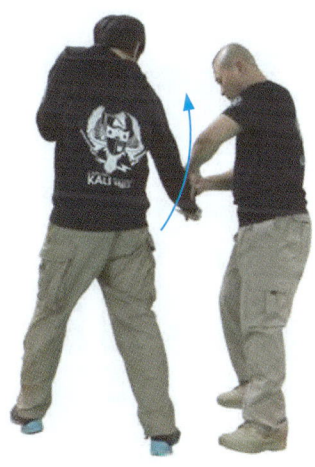

베어버린 카람빗을(karambit) 상대방의 바깥 손목에 걸어준다.

오른발이 한보 뒤로 이동한다.

나이프를 든 오른손을 왼손으로 잡고, 카람빗(karambit)으로 상대방의 손목에 건다.

상대방의 손목을 위로 베어 버린다.

허리를 틀어서 팔등으로 상대방의 나이프(knife)를 디스암(disarm)한다.

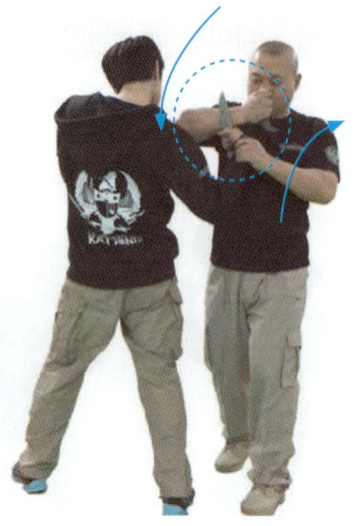
[point]
나이프(knife)를 든 상대방의 손목을 안쪽으로 꺾는다.

상대방의 손목을 몸 쪽으로 끌어당기면서, 상대방의 나이프(knife)를 팔뚝으로 밑으로 밀어 버린다.

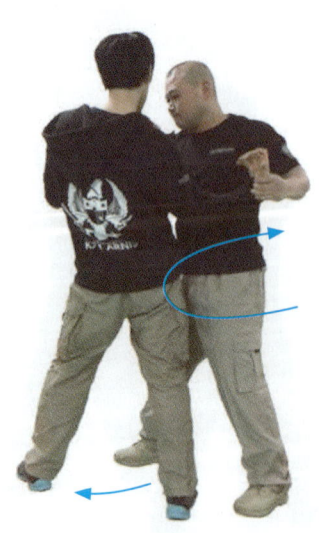
다시 허리를 틀어 카람빗(karambit)으로 상대방의 목을 베어 버린다.

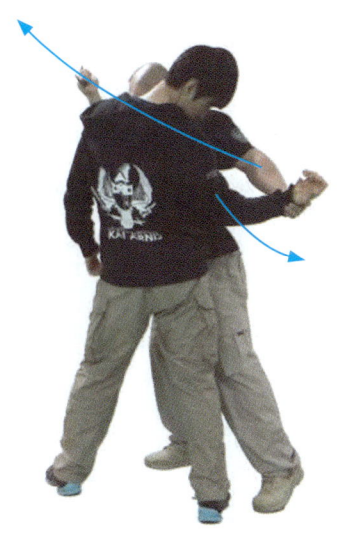
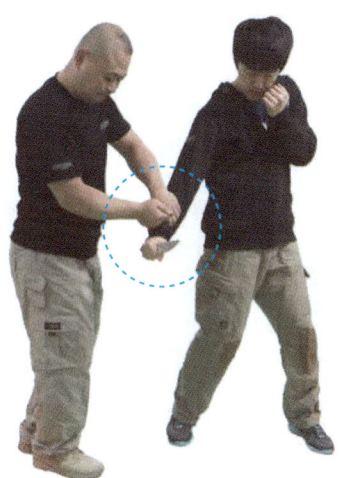

왼손을 상대방의 오른쪽 손목을 낚아채 주며 카람빗으로 상대방 목을 베어버린다.

<반대방향>
[point]

상대방의 오른쪽 손목을 카람빗으로 올려 베어 버린다.

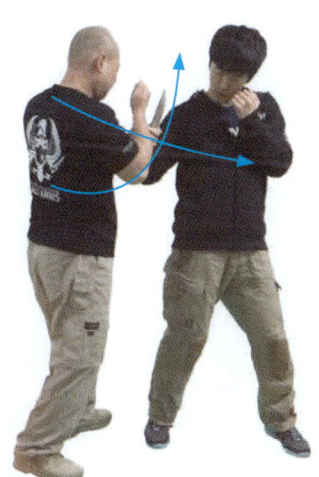

상대방의 오른쪽 손목을 안쪽으로 꺾어주며 나이프를 디스암 한다.

오른발이 앞으로 나아가며 상대의 오른쪽 목을 강하게 베어버린다.

06. 나이프 VS 나이프 카람빗 테크닉

❷ 공격자가 오른쪽 얼굴을 나이프로 공격할 때

나이프 파이팅 스탠스
(knife fighting stance)

상대방이 나이프(knife)로 오른쪽 얼굴을 공격할 때

왼발이 45° 방향으로 나가면서 왼손 팔등으로 방어한다.

방어 후 상대방의 손목을 위로 베어 버린다.

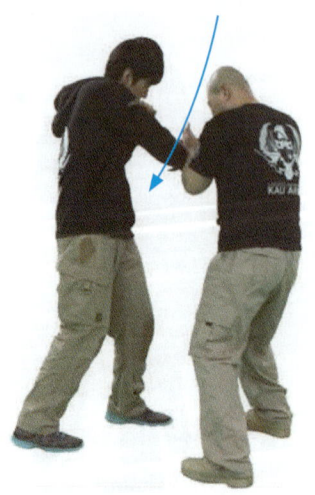
베어버린 후 다시 직선으로 내려 후려친다.

왼발이 뒤로 이동하면서 왼손으로 상대방의 나이프(knife)를 든 손목을 잡는다.

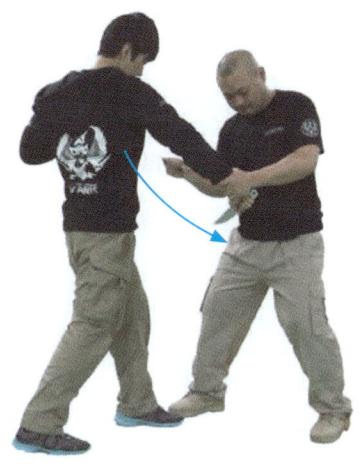

오른발이 앞으로 나간다.

오른발이 나가면서 키람빗(karambit)으로 상대방의 겨드랑이를 베어버린다.

베어버린 키람빗(karambit)을 몸 쪽 안으로 회수한다.

키람빗(karambit)을 상대방의 나이프(knife)를 걸어준다.

키람빗(karambit)으로 나이프(knife)를 걸어서, 디스암(disarm)한다.

왼손을 안쪽으로 끌어당기면서 키람빗으로 다시 늑골을 베어 버린다.

06. 나이프 VS 나이프 키람빗 테크닉

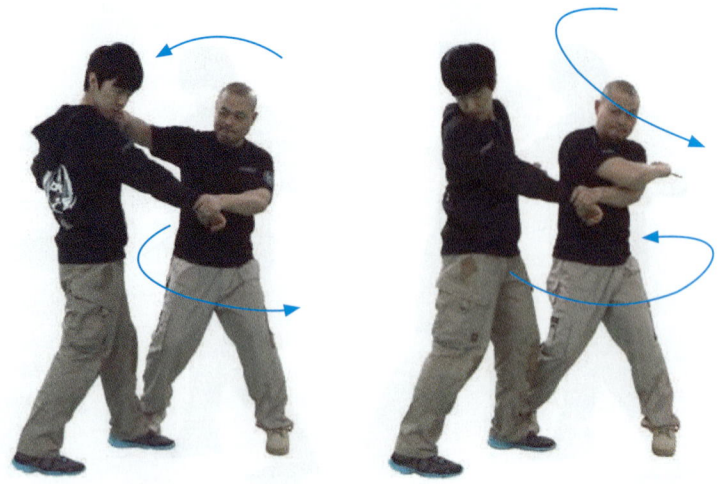

늑골을 베어버린 후 허리를 틀어 상대방의 목을 베어 버린다.

❸ 공격자가 복부를 나이프로 공격할 때

상대방이 나이프(knife)로 복부를 찌를 때

앞발이 뒤로 빠지면서, 상대방의 손목을 카람빗(karambit)날로 찍듯이 상대방의 나이프를 방어한다.

카람빗(karambit)을 당기면서 회수한다.

250 모두를 위한 칼리&아르니스

키람빗(karmbit)으로 상대방의 오른쪽 손목을 쳐 올려준다.

이때 왼손으로 상대방의 나이프(knife)든 오른손을 밀어 쳐준다.

왼손으로 상대방의 오른손을 밀어주며 키람빗으로 상대 옆구리를 베어버린다.

왼손으로 상대방의 팔꿈치를 잡는다.

왼손으로 상대방의 손목을 잡으면서, 키람빗(karambit)으로 상대방의 오른쪽 손목에 건다.

허리를 틀어 상대방의 나이프(knife)를 안쪽으로 끌어당긴다.

06. 나이프 VS 나이프 키람빗 테크닉

| 왼발이 뒤로 빠지면서, 상대방의 오른쪽 팔을 끌어당긴다. | 상대방의 오른팔을 끌어당기면서 카람빗으로 상대방의 나이프를 디스암 한다. | 왼발이 앞으로 나아가며 상대방의 목을 올려 베어버린다. |

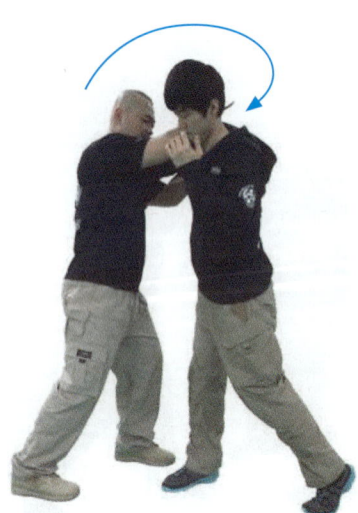 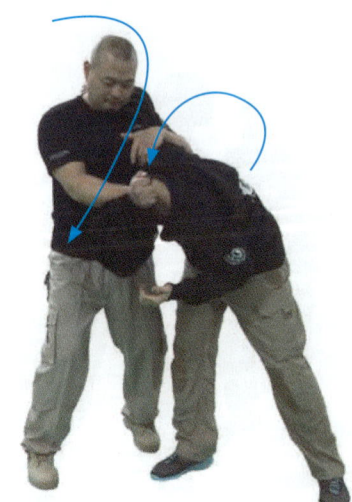 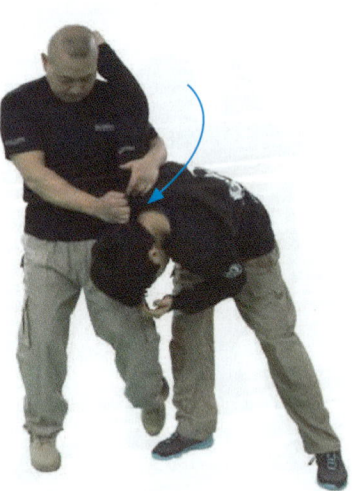

| 베어버린 다음, 카람빗을 상대방의 목에 건다. | 카람빗으로 상대방의 목을 눌러 내려 주면서, 왼손을 상대방의 겨드랑이에 걸어 꺾는다. | 카람빗으로 상대방의 목을 완전히 눌러 중심을 잃게 한다. |

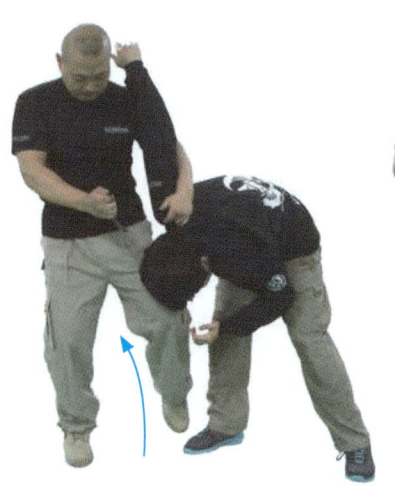
왼발 무릎으로 상대방의 얼굴을 공격한다.

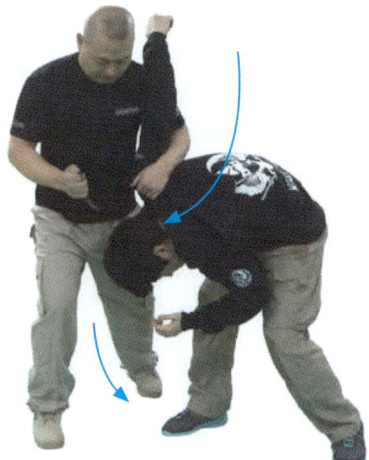
무릎으로 공격한 왼발을 뒤로 빼준다.

다시 왼발을 내려찍기를 하듯이 위로 들어올린다.

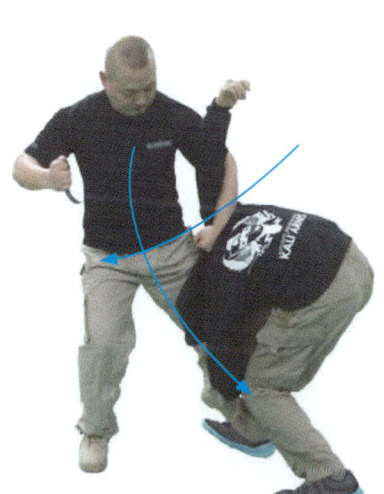
왼발을 내려찍듯이 상대방의 목에 걸어차서 강하게 돌린다. 이때 왼손을 안쪽으로 강하게 당겨준다.

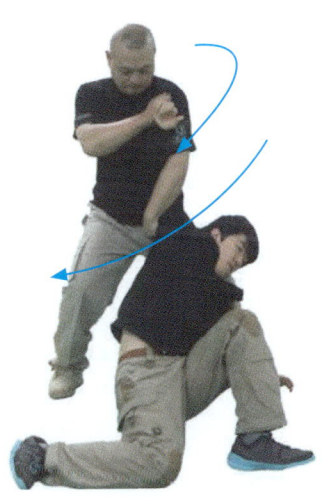
돌아가는 상대방의 손목을 카람빗(karambit)으로 건다.

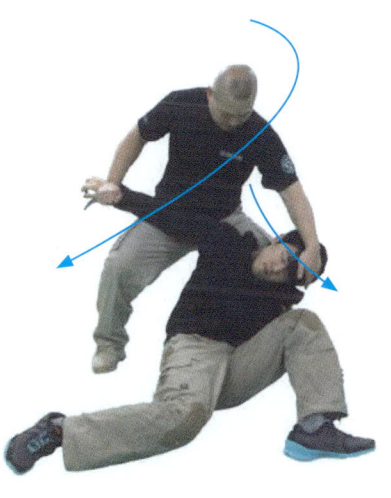
왼손으로 상대방의 얼굴을 제압한다.

06. 나이프 VS 나이프 카람빗 테크닉

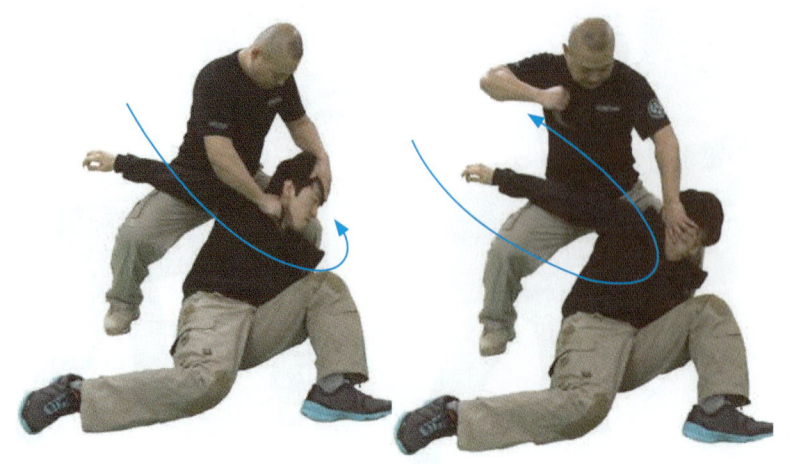

카람빗(karambit)으로 상대방의 목을 강하게 벤다.

[주의할 점] 카람빗(karabit) 테크닉에서 주의할 점은 상대방이 나이프(knife) 공격 시 카람빗(karabit) 브레이드 즉 날 부분으로 정확히 방어 및 상대방의 손목을 걸어 당기거나 밀어버리는 기술이 중요합니다. 이때 카람빗(karabit)을 든 오른손의 손목이 과도하게 꺾이지 않는 것이 매우 중요하며 상대방의 손목 신경 및 동맥을 정확히 공격하여 상대방의 다음 공격을 저지하는 것이 핵심입니다.
카람빗(karabit) 공격기술 시 자신의 몸에 밀착하여 카람빗(karabit) 공격동작을 하는 것이 포인트입니다.

카람빗(Karambit) 타점 부위

카람빗(Karambit)의 형태는 곡선으로 휘어져 있는 특성이 있다. 카람빗(Karambit)은 상대방의 힘줄을 끊어버리는 공격이 중점이다. 관절의 힘줄과 힘줄 사이를 끊어버리는 것이 공격 시 매우 효과적이다.

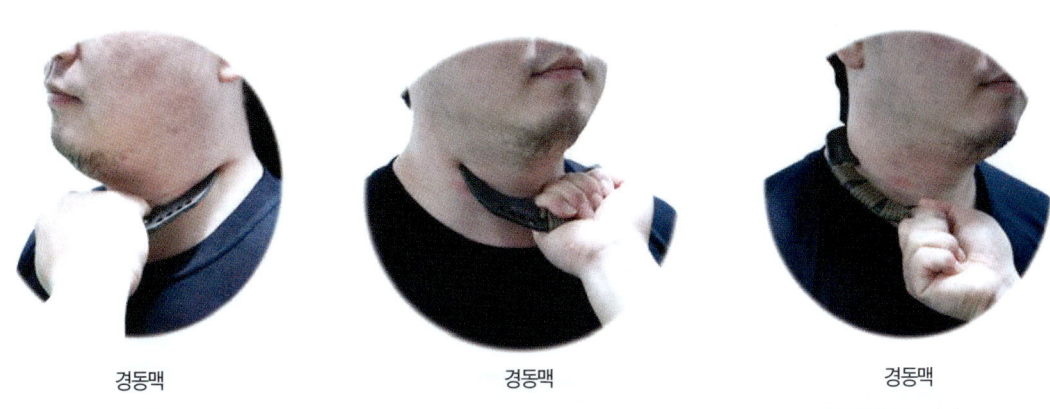

경동맥   경동맥   경동맥

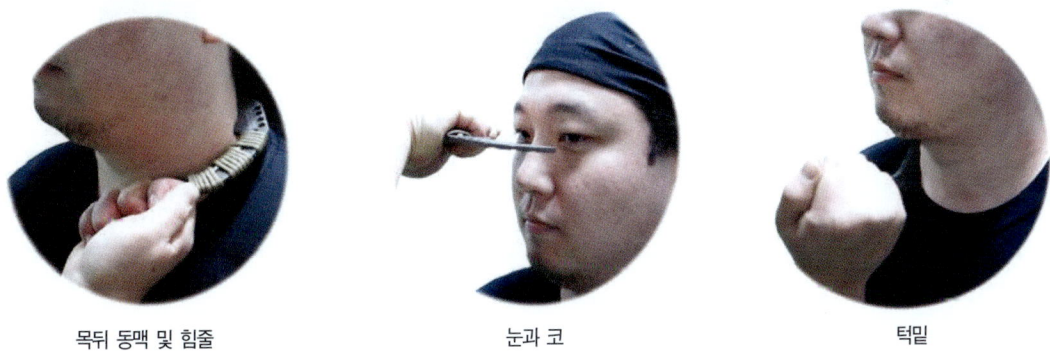

목뒤 동맥 및 힘줄   눈과 코   턱밑

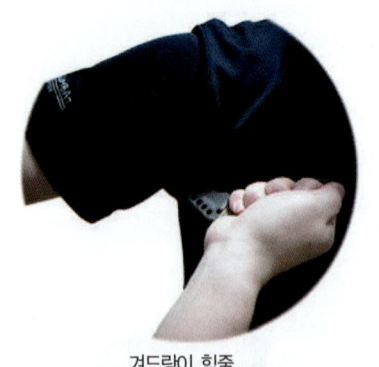
겨드랑이 힘줄

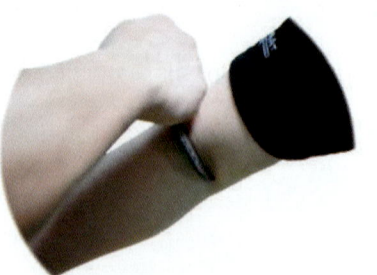
팔꿈치 안쪽 동맥 힘줄

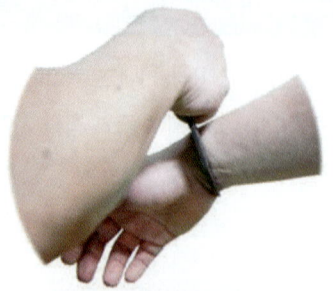
손목 안쪽 동맥

옆구리

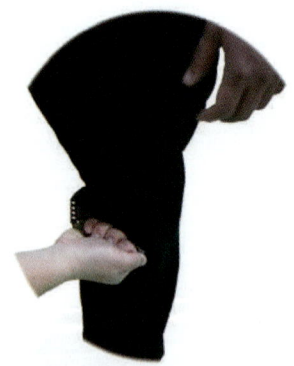
무릎 안쪽 힘줄

무릎 바깥쪽 힘줄

인체 근육 분포도

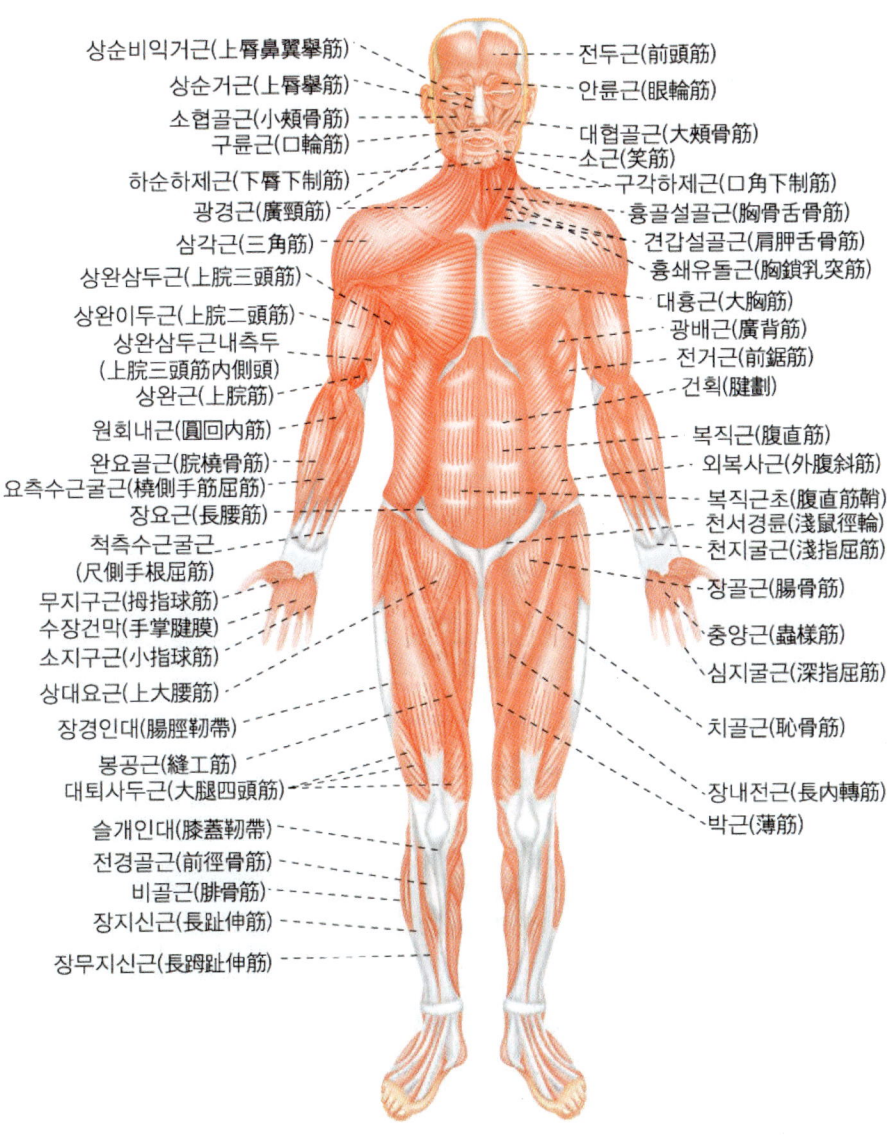

부상을 줄이기 위해서 주의해야 할 점은?

모든 훈련에서 제일 중요한 부분은 몸의 부상입니다. 한번 상처를 입으면 회복기간과 훈련에 연속성이 현저히 떨어지게 되어 있습니다. 부상에 위험을 줄이기 위해서 우선 주의해야 할 점은 바른 자세입니다. 다른 운동과 부상에 빈도를 비교했을 때 아르니스 훈련 시 부상의 빈도는 현저히 낮습니다. 구기 종목 스포츠 그리고 다른 타 무술과 비교해도 부상의 빈도는 낮습니다. 처음 칼리&아르니스를 시작할 때 바른 자세를 확실히 익혀두어야 부상을 예방할 수 있습니다. 아르니스를 시작하면서 정확한 기본자세와 몸의 힘을 이완시켜 처음 훈련 때는 가볍고 부드럽게 훈련을 해주어야 하며 충분히 기본자세를 익힌 후 힘과 빠르기를 내는 동작을 하는 것이 중요합니다. 숙달이 안 된 상태에서 과도한 동작과 잘못된 자세는 부상에 위험을 높이는 이유이기 때문에 항상 주의해야 할 점입니다. 훈련에 들어가기 전에 충분한 준비운동을 한 후 훈련을 해야 합니다. 또한, 아르니스 기본 동작을 훈련 때 충분히 몸을 풀어 근육을 이완시켜 주는 것도 매우 중요한 부분입니다. 아르니스 훈련 중 충분한 기본자세와 몸의 이완이 안 된 상태에서 훈련 중에 이상한 통증이 손목, 어깨, 등등이 느껴지면 동작을 멈추고 잠시 쉬는 것이 좋습니다. 통증이 오래간다고 느껴지면 가까운 병원에 가서 의사에 진찰을 받아야 합니다. 이를 무시하고 훈련을 계속할 때는 더 큰 상처를 입을 수 있습니다. 부상으로 인해 훈련을 많이 쉬게 되어도 다시 훈련을 시작할 때에는 서서히 강도를 높여야 합니다. 이를 무시하고 예전에 훈련을 했던 몸의 기억으로 무리하게 훈련을 한다면 부상의 재발을 가져 올 수 있습니다. 반드시 서서히 훈련의 강도를 높여야 합니다. 집에서 훈련을 할 경우에 는 주변을 잘 정리한 상태에서 훈련을 하여야 하며 정리가 안 된 상태에서 훈련을 할 시 무언가 발에 걸려서 넘어져 다칠 위험이 있으니 공간을 잘 정리하여 부상을 예방하도록 합니다.

Chapter 07 여성 셀프 디펜스 어플리케이션
(Woman Self-Defense Application)

여성 셀프 디펜스 어플리케이션(woman self-defense application)에 대하여 설명 하도록 하겠습니다. 여성 셀프 디펜스 어플리케이션은 현대 사회에서 유용하게 사용할 수 있는 셀프 디펜스 기술입니다.

여성 셀프 디펜스 어플리케이션에서는 현실적인 상황에서 이루어 질 수 있는 아르니스 스틱(stick) 기술로 괴한의 나이프(knife)나 흉기를 방어 후, 공격하여 괴한을 무력화 시킬 수 있는 기술들을 수록하였습니다.

현실적으로 스틱(stick)이 없을 땐, 잡지를 말아서 사용하는 방법 내지는, 주변의 소도구를 이용하여 괴한과 대적할 수 있는 셀프 디펜스 형식의 기술들을 중점적으로 설명하였으며, 괴한이 공격 시, 보법과 허리를 이용하여, 괴한의 공격 무기를 먼저 제압한 후, 상대방의 급소(눈, 코, 안와)등을 타격하여 무력화 시키는 기술을 중점적으로 수록하였습니다.

여성 셀프 디펜스 어플리케이션은 맨손과 맨손이 아닌 여성이 실생활의 소도구를 무기화 시켜, 남성과 여성의 체급 차이를 없애 상대방을 제압하는 기술입니다. 이러한 기술들은 현대사회에서 자신에게 닥친 위험한 상황을 극복할 수 있는 매우 중요한 자기 방어 기술입니다.

여성 셀프 디펜스 어플리케이션의 주의할 점은 상대방의 급소를 정확히 타격 하는 능력과, 상대방이 공격하는 흉기에 여러가지 각도(기본적인 12개의 방향)를 정확히 숙지하고 연습하여 실제 상황에서 대처하는 것이 매우 중요합니다.

01 나이프(knife) vs 잡지(roll of paper)

❶ 공격자가 흉기로 왼쪽 얼굴을 공격할 때

파이팅 스탠스(fighting stance)   상대방이 흉기로 왼쪽 얼굴을 공격해 올 때   방어자는 왼발을 45° 방향으로 빼면서 왼손으로 막고 상대방 안쪽 팔을 공격한다.

왼손으로 흉기를 막음과 동시에 상대방의 팔꿈치 안쪽을 내려친다.   상대방의 안쪽 팔을 오른쪽 손을 이용하여 직선으로 후려친다.   직선으로 후려친 잡지를 다시 회수한다.

상대방의 손에 들고 있는 칼을 향하여 후려친다.　　후려친 후 잡지를 빠르게 회수한 후 잡지 끝 부분으로 상대방의 명치를 직선으로 가격한다.

가격한 잡지를 빠른 속도로 회수한다.　　잡지 끝 부분으로 상대방의 얼굴을 직선으로 가격한다.　　가격한 잡지를 안쪽으로 당겨 회수한다.

상대방의 눈을 플라이 휠(fly wheel)로 가격한다.

상대방의 얼굴을 가격 시 강하고 빠르게 후려친다.

잡지로 상대방을 플라이휠로 가격 후 다음 동작을 위해 잡지를 왼손 팔에 가져다 댄다.

회수한 잡지를 업 스프링으로 상대방의 얼굴 전면을 공격한다.

빠르게 잡지를 회수한다.

262　모두를 위한 칼리&아르니스

허리를 틀어 사이드 플라이 윌로 상대방의 눈을 가격한다.

허리를 틀어 강하게 상대방의 눈을 후려친다. 이때 타점은 상대방의 안와(눈 밑부분) 부분이다.

❷ 공격자가 흉기로 오른쪽 옆구리를 공격할 때

파이팅 스탠스(fighting stance)

상대방이 오른쪽 옆구리를 흉기로 공격할 때 상대방은 왼발이 45° 방향 앞으로 나가면서, 왼손 팔등으로 방어한다.

잡지로 상내빙의 손목을 직선으로 강하게 가격한다.

가격한 잡지를 빠르게 회수한다.

잡지 끝 부분으로 상대방의 오른쪽 손등을 가격한다.

가격 후 잡지를 신속하게 회수한다.

다시 한 번 상대방의 손등을 강하게 후려쳐 상대방의 나이프를 떨어뜨린다.

가격한 잡지를 빠르게 회수한다.

회수한 잡지를 상대방의 안와 부분을 강하게 밑에서 위로 후려쳐 준다.

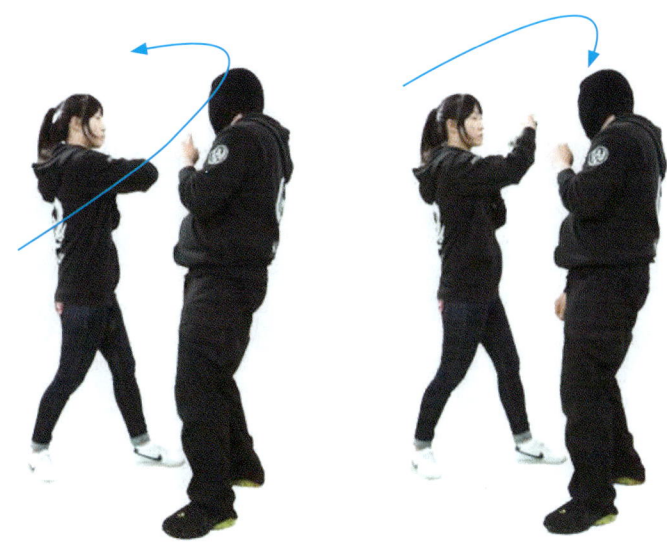

이때 허리를 틀어 상대방의 눈 부분을 강하게 가격한다.

❸ 공격자가 흉기로 복부를 찌를 때

파이팅 스탠스(fighting stance) 상대방이 복부를 흉기로 찌를 때, 앞발이 뒤로 빠지면서 잡지로 방어한다. 앞발이 뒤로 빠지면서 상대방의 손목을 강하게 가격한다.

상대방이 다시 복부를 찌르기 위해 흉기를 회수한다.

상대방이 다시 복부를 공격을 할 때, 오른발이 45° 방향으로 빠지면서 상대방을 손목을 강하게 후려친다.

[point]

손목을 강하게 위에서 밑으로 사선으로 후려친다.

밑으로 후려친 손목을 다시 사선으로 상대방의 손목을 올려 친다.

허리를 틀어 강하게 상대방의 손목을 올려 친다.

상대방의 손목을 강하게 올려쳐 나이프를 떨어뜨리게 한다.

회수한 잡지를 다시 상대방의 얼굴을 강하게 가격한다.

이때 허리를 틀어 상대방의 안와 부분을 가격한다.

상대방의 눈 부분을 잡지 끝 부분으로 정확하게 허리를 틀어 가격한다.

[주의할 점] 잡지를 말아서 공격 시 상대방의 흉기 및 나이프(knife)를 든 손목 및 손가락 관절을 정확히 가격하는 것이 중요합니다. 또한 잡지를 말아 상대방을 공격할 때 상대방의 앞면급소, 눈, 안와(눈 밑부분), 코 등을 정확히 가격하고 상대방이 공격 시 보법을 이용하여 공격하며 잡지로 상대방을 공격한 후 빠르게 회수하여, 연속 공격을 하는 것이 포인트입니다. 이때 어깨 힘으로만 상대방을 공격하는 것이 아닌 허리와 몸을 사용하여 후려치듯이 공격해야지만 상대방에게 큰 충격을 줄 수 있습니다.

셀프 디펜스 삼단봉 락킹
vs 나이프 어플리케이션

Chapter 08 셀프 디펜스 삼단봉 락킹 vs 나이프 어플리케이션
(Self Defense-Baton Knife Application)

셀프 디펜스 삼단봉 락킹 vs 나이프 어플리케이션(self defense - baton lacking vs knife application)을 설명하도록 하겠습니다.

이번 장에서는 나이프(knife)나 흉기를 든, 괴한을 삼단봉으로 완벽하게 제압하는 기술들을 설명 하였습니다. 이러한 기술들을 경찰 및 보안 업체 요원들이 반드시 숙지해야 할 기술들이며, 삼단봉을 가지고 있으면서도, 사용할 줄 모르는 그런 어이없는 모습들을 방지하고자 삼단봉 락킹 vs 나이프 어플리케이션(self defense - baton lacking vs knife application)을 수록하였습니다.

아르니스 스틱 기술들을 습득한 후, 상대방의 흉기나 나이프(knife) 공격을 대적할 시, 기본적인 무기의 길이의 따라, 삼단봉이 훨씬 유리한 면을 가지고 있습니다. 그 유리한 점을 이용하여, 상대방의 나이프(knife) 및 흉기로 공격 시, 나이프(knife)를 삼단봉으로 쳐내는 것이 아닌, 상대방의 손목 관절, 팔꿈치 관절 등을 타격 하여, 상대방 무기를 무력화 시킨 후, 완벽하게 제압 할 수 있도록 하는 것이 목표 입니다. 또한 타격 후 삼단봉을 이용해 상대방에게 락(lock)을 걸어 완전히 제압 하는 것을 중점으로 설명하였습니다.

삼단봉 락킹 vs 나이프 어플리케이션(self defense - baton lacking vs knife application)의 주의할 점은 락킹(locking)이란 기술을 완벽하게 이해하고 숙지하여, 기술을 구사하는 것이 매우 중요한 부분이고, 보법과 몸을 쓰는 법을 통해 상대방을 완벽하게 락킹(locking)을 걸어 제압 하는 것이 중요한 포인트입니다.

삼난봉을 이용하여 상대방의 신체를 쉽게 꺾고, 조르고 넘기는 기술은, 맨손으로 하는 것 보다 더욱더, 강한 파괴력이 있으므로, 이런 기술들을 사용하기 위해서, 삼단봉으로 상대방의 관절무분을 꺾이 지렛대 원리를 이용하여, 기술을 사용하는 것 또한 매우 중요한 포인트입니다.

01 삼단봉 VS 나이프

❶ 공격자가 왼쪽 얼굴을 나이프로 공격할 때

파이팅 스탠스(fighting stance)

상대방이 나이프(knife)로 왼쪽 얼굴을 공격할 때, 오른발이 45° 방향 앞으로 나아간다.

오른발이 45° 방향으로 나아가면서 왼손 팔등으로 나이프(knife)를 든, 손을 방어하는 동시에 삼단봉으로 상대방의 안쪽 팔을 강하게 삼단봉으로 후려친다.

상대방의 안쪽 팔을 후려친 삼단봉을 상대방의 바깥쪽 팔을 치며 삼단봉을 직선으로 건다.

상대방의 팔을 강하게 안쪽으로 당겨 팔꿈치를 꺾는다.(이때 허리를 틀어 강하게 괴한의 팔을 꺾어준다.)

 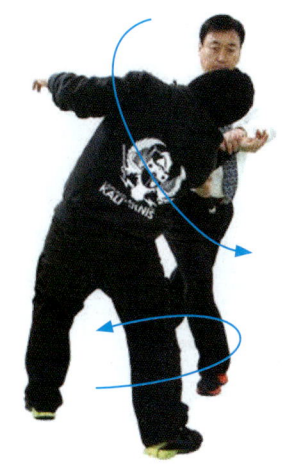 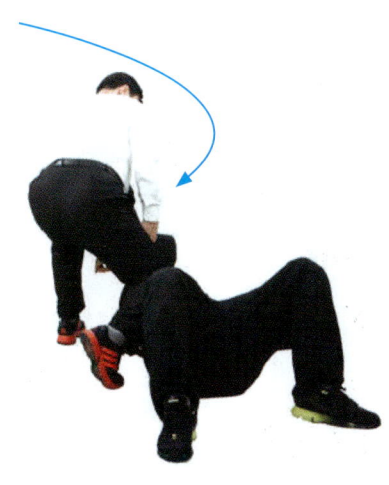

다음으로 상대방의 손목을 잡고, 삼단봉으로 괴한의 목을 다시 걸어준다.

뒷발이 뒤로 돌면서, 지렛대 원리를 이용해, 상대방을 45° 방향으로 강하게 당겨준다.

상대방을 삼단봉으로 꺾어 넘어뜨려 완전히 제압 한다.

❷ 공격자가 왼쪽 얼굴을 나이프로 공격할 때 <반대방향>

파이팅 스탠스(fighting stance)

상대방이 나이프(knife)로 왼쪽 얼굴을 공격할 때, 방어자는 앞발이 45° 방향으로 나간다.

45° 방향으로 나가면서, 왼손 팔등으로 나이프를 막고, 동시에 삼단봉으로 상대방의 손목이나 팔뚝을 강하게 후려친다.

08. 셀프 디펜스 삼단봉 락킹 vs 나이프 어플리케이션

[point]   [point]

지렛대 원리를 이용하여 강하게 끌어당기면서 안쪽으로 상대방의 오른팔을 꺾는다.

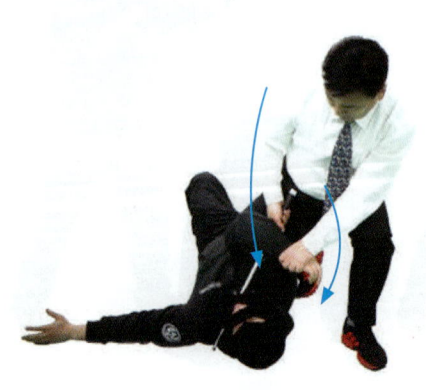

[주의할 점] 상대방이 나이프로 공격 시 삼단봉으로 나이프를 든 손목 부분을 정확히 가격하여 상대방의 나이프(knife)를 무력화시키는 동작과 공격 후 지렛대의 원리로 상대방의 팔 관절부분을 끌어당겨 꺾는 것이 중요한 포인트입니다. 이때 꺾는 힘을 강하게 내기 위해서는 앞발이 뒤로 빠지며 가속력을 부쳐서 삼단봉으로 팔 관절을 꺾는 것이 중요합니다.

무릎과 삼단봉으로 상대방을 눌러 완전히 제압한다.

❸ 공격자가 나이프로 오른쪽 얼굴을 공격할 때

파이팅 스탠스(fighting stance)

상대방이 흉기로 오른쪽 얼굴을 공격해 올 때, 왼발이 45° 방향으로 나가면서, 왼손 팔등으로 막는 동시에 삼단봉으로 흉기를 든 상대방의 손목을 쳐준다.

손목을 가격한 삼단봉을 다시 회수한다.

삼단봉으로 다시 나이프를 든 상대방의 손목을 강하게 후려친다.

왼손으로 상대방의 손목을 잡는다. 이때 삼단봉으로 상대방의 오른쪽 겨드랑이를 치듯이 올려준다.

지렛대 원리를 이용하여 앞발이 뒤로 빠지면서 45° 방향으로 힘 있게 삼단봉으로 상대방을 끌어당긴다.

08. 셀프 디펜스 삼단봉 락킹 vs 나이프 어플리케이션

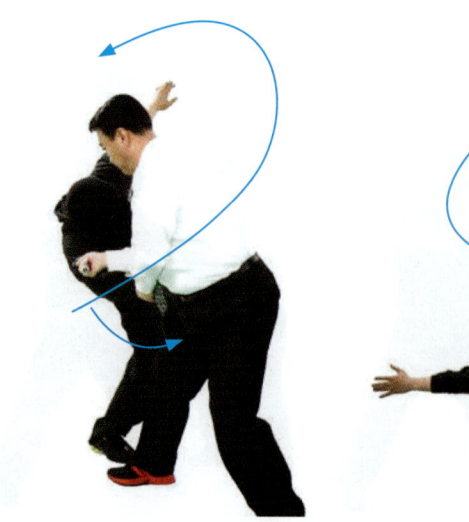 

삼단봉을 든 오른손을 사선으로 밀어주며 상대방의 오른손을 잡은 왼손은 안쪽으로 끌어당겨준다.

[point]
상대방의 오른팔을 삼단봉으로 꺾어 넘어뜨린다.

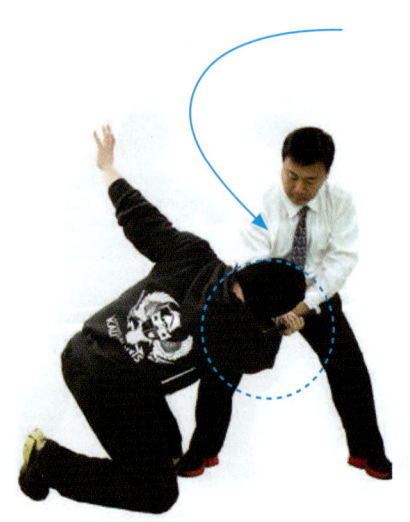

[point]
상대방을 완전히 넘어뜨려 제압한다.

❹ 공격자가 흉기로 복부를 공격할 때

파이팅 스탠스(fighting stance)   　　상대방이 상대방 복부를 찌를 때   　　앞발이 뒤로 빠지면서 삼단봉 중간 부분을 직선으로 상대방의 손목을 내려친다.

심단봉을 직선으로 가격 후 상대방의 손목 안쪽을 후려친다.   　　손목을 가격한 삼단봉을 빠르게 안쪽으로 회수한다.   　　앞발이 앞으로 나가면서 삼단봉으로 상대방의 목을 친다.

08. 셀프 디펜스 삼단봉 락킹 vs 나이프 어플리케이션

이때 왼손으로 삼단봉을 잡아당겨준다. 잡은 삼단봉을 안쪽으로 끌어당기면서 상대방의 목을 강하게 꺾는다. 허리를 틀어 앞쪽으로 상대방을 강하게 끌어 당긴다.

[point]   [point]
상대방을 안쪽으로 끌어 당겨서 완전히 제압한다.

[주의할 점] 삼단봉으로 상대방의 나이프(knife) 방어하면서 공격을 한 후 앞발이 앞으로 나가며, 삼단봉 중간 부분으로 상대방의 경동맥 부분을 정확히 끌어당겨 꺾으며, 왼팔로 상대방의 턱을 압박하여 지렛대의 원리로 기술을 거는 것이 중요합니다. 이때도 마찬가지로 안쪽으로 끌어당겨 상대방의 목을 꺾어야 하며, 목을 먼저 제압 후 상대방을 앞으로 끌어당기듯이 던지는 것이 포인트입니다.

Chapter 09 쿠보탄 테크닉
(Kubotan Technique)

쿠보탄 테크닉(kubotan technique)은 **실생활 소도구**(볼펜, 칫솔, 열쇠고리, 휴대폰, 병따개, 젓가락, 유리잔, 안경집 등)를 이용해 현대사회에서 무방비 상태로 무기를 든 상대에게 대적할 수 있는 아주 유용한 기술 입니다. 쿠보탄은 미주, 유럽 등지에서 유용하고 인기 있는 셀프 디펜스 도구입니다.

쿠보탄 테크닉 기본 동작에서는 연속으로 사용하는 방법을 중점으로 두었으며, 책에 수록되어 있는 기술 보다, 수록이 안된 쿠보탄 연속 동작 기술들이 많이 있습니다. 쿠보탄 공격 시 중요한 점은, 팔이 다 펴지는 것이 아닌 오므려진 상태에서, 찍듯이 공격하여 빠르게 회수하는 것이 매우 중요한 포인트입니다.

이때 어깨뿐만이 아닌 허리와 무릎을 이용하여 체중 이동을 하여 상대방에게 강한 타격을 줄 수 있는 동작이 중요합니다. 또한 남성뿐이 아닌 여성들도 주변 사물을 이용하여 상대방을 제압하거나 그 상황을 벗어날 수 있는 기술로 이루어져 있기 때문에, 힘이 약한 여성이 힘이 강한 남성을 충분히 제압하고 그 상황을 회피할 수 있는 아주 중요한 동작과 기술들로 이루어져 있습니다.

또한 쿠보탄 테크닉의 장점은 리버스 나이프 공격 동선과 유사한 형태를 가지고 있으므로, 쿠보탄 테크닉 동작을 숙련 시 리 버스 나이프 공격 방법을 손쉽게 익힐 수 있습니다.

01 쿠보탄 테크닉 연속 타격 동작 (1)

쿠보탄 파이팅 스탠스(kubotan fighting stance)
→ 왼손과 오른손을 턱에다 살짝 대고, 오른발은 한 보 앞으로 나간다.

상대방의 얼굴을 직선으로 강하게 찌른다.

이때 양손을 같이 쓰기 위하여, 오른손 공격 시 왼손을 오른손의 이두근을 살짝 쳐주는 동작을 한다.

직선으로 찌른 쿠보탄을 회수한다.

다시 허리를 틀어 상대방의 관자놀이나 목을 찍듯이 친다.

이때 쿠보탄을 든 오른손 팔이 펴지지 않게 한다.(팔이 펴지면 강한 힘을 낼 수 없다.)

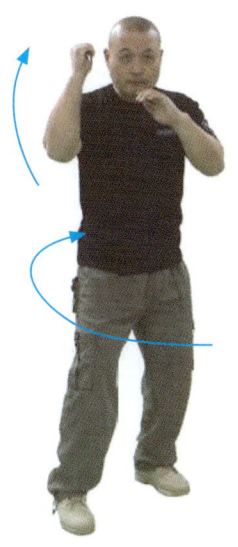
쿠보탄을 회수한다.

다시 허리를 틀어 45° 방향으로 상대방의 늑골을 친다.

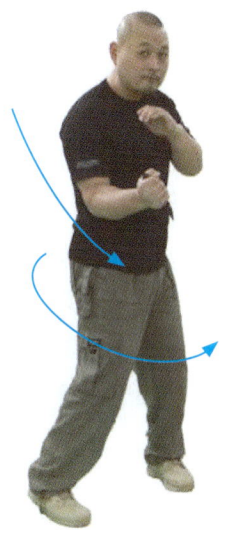
45° 사선으로 정확히 상대방의 늑골을 향해 찍듯이 내려친다.

늑골을 가격한 쿠보탄을 직선으로 끌어당긴다.

쿠보탄으로 상대방의 목을 수평으로 찌른다.

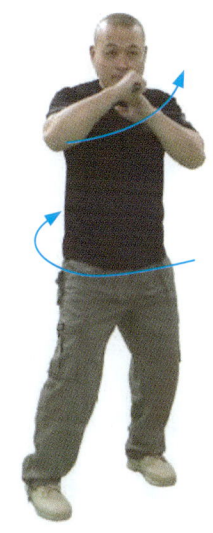
허리를 틀면서 상대방의 목을 찌른 쿠보탄을 회수한다.

09. 쿠보탄 테크닉

02 쿠보탄 테크닉 연속 타격 동작 (2)

허리를 틀어서 다음 쿠보탄 공격을 준비한다.

쿠보탄으로 상대방의 왼쪽 얼굴을 45° 방향으로 강하게 찌른다.

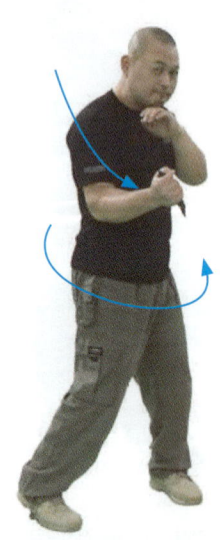

강하게 찌른 쿠보탄을 회수한다.

회수한 쿠보탄을 상대방의 얼굴 오른쪽을 강하게 찌른다.

상대방의 오른쪽을 찌른 쿠보탄을 바로 상대방 늑골을 향해 찌른다.

늑골을 찌른 쿠보탄을 직선 안쪽으로 끌어당 긴다.

안쪽으로 찌른 쿠보탄으로 바로 상대방의 목을 찌른다.

03 쿠보탄 테크닉 연속 타격 동작 (3)

상대방의 목을 찌른 쿠보탄을 안쪽으로 빠르게 회수하여 다음 동작을 준비한다.

쿠보탄을 상대방의 오른쪽 얼굴을 향해 사선으로 찌른다.

상대방의 오른쪽 얼굴을 찌른 쿠보탄을 회수한다.

다시 상대방의 왼쪽 얼굴을 사선으로 강하게 찍는다.

쿠보탄을 왼쪽 팔 밑으로 회수한다.

빠르게 회수한 뒤 명치나 가슴을 강하게 찍는다.

쿠보탄을 빠르게 회수한다.

회수한 쿠보탄을 다시 상대방의 목을 직선으로 강하게 찌른다.

[주의할점] 쿠보탄 스트라이커 동작 시, 짧고 날카롭게 찍어 치는 것입니다. 또한, 어깨 힘으로만 치는 것이 아니라, 허리와 무릎을 이용하여, 타격 하는 것이 중요합니다. 그리고 양손이 항상, 턱 주위에 있어야 신속한 공격과 방어를 할 수 있습니다.

팔꿈치가 다 펴지지 않아야, 쿠보탄 스트라이커 시 타격 후, 빠르게 회수 할 수 있고, 연속 공격을 자유자재로 할 수 있습니다. 그리고 자세는 발을 어깨 넓이만큼 벌리는 것이 신속한 이동을 하기 용이합니다. 따라서 스탠스를 넓게 벌리는 것은 매우 좋지 않은 동작입니다.

09. 쿠보탄 테크닉

쿠보탄(Kuboan) 그립 법 및 타점

쿠보탄(Kuboan)은 신체의 가장 약한 부분을 타점으로 하는 것으로 이루어져 있다. 상대방이 단련할 수 없는 눈, 코, 입, 목, 관절 부분을 공격하는 것이다.

❶ 그립법

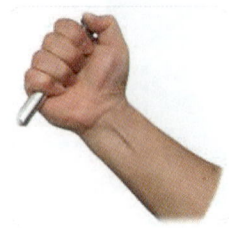   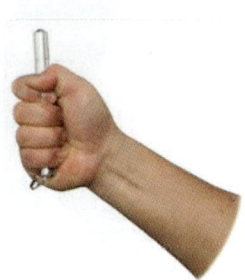

해머 그립(hammer grip) 엄지손가락 파지 해머 그립 쿠보탄 포워드 그립(1) 쿠보탄 포워드 그립(2)

상대방을 찍어치거나 상대방의 팔이나 관절, 목부분을 걸어 줄 때 많이 사용하는 그립이다.

상대방을 찌르거나 강하게 눌러줄 때 많이 사용하는 그립법이다.

❶ 타점부위

안와 코 옆면 관자놀이

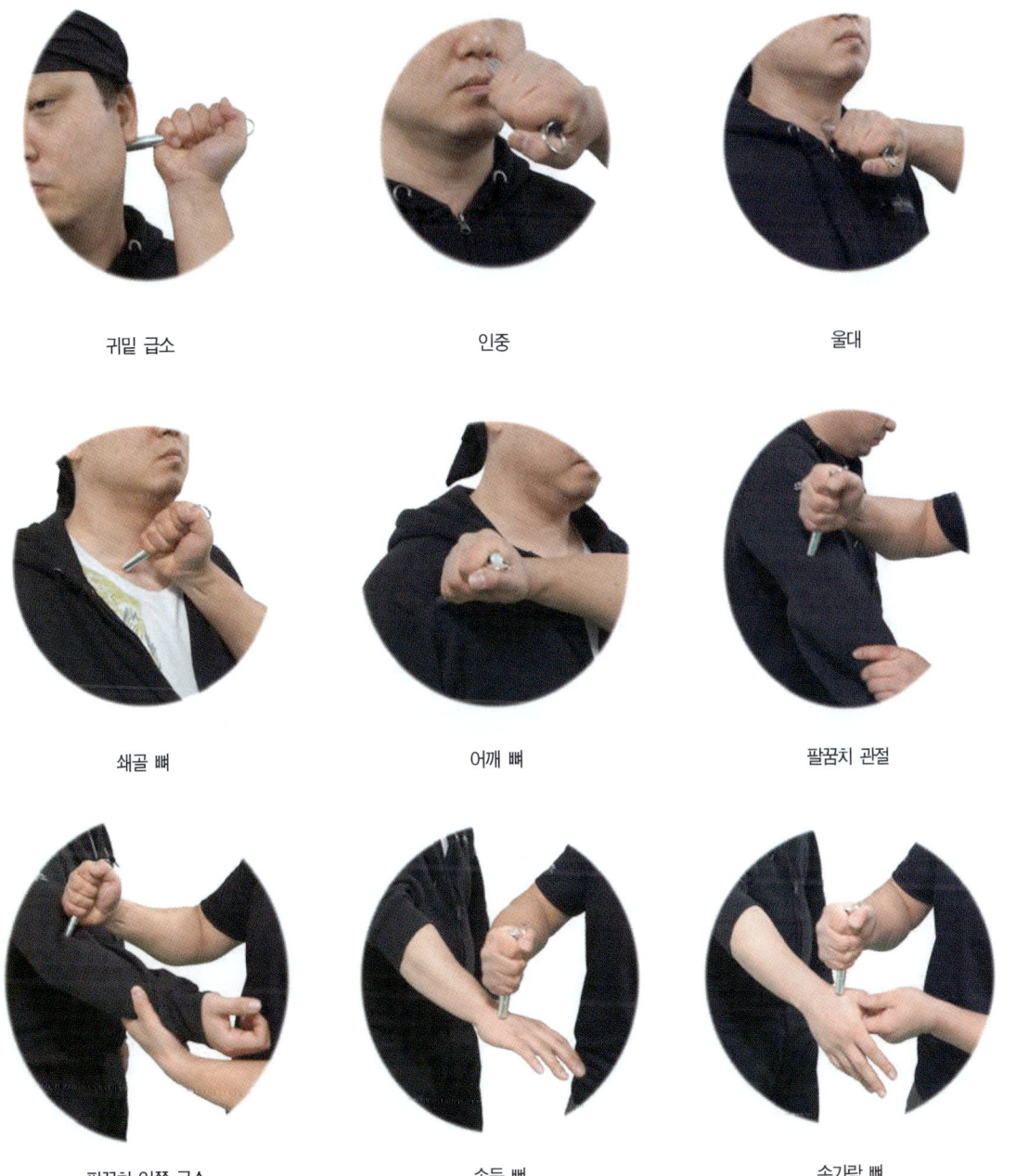

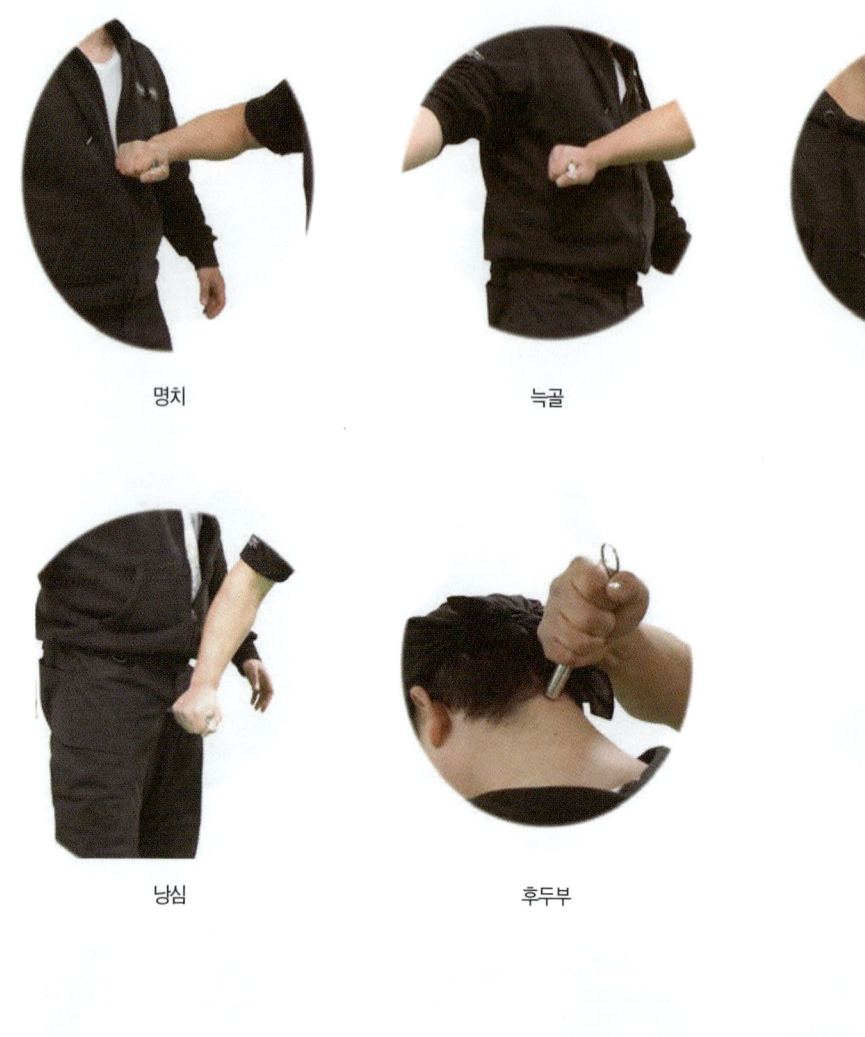

Chapter 10 쿠보탄 컴뱃 어플리케이션 드릴
(Kubotan Combat Application Drills)

쿠보탄 컴뱃 어플리게이션 드릴이란, 쿠보탄 vs 쿠보탄에 사용하는 교전 기술을 수록하였습니다. 쿠보탄 어플리케이션의 장점은 상대방이 쿠보탄이나 무성(소리 없는)무기로 공격 시, 방어 후, 빠르게 전환하여 공격 또는 방어, 카운터, 등등 여러 가지 컴뱃(대련) 기술들을 중점으로 수록하였습니다.

쿠보탄 컴뱃 어플리케이션의 주의할 점은 양손을 자유자제로 사용하는 것이 중요하다. 쿠보탄 뿐만이 아니라, 주먹, 팔꿈치 하단차기, 쿠보탄을 이용해 제압하는 락킹(locking) 듀몽 등이 있습니다. 또한, 쿠보탄 어플리케이션 수련 시, 상대방의 무기에 대한 적응력이 생기게 되므로, 두려움 없이 방어와 공격을 할 수 있는 장점이 있습니다.
쿠보탄 어플리케이션의 주의할 점은 상대방의 공격 시 정확한 방어와 공격 기술이 이루어져야 하며, 이때 어깨와 팔만 쓰는 것이 아니라 유기적인 신체이동, 보법 등을 같이 사용하는 것이 매우 중요한 부분입니다.

01 쿠보탄 어플리케이션(kubotan application)

파이팅 스탠스(fighting stance) 상대방이 쿠보탄으로 얼굴을 직선으로 공격할 때 방어자는 오른손 팔등으로 치듯이 방어한다.

오른손 팔등으로 방어 후 빠르게 쿠보탄을 안쪽으로 회수한다. 쿠보탄 공격을 다시 상대방 목을 직선으로 찌를 때, 상대방이 왼손 팔등으로 방어한다. 상대방이 방어 후 다시 쿠보탄을 든 오른손으로 직선으로 방어자를 찌른다.

방어자는 허리를 틀어 팔꿈치로 치듯이 강하게 방어한다. 이때 팔꿈치 방어동작은 팔꿈치로 잘라내듯이 방어 해야한다.

오른손 팔꿈치로 방어한 후 다음 공격 동작을 위해 오른손 팔꿈치를 정확히 접는다.

방어자가 왼손 이권(등주먹)으로 상대방의 얼굴을 공격할 때, 이때 상대방은 왼손 팔등으로 방어한다.

02 쿠보탄 어플리케이션(kubotan application)

상대방이 쿠보탄으로 얼굴을 직선으로 공격할 때

방어자가 팔꿈치로 치듯이 방어한다.

이때 허리를 틀어 상대방의 쿠보탄을 정확히 팔꿈치로 방어한다.

방어 후 상대방을 직선으로 공격할 때

상대방이 팔꿈치로 치듯이 강하게 방어한다.

상대방이 쿠보탄을 든 오른손으로 방어자 얼굴을 직선으로 공격한다. 이때 방어자가 팔꿈치로 치듯이 방어한다.

방어자가 팔꿈치로 방어 후, 상대방의 목을 쿠보탄으로 찌른다. 이때 공격자는 왼손 팔등으로 막는다.

상대방이 방어 후 직선으로 방어자의 얼굴을 공격해 온다. 방어자가 팔꿈치로 치듯이 얼굴을 방어한다.

상대방이 쿠보탄으로 얼굴을 공격할 때, 방어자는 왼손 팔꿈치로 정확히 후려치듯이 방어한다.

방어 후 쿠보탄을 든 오른손으로 상대방의 얼굴을 직선으로 공격한다.

상대방은 방어자의 쿠보탄 직선 공격을 왼손 팔꿈치로 돌려 막는다.

[주의할 점] 쿠보탄 어플리케이션의 주의할 점은 상대방이 직선으로 공격할 시 팔꿈치로, 사선으로 내려찍듯이 방어하는 것이 중요하며, 또한 상대방이 측면으로 공격 시 팔등 부분으로 정확히 방어하는 것이 중요합니다. 정확한 얼굴을 감싸듯이 방어 하는 것이 매우 중요한 포인트입니다.

상대방은 허리를 틀어 왼손 팔꿈치로 강하게 돌려서 방어자의 직선 쿠보탄 공격을 막는다.

03 쿠보탄 어플리케이션(kubotan application)

상대방이 방어자의 얼굴을 사선으로 쿠보탄으로 찌를 때

방어자는 왼손 팔등으로 방어한다.

방어 후, 방어자가 상대방 얼굴을 직선으로 내려찌른다.

상대방이 왼손 팔꿈치로 치듯이 쿠보탄을 방어한다.

상대방은 허리를 틀어 정확히 왼손 팔꿈치로 방어한다.

방어자가 빠르게 쿠보탄을 안쪽으로 회수한다.

10. 쿠보탄 컴백 어플리케이션 드릴

방어자가 안쪽으로 회수한 쿠보탄으로 상대방의 목을 찌른다. 상대방은 왼손 팔등으로 막는다.

상대방은 방어 후 쿠보탄을 든 오른손으로 방어자를 직선으로 공격한다.

방어자는 상대방의 직선 쿠보탄 공격을 왼쪽 팔꿈치로 돌려막는다.

04 쿠보탄 어플리케이션(kubotan application)

상대방이 방어자 얼굴을 내려찍을 때, 방어자는 오른쪽 팔등으로 방어한다.

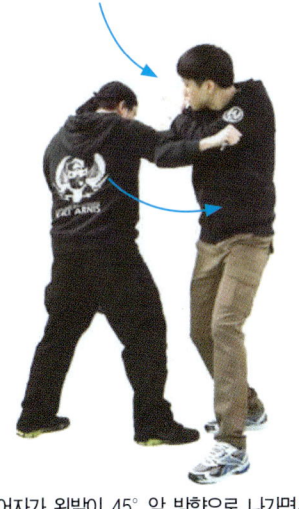

방어자가 왼발이 45° 앞 방향으로 나가면서, 왼손으로 상대방의 팔을 45° 방향으로 밑으로 쳐낸다.

방어자가 쿠보탄으로 상대방의 목을 사선으로 내려찍는다.

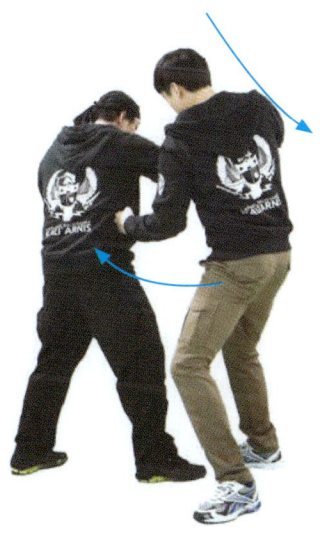

허리를 틀어 왼손으로 상대방의 옆구리를 주먹으로 친다.

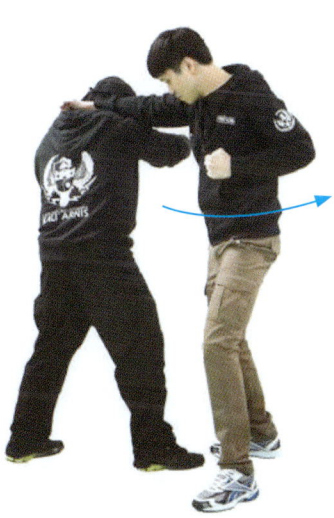

가격한 왼손 주먹을 빠르게 회수한다.

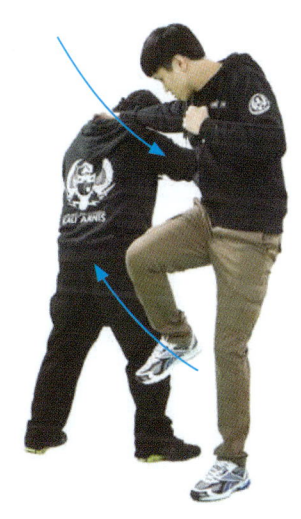

빙어지기 상대방의 목을 45° 방향으로 끌어 당기면서 오른발로 상대방의 오금(무릎안쪽)을 강하게 밟는다(하단 옆차기).

10. 쿠보탄 컴백 어플리케이션 드릴

[주의할 점] 상대방의 공격 시, 방어와 동시에 왼발이 45° 방향으로 이동하는 것이 매우 중요 합니다. 이동 후, 바로 다음 공격 동작을 준비해야 하며, 허리를 트는 힘을 이용해 상대방 오금을 정확히 짓눌러 제압합니다. 또한 상대방의 오금을 밟는 동시에, 쿠보탄으로 상대방 목을 걸어 당기는 것이 포인트입니다.

오른발로 상대방의 오금을 강하게 밟는다.

05 쿠보탄 어플리케이션(kubotan application)

■ 쿠보탄 어플리케이션(4-1과 동일하나 하단 차기가 다르다)

상대방의 목을 끌어당기면서, 상대방 앞부분 복숭아 뼈를 미끄러지듯이 후려친다.

방어자는 상대방의 발목 부분을 사선으로 올려 쳐주듯이 상대방의 발목을 차 올린다.

[point]

10. 쿠보탄 컴백 어플리케이션 드릴

06 쿠보탄 어플리케이션(kubotan application)

쿠보탄 어플리케에션 4-1과 동일하나 상대방을 던지는 동작이다

방어자의 왼발이 45° 앞으로 나아간다.

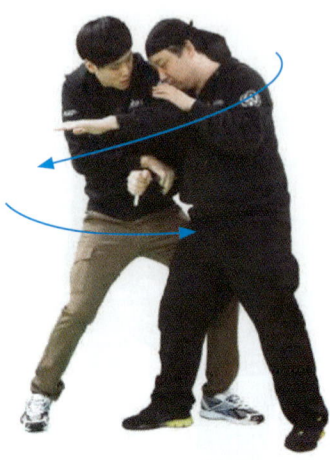

왼발을 상대방 허벅지 안쪽으로 파고 들어간다.

허리를 틀어 왼손으로 상대방의 목을 후려친다. 이때 오른손 쿠보탄은 상대방의 손목에 건다.

허리를 틀어 상대방을 허리를 강하게 틀어 상대방을 뒤로 넘어뜨려 제압한다.

[주의할 점] 왼발이 상대방 허벅지에 밀착시키는 것이 중요합니다. 밀착 시키지 않을 시, 정확한 기술을 구사할 수 없습니다. 또한 상대방의 안쪽으로 파고드는 보법을 날카롭고 신속하게 해야지만 기술의 완성도를 높일 수 있습니다. 동시에 왼팔이 상대방 목 부분이나, 가슴 부분을 정확히 치듯이 밀착시켜, 뒤로 끌어당겨야 합니다. 이 기술은 체격이 작은 사람이 자신보다 큰 사람을 던질 수 있는 매우 유용한 기술입니다.

Chapter 11 여성 셀프 디펜스 어플리케이션
(Woman Self-Defense Application)

여성 셀프 디펜스 어플리케이션(woman self-defense application)는 현대인이 항상 소지 하고 있는 휴대폰을 이용하여 타격 및 제압하는 기술로 이루어져 있습니다. 나이프 디펜스(knife defense)를 기본으로 하여 상대방을 타격하고 제압한다. 이때 휴대폰을 들지 않은 왼손이 매우 중요한 역할을 합니다. 또한 보법과 몸의 움직임이 매우 중요한 포인트입니다.

여성 셀프 디펜스 어플리케이션(woman self-defense application)의 주의할 점은 상대방이 나이프(knife)나 흉기로 공격 시 상대방 공격의 사각지대로 이동하여 방어해야 하며, 흉기를 든 손을 먼저 가격하여, 무력화 시키고 다음 동작인 상대방의 급소를 가격하여 제압하는 것이 매우 중요한 포인트입니다. 더불어 휴대폰 공격 시 빠르게 가격한 후 회수하는 것이 중요하다. 그래야만 다음 동작이 유기적으로 이루어질 수 있기 때문입니다.

01 휴대폰(cell phone) vs 나이프(knife)

❶ 공격자가 왼쪽 옆구리를 나이프로 공격할 때

파이팅 스탠스(fighting stance)

상대방이 흉기로 방어자의 왼쪽 옆구리를 공격할 때

오른발이 45° 방향 앞으로 나가면서, 허리를 틀어 오른쪽 팔꿈치로 방어한다.

[point]
오른쪽 팔꿈치로 정확히 상대방이 든 나이프를 방어한다.

방어한 오른손을 상대방이 다음 공격을 못하도록 직선으로 치듯이 내린다.

[point]
이때 나이프를 든 상대방의 오른손을 왼손으로 잡는다.

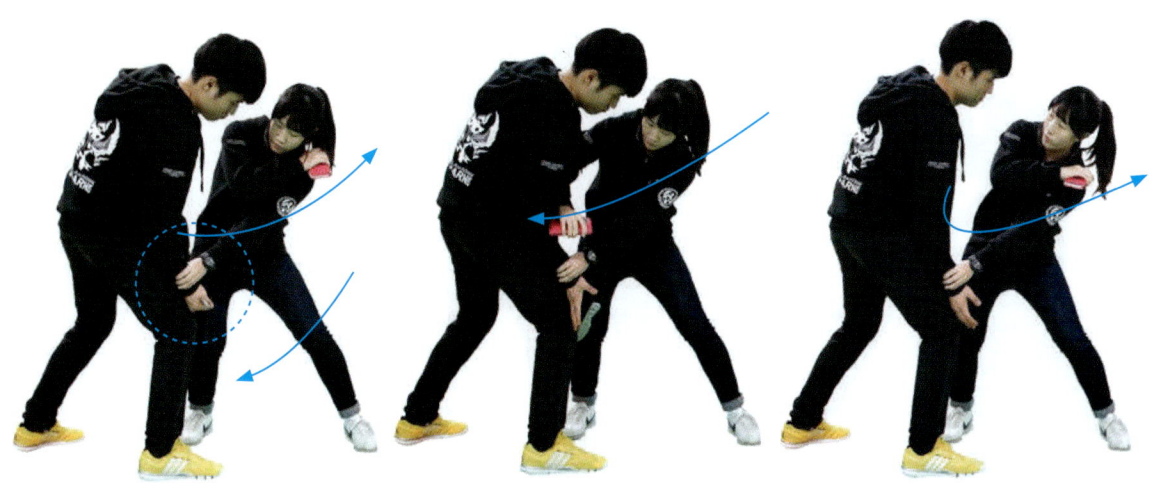

[point]
휴대폰을 든 오른손을 안쪽으로 빠르게 회수한다.

상대방의 팔 안쪽 부분을 휴대폰으로 강하게 내려 찍는다.

휴대폰을 빠르게 안쪽으로 회수한다.

상대방의 목을 휴대폰으로 직선으로 가격한다.

가격 후 휴대폰을 안쪽으로 빠르게 회수한다.

허리를 틀어 상대방의 턱을 휴대폰으로 찍는다.

11. 여성 셀프 디펜스 어플리케이션

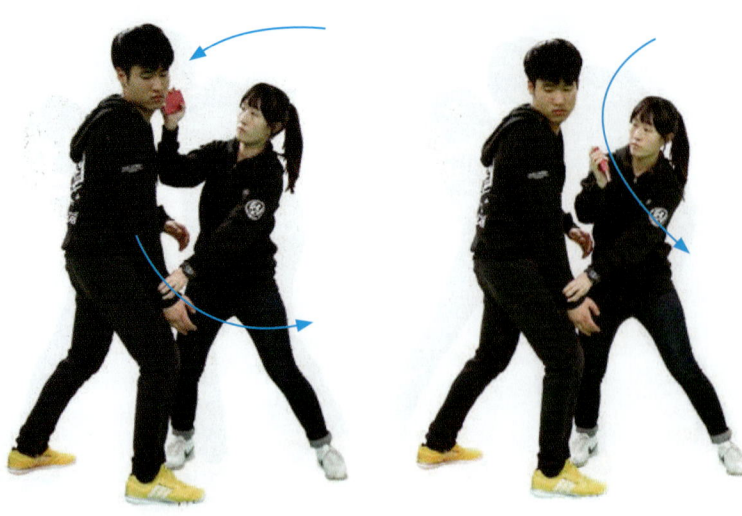

이때 상대방의 오른쪽 손목을 잡아 방어한다. 상대방의 왼쪽 턱을 강하게 휴대폰으로 내려찍어 가격한다.

❷ 공격자가 복부를 공격할 때

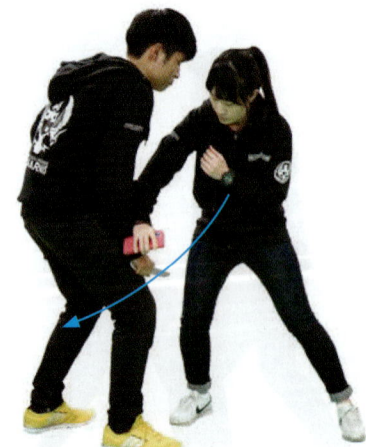

[point]
상대방이 여성의 복부를 찌를 때, 오른발이 45° 방향 앞으로 나가면서, 오른손 팔뚝으로 치듯이 막는다.

방어한 오른손을 상대방이 공격 못 하도록 직선으로 치듯이 내린다.

[point]
이때 흉기를 든 오른손을 왼손으로 강하게 잡는다.

[point]
휴대폰을 든 오른손을 안쪽으로 빠르게 끌어 당긴다.

상대방의 팔꿈치 부분을 휴대폰으로 강하게 내려찍는다.

휴대폰을 안쪽으로 빠르게 회수한다.

회수한 휴대폰을 상대방의 목을 직선으로 가격한다.

다시 휴대폰을 안쪽으로 빠르게 회수한다.

허리를 오른쪽으로 틀어준다.

11. 여성 셀프 디펜스 어플리케이션

[주의할 점] 상대방이 흉기로 공격할 때 앞으로 45° 나아가며 상대방의 흉기를 정확히 팔뚝 부분으로 방어를 하는 것이 중요합니다. 또한 상대방을 휴대폰으로 공격 후 빠르게 회수하여 상대방의 급소를 공격해야 하며 흉기를 든 상대방의 오른손을 왼손으로 저지하는 동작 또한 매우 중요한 포인트입니다.

허리를 틀어 상대방의 턱을 강하게 찍는다.

❸ 공격자가 직선으로 얼굴을 찌르려고 할 때

파이팅 스탠스(fighting stance)

상대방이 직선으로 얼굴을 찌르려고 할 때, 방어자는 왼발이 45° 방향 안쪽 앞으로 들어간다.

허리를 틀어 오른손 팔등으로 상대방의 오른팔을 방어한다.

허리를 틀어 상대방의 팔꿈치를 손바닥으로 15° 방향으로 강하게 후려친다.(타핑)

상대방이 반동을 이용해 다시 옆으로 나이프로 공격한다. 이때 방어자는 왼손 팔등으로 팔꿈치 안쪽을 방어한다.

방어 후, 휴대폰으로 상대방의 늑골을 직선으로 찍는다.

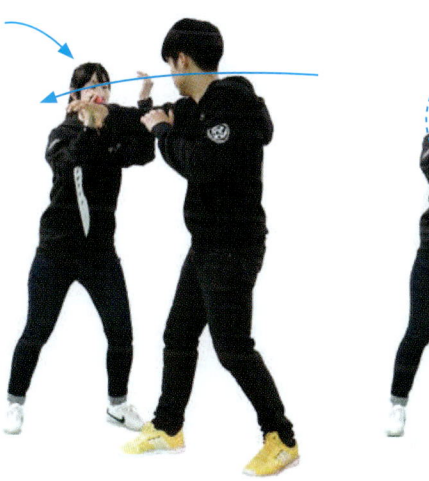

상대방이 반동을 이용해 다시 옆으로 얼굴을 찌른다. 이때 방어자는 왼손 팔뚝으로 팔꿈치 안쪽을 방어하면서, 동시에 휴대폰으로 상대방의 손목을 강하게 내려찍는다.

[point]
왼손으로 상대방의 팔뚝을 잡는다.

11. 여성 셀프 니펜스 어플리케이션

 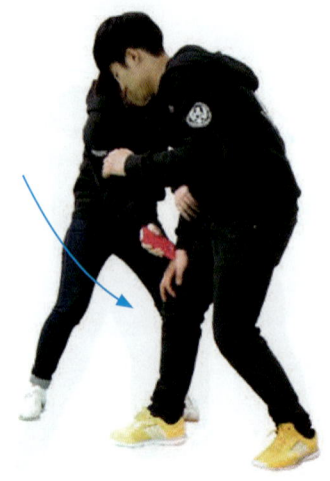 

11 왼발이 앞으로 나가면서, 그 무게를 이용해 상대방의 팔을 직선으로 내려준다

팔을 잡은 채로, 상대방의 손등을 직선으로 내려찍는다.

휴대폰을 빠르게 회수한다.

[주의할 점] 상대방이 다시 흉기로 공격 시 팔뚝부분으로 나이프를 방어후 흉기를 든 상대방의 팔을 밑으로 후려치듯이 내려준다. 이때 상대방의 목을 정확히 휴대폰으로 가격합니다. 휴대폰으로 공격 시 팔꿈치를 다 펴서 공격을 하면 강한 타격과 빠른 회수가 불가능합니다.

허리를 틀어 상대방의 목을 휴대폰으로 강하게 내려찍는다.

Chapter 12 맨손 근접 격투술
(Empty Hand Cross Combat Drills)

이번 단원에서는 맨손 근접 격투에서는 기본적으로 주먹(권)을 사용하는 방법에 대하여 수록하였습니다. 이 기술들은 정권, 종권, 역권, 횡권을 이용하여 연속으로 상대방을 가격하는 기술들로 이루어져 있으며, 또한 팔꿈치를 이용하여, 총 여섯 단계의 공격 및 방어 기술을 수록하였다. 맨손 근접 격투의 중요한 점은 주먹을 사용하는 권법 위주로 설명하였으며, 일반적으로 어깨 힘이 아닌 몸을 이완시켜 허리와 무릎을 이용하여 온몸의 힘으로 상대방을 타격하는 것을 중점으로 합니다.

맨손 근접 격투의 주의할 점은 어깨의 힘을 빼고 몸을 이완시켜, 부드럽게 연습하는 것이며, 허리와 무릎을 이용하여 기술을 구사하는 것이 매우 중요합니다. 맨손 근접 격투는 권법 기술에 입각하여 설명하였으며, 이 기술을 자유자재로 구사할 시, 체격차이를 극복 할 수 있는 타격 기술을 구사할 수 있습니다.

01 정, 종, 역, 횡 (정권, 종권, 역권, 횡권)

파이팅 스탠스(fighting stance)
어깨 넓이 만큼 다리를 벌리고, 양손은 턱에 올려놓는다.

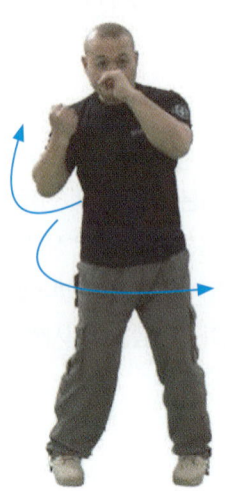

허리를 틀어 준다.

허리를 틀어 정권을 상단으로 지른다. 이때 팔이 다 펴지지 않게 주의 한다.(팔 관절이 다펴지면 강한 힘을 낼 수 없다.)

정권을 친 손을 잡아당기듯 회수한다.

허리를 틀어 주먹을 세워 종권으로 상대방의 명치를 지른다.

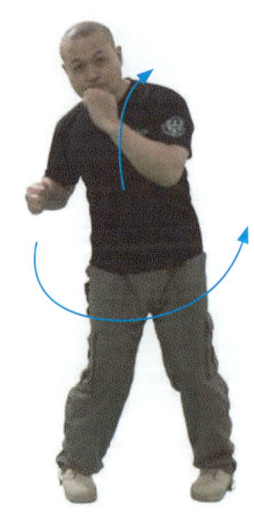

허리를 틀어 종권을 친 손을 잡아당기듯 회수한다.

주먹을 올려 역권으로 상대방의 늑골이나, 비장을 친다.

허리를 틀어 역권을 잡아당기듯 회수한다.

주먹을 돌려치는 횡권으로 상대방의 얼굴(관자놀이)을 후려친다. 중요한 점은 타격점에서 횡권을 가격한 팔을 접는다.

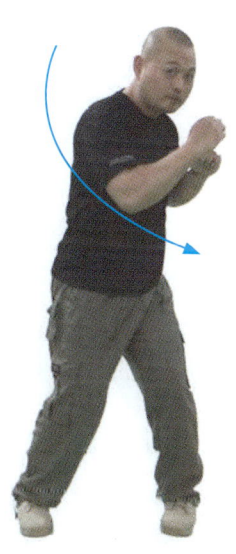
허리를 틀어 회수한다.

02 종, 정, 역, 횡(종권, 정권, 역권, 횡권)

다시 허리를 틀어준다.

허리를 틀어 종권으로 상대방 명치를 지른다.

가격한 종권을 빠르게 회수한다.

허리를 틀어 정권으로 상대방의 얼굴 쪽으로 지른다.

다시 허리를 틀어준다.

허리를 틀어 역권으로 상대방의 늑골 쪽으로 지른다.

| 다시 반대 방향으로 허리를 틀어준다. | 허리를 틀어 횡권으로 상대방의 관자놀이나 턱을 지른다. | 중요한 점은 타격점에서 횡권을 친 손을 빠르게 접는다. |

■ 이 동작들을 이용하여 연속으로 기본적인 상, 중, 좌, 우 공격이 가능하다.

[주의할 점] 맨손 격투기의 기본적인 공격방법은 한쪽 방향으로 상대방을 공격하는 것이 아니라 상, 중, 좌, 우로 공격 방향을 자유자재로 구사할 수 있어야만 상대방이 다음 공격을 예측할 수 없게 공격을 하는 것이 매우 중요한 포인트이다.

팔꿈치 공격과 방어 드릴
→

Chapter 13 팔꿈치 공격과 방어 드릴
(Elbow Application Drills)

팔꿈치 공격과 방어 드릴은 상대방이 주먹을 공격 시, 팔꿈치를 이용하여 공격과 방어를 동시에 하는 기술들로 수록되어 있습니다.

상대방의 연타 공격 시 에도 동일하게 공격과 방어를 할 수 있는 기술들로 이루어져 있습니다.
또한 하단차기 및, 관절 차기, 등으로 이루어져 있으며, 상대방을 무력화 시킬 수 있는 공격 기술을 수록하였습니다.

팔꿈치 공격과 방어 드릴의 주의할 점은 허리와 무릎을 이용하여, 경쾌하게 움직여 상대방의 공격을 막아낸 후 동시에 공격 하는 기술이 중요한 포인트입니다. 이때 허리를 틀지 않고 어깨로만 기술을 구사하면 상대방의 강한 공격 기술을 허용할 수 있습니다. 그러므로 신체적인 움직임이 매우 중요합니다. 또한 하단차기의 주의할 점은 정확한 하단 타점 공격과 하단차기 공격 시 중심이 뒤로 빠지지 않고 약간 앞쪽으로 쏠리듯이 공격하여야만 강한 차기가 가능하고 다음 공격으로 신속하게 이루어져 상대방을 가격 할 수 있습니다.

01 팔꿈치 공격과 방어 드릴(Elbow Application Drills)

파이팅 스탠스(fighting stance)
오른쪽 주먹은 턱 쪽에 붙이고, 왼손은 명치쪽에 댄다. 발 모양은 어깨넓이로 벌리고, 양 발 끝은 45° 방향으로 11자가 되도록 한다.

상대방이 왼손으로 직선 공격을 할 때

오른손 팔꿈치를 이용해 잘라내듯이 상대방의 왼손 공격을 돌려막는다.

  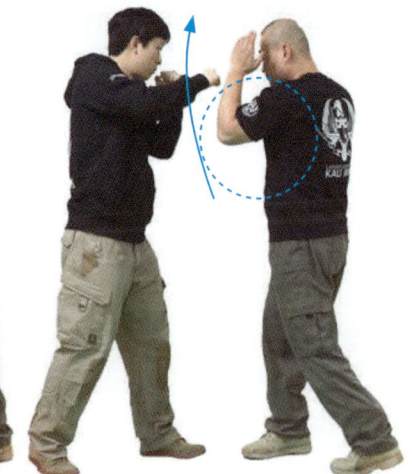

상대방의 왼손 공격을 허리를 틀어 오른손 팔꿈치로 돌려 치듯이 방어한다.

상대방이 오른손으로 얼굴을 직선으로 공격할 때

[point]
허리를 틀어 상대방의 오른손을 팔꿈치 올려 치기로 막는다.

허리를 틀어 상대방의 오른손 공격을 강하게 왼손 팔꿈치로 올려쳐 막는다.

상대방이 왼손으로 다시 직선 방향으로 얼굴을 공격한다.

허리를 틀어 오른손 팔꿈치 날 부분으로 후려 치듯이 막는다.

상대방의 오른손을 팔꿈치 날 부분으로 방어한 후 몸통 안쪽으로 내려준다.

상대방이 오른손으로 직선 방향으로 얼굴을 공격할 때

13. 팔꿈치 공격과 방어 드릴 315

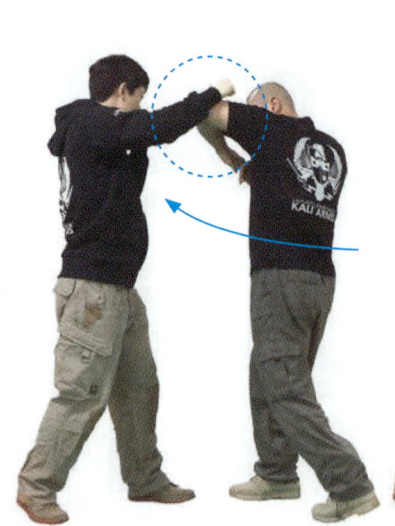
[point]
허리를 틀어 왼손 팔꿈치로 쳐 올려 막는다.

상대방의 공격을 방어한 후 왼손을 가볍게 내려준다.

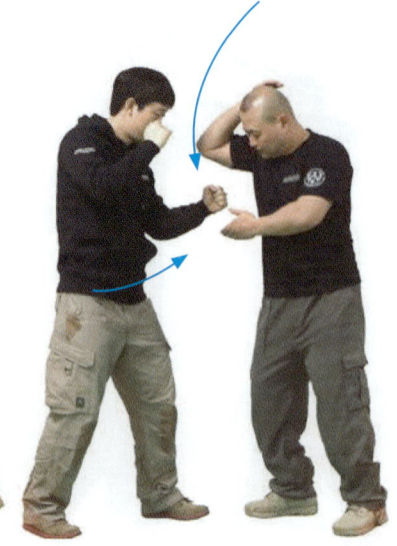
상대방어 왼손으로 옆구리를 공격할 때 오른손 팔꿈치로 내려찍듯이 상대방의 공격을 막는다.

이때 정확히 상대방의 왼손과 옆구리 공격을 오른손 팔꿈치로 내려찍기로 방어한다.

오른손으로 방어 후 가볍게 오른손을 내려준다.

상대방이 다시 오른손으로 명치를 공격할 때

316　모두를 위한 칼리&아르니스

허리를 틀어 왼손 팔꿈치 날 부분으로 상대방의 오른손을 쳐올려 막는다.

[point]

상대방의 오른손을 방어한 후 왼손을 가볍게 내려준다.

  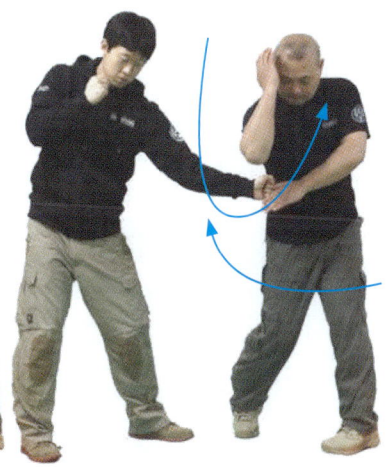

상대방이 왼손으로 복부를 공격 할 때 허리를 틀어 오른손 팔꿈치로 상대방의 손목을 찍어 내리듯이 막는다.

이때 왼손 바닥으로 상대방의 왼손 복부공격을 바깥쪽으로 막는다.

허리를 틀어 팔꿈치 날 부분으로 쳐 올린다.
(이 팔꿈치 어플리케이션(application) 동작들은 공격과 방어가 동시에 가능한 동작입니다.)

[주의할 점] 팔꿈치 방어 기술은 근접 상황에서 매우 유용한 방어 기술 입니다. 방어를 할 때, 허리 트는 힘을 이용 하여, 얼굴을 김씨듯이 팔꿈치를 돌려 방어 하는 것이 중요 합니다. 팔꿈치가 벌어지는 동작은 매우 좋지 않은 동작이므로, 팔을 몸에 가까이 붙이는 것이 중요합니다. 팔꿈치 드릴은 공격과 방어를 함께 할 수 있는 기술이므로, 많은 연습이 필요합니다.

13. 팔꿈치 공격과 방어 드릴

| 02 | 맨손격투 킥 어플리케이션(empty hand kick application) |

파이팅 스탠스(fighting stance)

앞발로 상대방 왼쪽 하단을 쳐 올리듯이 로우킥(low kick)으로 공격할 때
이때 허리를 틀어 체중을 실어 하단을 가격한다.

하단을 가격한 오른쪽 발을 앞으로 내려놓는다.

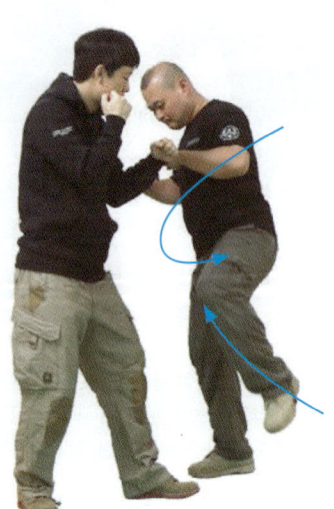 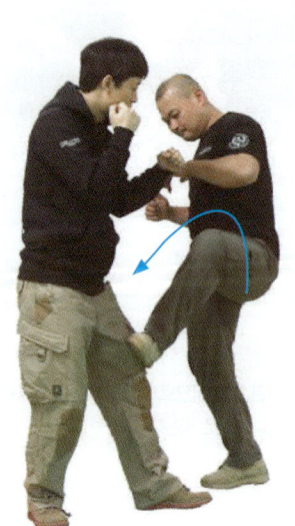 

다시 뒷발을 들어 올린다.

무릎을 들어 올려 부인각으로 상대방의 무릎을 내려찍듯이 찬다.

이때 턱을 당겨서, 체중과 중심이 앞으로 쏠리도록 차는 것이 중요하다.

가격한 왼발을 내려놓는다.　　다시 제자리로 돌아온다.　　왼발이 45° 방향 앞으로 나간다.

왼발이 앞으로 나아가며 오른발 무릎을 들어 올린다.　　발의 바깥쪽 날 부분으로 상대방 슬개골 안쪽을 강하게 후려쳐 준다.　　가격한 오른발을 내려놓는다.

13. 팔꿈치 공격과 방어 드릴

 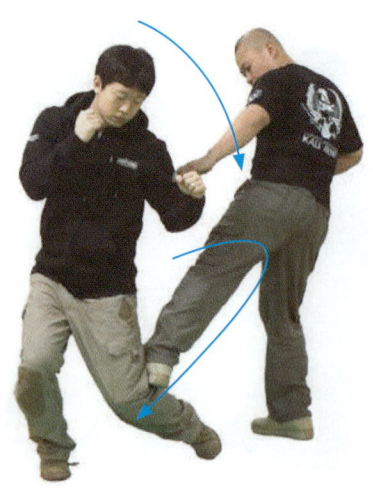 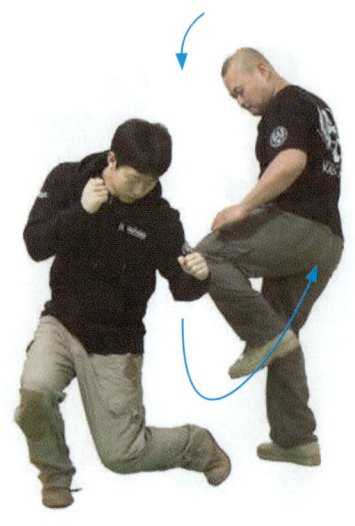

허리를 틀어 왼발 무릎을 들어 올린다. 이때 상대방 어깨나 얼굴, 머리를 왼손으로 잡는다.

들어 올린 왼발로 상대방의 무릎 안쪽을 하단 옆차기로 가격한다.

가격한 왼발을 가볍게 안쪽으로 회수한다.

가격한 왼발을 내려 놓는다.

[주의할 점] 하단 차기의 주의할 점은 무릎을 들어 오금과 무릎 뼈를 정확히 가격 하는 것입니다. 이때 허리를 이용해 차기를 하는 것이 중요합니다. 또한 몸의 중심은 앞쪽으로 더 쏠려 있어야 합니다. 그래야 상대방에게 더 강한 충격을 줄 수 있고, 다음 동작으로도 신속하게 이동 할 수 있습니다.

03 맨손격투 킥 어플리케이션(empty hand kick application)

파이팅 스탠스(fighting stance)

뒷발의 무릎을 든다.

무게중심을 앞으로 하여 부인각으로 상대방의 슬개골을 짓누르듯이 찬다.

이때 중심이 뒤쪽이 아닌 앞쪽으로 이동하는 것이 중요하다.

가격한 발을 땅에 내려놓는다.

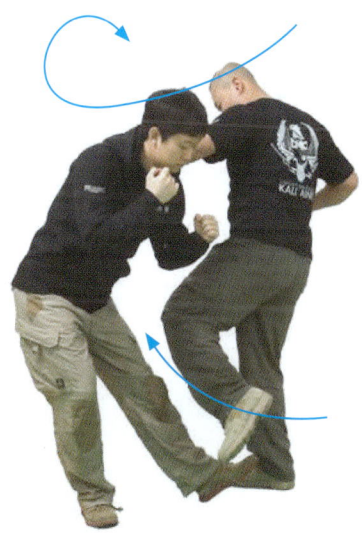

앞으로 나아가는 힘을 이용하여 상대방의 안쪽 허벅지를 하단 차기로 후려 찬다.

13. 팔꿈치 공격과 방어 드릴

 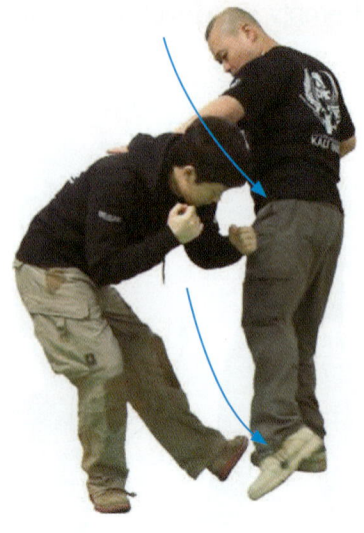 

이때 중심은 앞으로 이동하는 것이 중요하다. 왼손으로 상대의 머리나 목덜미를 끌어당겨준다.

가격한 발을 땅에 내려놓는다.

제자리로 돌아온다.

Chapter 14 맨손 근접 격투 어플리케이션
(Empty Hand Combat Application)

맨손 근접에서 사용 할 수 있는 팔꿈치 공격과 짧은 거리의 주먹, 짧은 거리의 권법 기술로 이루어져 있으며, 상대방의 팔 관절을 공격하여 상대방의 카운터 기술을 저지 할 수 있는 연속 기술로 이루어져 있고, 상대방이 연속 공격 시 공격과 방어를 동시에 할 수 있도록 기술들을 수록하였습니다.

맨손 근접 격투 어플리케이션의 주의할 점은 상대방이 공격할 시 정확한 공격과 방어가 신속하게 동시에 이루어져야 하므로, 많은 수련이 필요 합니다. 그리고 신속하게 다음 동작을 하기 위해서는 보법과 몸을 움직이는 법이 매우 중요하며, 또한 실전 상황에서는 대부분이 근접 격투전이기 때문에, 짧은 거리의 주먹과 팔꿈치 기술을 연습하는 것이 매우 중요한 포인트입니다.

01 맨손 근접 격투 어플리케이션(Empty Hand Combat Application)

❶ 공격자가 왼손으로 공격할 때

파이팅 스탠스(fighting stance)

상대방이 왼손으로 공격 할 때, 오른팔 팔등으로 상대의 왼손 공격을 쳐내듯 막는다.

방어한 손을 빠르게 회수한다. 상대방이 훅으로 공격 할 때, 다시 팔등을 45° 방향으로 쳐내듯 막는다.

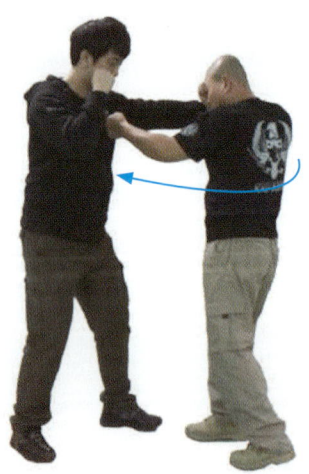

훅 공격을 막는 동시에 종권으로 상대방 얼굴이나, 어깨뼈를 공격한다.

공격 후 왼손 팔꿈치로 상대방 왼손 팔꿈치 안쪽을 쳐 올리듯이 친다.

[point]
다시 팔꿈치를 접은 후 팔꿈치로 상대방 얼굴을 올려 친다.

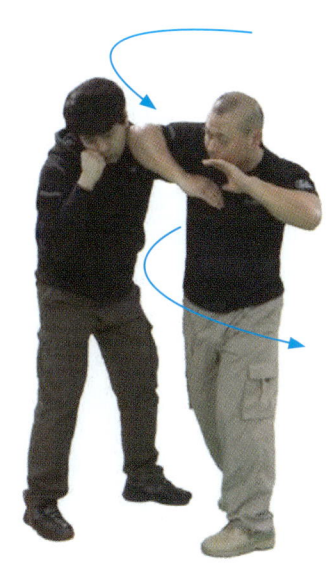

[주의할 점] 상대방의 주먹 공격 시 오른손으로 상대방의 주먹을 쳐내듯이 끊어 막으며, 방어와 동시에 상대방을 타격하는 것이 매우 중요합니다.
또한 공격 후 연속으로 팔꿈치로 타격을 할 때 허리를 틀어 팔꿈치로 상대방 앞면을 내려찍듯이 타격하는 것이 포인트입니다.

허리를 틀어 오른손 팔꿈치로 상대방 얼굴을 강하게 돌려 친다.

❷ 공격자가 왼손과 오른손으로 공격할 때

파이팅 스탠스(fighting stance)

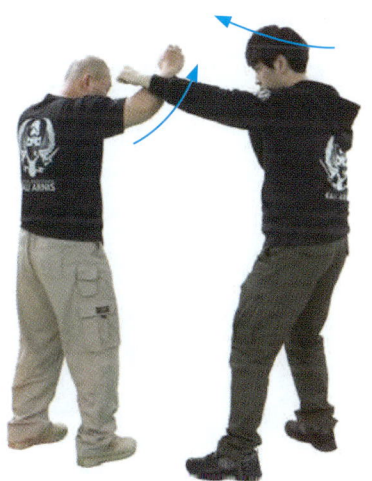

상대방이 왼손으로 직선 공격을 할 때, 팔등으로 상대방 왼손을 쳐내듯 막는다.

방어한 오른손을 빠르게 회수한다.

14. 맨손 근접 격투 어플리케이션

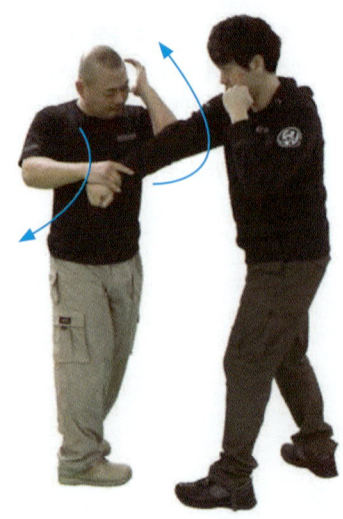
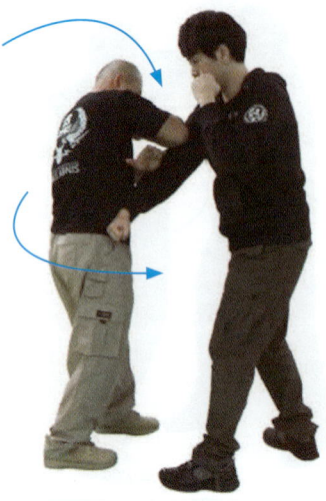

상대방이 오른손으로 공격 할 때, 팔등으로 다시 쳐내듯 막는다.

막는 동시에 상대방의 손목을 낚아채듯 잡으면서, 왼손 팔꿈치로 상대방의 오른손 바깥 팔꿈치를 쳐 올리듯 친다.

허리를 틀어 오른손 팔꿈치로 상대방의 팔을 내려찍듯이 가격한다.

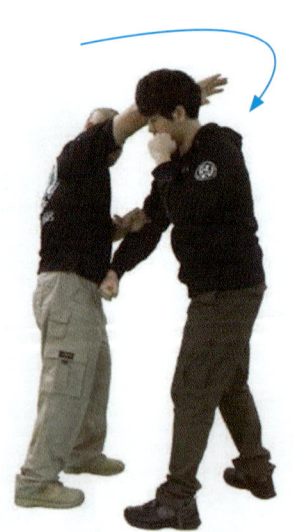
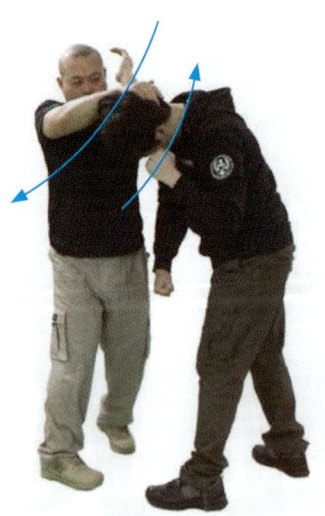
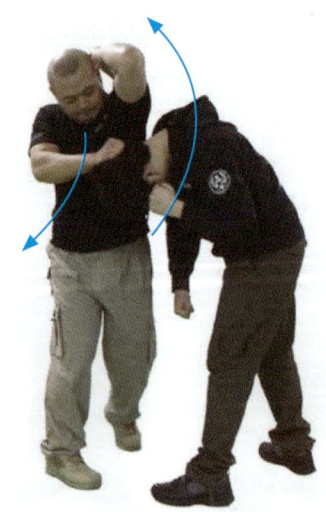

오른손 팔꿈치로 가격 후 오른손 팔뚝으로 상대방의 얼굴을 후려친다.

오른쪽 손으로 상대방의 머리나 목을 잡고 허리를 틀어서 왼손 팔꿈치로 상대방의 얼굴을 쳐 올린다.(이때 타점은 관자놀이다.)

허리를 틀어 상대방의 관자놀이를 강하게 왼쪽 팔꿈치로 올려친다.

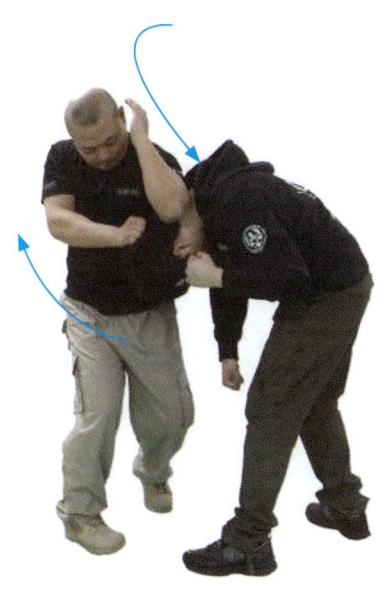

[주의할 점] 상대방이 주먹으로 연속공격 시 상대방의 주먹을 쳐내듯이 방어 후 빠르게 방어한 손을 회수하여 다시 방어하는 것이 중요합니다. 상대방이 반대방향으로 공격 시에도 동일하게 적용합니다. 또한 방어 후 팔꿈치로 상대방 팔을 타격 시 45° 방향으로 내려찍듯이 타격을 해야 상대방에게 큰 충격을 줄 수 있습니다. 이때 허리를 틀어 체중을 실은 상태에서 타격하는 것이 포인트입니다.

올려친 팔꿈치를 다시 직선으로 상대방 목(경추) 부분을 강하게 내려찍는다.

❸ 공격자가 왼손, 오른손으로 직선 방향으로 공격할 때

파이팅 스탠스(fighting stance)

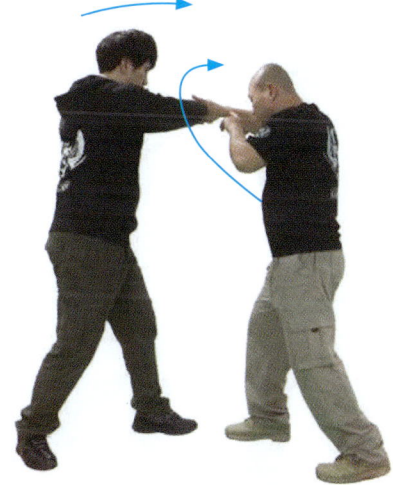

상대방이 오른손 직선방향으로 공격 할 때, 오른손으로 걷어 내듯이 막는다. 이때 상대방이 반격을 못하도록 45° 방향으로 상대방의 오른손을 끌어 당겨준다.

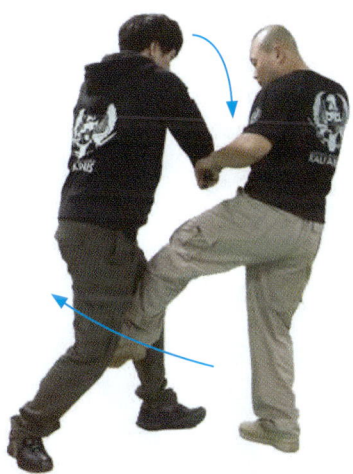

당겨지는 힘을 이용하여, 뒷발로 상대방의 안쪽 허벅지를 히단 차기로 공격 한다.(이때 상대방의 낭심을 차올려도 된다.)

14. 맨손 근접 격투 어플리케이션

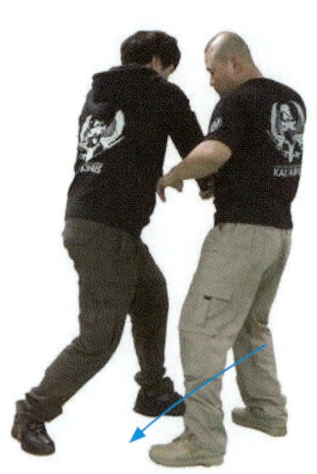 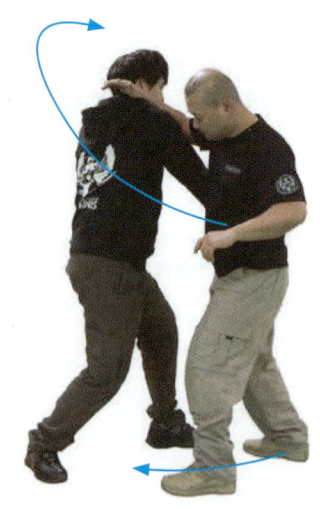 

하단을 가격한 왼발을 내려놓는다.

왼발이 앞으로 나가면서, 오른손으로 상대방의 목덜미를 팔 날로 치듯이 잡는다.

상대방의 목덜미를 당겨주면서, 무릎차기로 상대방의 허벅지를 공격한다.(이때 상대방 낭심을 공격해도 된다.)

 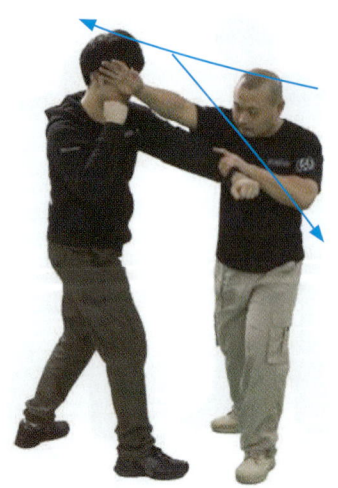

상대방이 왼손으로 직선 방향으로 공격해 올 때

왼손으로 상대방이 공격한 왼손을 걷어내듯이 막는다. 이때 상대방이 반격을 못 하도록 사선 방향으로 왼손을 끌어당긴다.

상대방의 왼손을 끌어당기는 동시에 오른쪽 손등으로 상대방의 얼굴을 직선으로 치듯이 공격한다.

 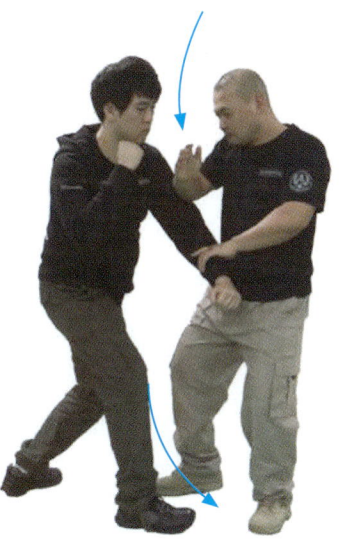 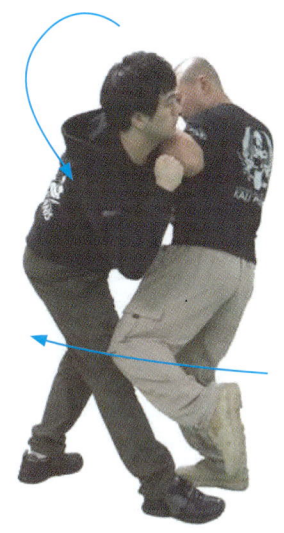

상대방의 왼손을 당겨주면서 뒷발로 상대방 안쪽 허벅지를 하단차기로 공격한다.

하단을 공격한 오른발을 내린다.

허리를 틀어 상대방의 허벅지를 왼쪽 무릎으로 공격한다.

[주의할 점] 맨손 근접 격투 어플리케이션의 주의점은 상대방과 근거리 전에서 최대한 팔꿈치를 사용하여 상대방의 급소를 정확히 가격하는 것이 중요하고, 상대방의 주먹 공격 시 팔등으로 잘라 내듯이 쳐서 먹는 것이 중요한 포인트입니다. 또한 상대방에게 큰 충격을 주기 위해서는 어깨의 힘만으로 상대방을 타격하는 것이 아니라 허리와 무릎을 이용하여 타격기술을 사용하여야 합니다.

상대방과 교전 시에는 반드시 상대방의 눈을 주시하여야 합니다. 상대의 눈을 주시하여야 상대방의 어깨 움직임으로 상대방의 공격방향과 몸의 움직임을 파악할 수 있습니다.

맨손 격투 듀몽 / 락킹 기술

Chapter 15 맨손 격투 듀몽 / 락킹 기술
(Hand Combat Dumong Lacking Technique)

맨손 격투 듀몽 / 락킹 기술은 맨손 격투 기술의 최종적인 제압기술 입니다. 상대방이 공격 시, 상대방 타격을 무력화 시키고, 상대방을 던지거나 관절을 꺾어, 듀몽 / 락킹 동작으로 상대방을 제압을 하는 기술들로 설명이 되어있습니다. 맨손 격투 듀몽 / 락킹 기술은 상대방이 공격 시 정확한 방어와 공격으로 상대방을 일차적으로 무력화 시키며, 상대방의 신체부위를 목 어깨 등등 부위를 꺾어, 던지는 기술로 이루어져 있습니다.

맨손격투 듀몽 / 락킹 기술의 특징은 상대를 힘으로 집어 던지는 것이 아니라 상대방에게 파고들어 공간을 만든 후 몸이나 신체관절을 잡아채는 기술들로 이루어져 있기 때문에, 누구나 손쉽게 기술들을 구사할 수 있는 장점이 있습니다. 또한, 상대방을 넘어뜨려, 다리를 이용하여, 상대방을 완벽하게 제압하는 기술로 이루어져 있습니다.

맨손 격투 듀몽 / 락킹 동작 시 주의할 점은 상대방에게 타격이 정확히 들어가야만 정확한 기술을 구사할 수 있습니다. 그러므로 맨손 격투기술이 제반 되어야 지만, 듀몽 / 락킹 기술을 사용할 수 있습니다. 그리고 신체의 약한 부분을 잡고 꺾고, 돌리는 기술들이 매우 많습니다. 그래플링 기술에서 사용할 수 있는 락(lock)기술을 스탠딩(standing)에서도 사용할 수 있는 장점을 가지고 있습니다. 또한 순리적인 힘의 방향으로 역방향이 아닌 순방향의 힘을 이용하므로 상대방을 쉽게 제압할 수 있는 장점을 가지고 있습니다.

01 맨손 격투 듀몽 / 락킹 기술(Hand Combat Dumong Lacking Technique)

❶ 공격자가 왼손으로 직선 방향으로 공격을 할 때 (1)

파이팅 스탠스(fighting stance)

상대방이 왼손으로 직선 공격할 때 이때 오른팔 팔등으로 걷어내듯이 상대방 왼손을 쳐낸다.

상대방이 다시 오른손으로 직선 공격한다.

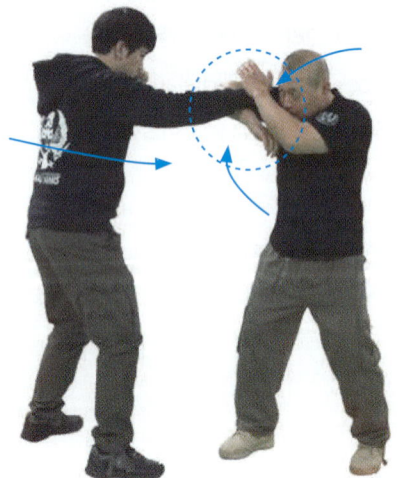
[point]
허리를 약간 쳐올리듯이 틀어서, 팔꿈치로 상대방의 공격을 방어한다.

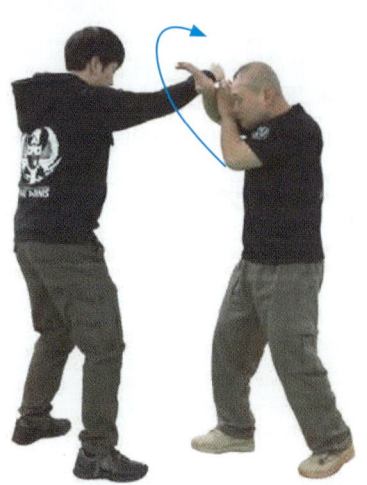
방어 후, 오른손으로 상대방의 오른손을 낚아 채준다.

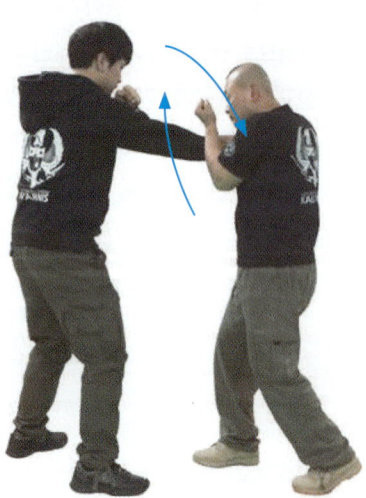
낚아 채주는 동시에 팔꿈치로 상대방의 오른쪽 팔을 쳐준다.

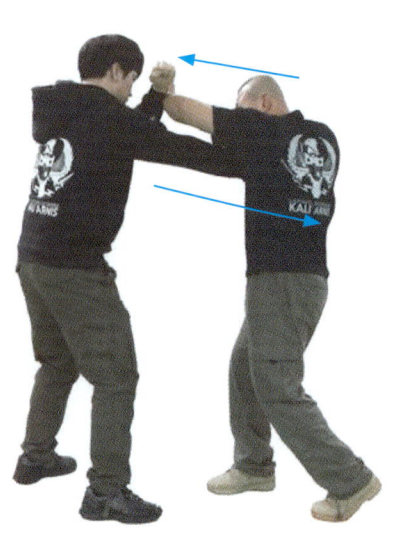
상대방의 오른쪽 팔을 당기면서, 왼팔로 상대방 얼굴을 공격한다. 이때 상대방은 팔뚝으로 왼팔을 방어한다.

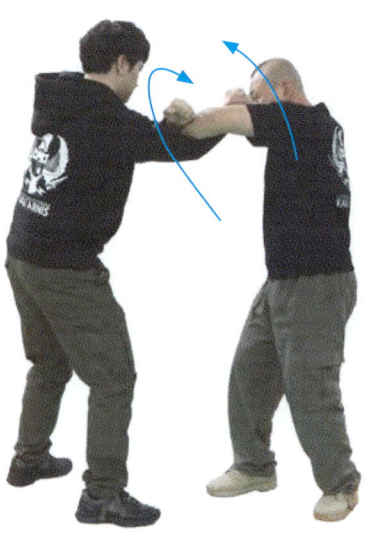
왼팔이 상대방의 팔꿈치 안으로 파고 들어간다.

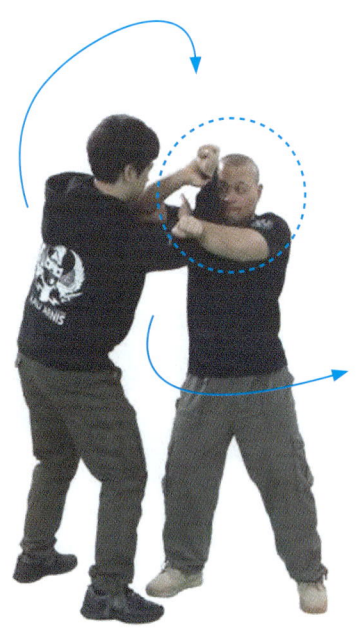
[point]
상대방의 오른팔을 위로 꺾어준다.
(더블 암락)

꺾은 상대방의 오른쪽 팔을 45° 방향 밑으로 강하게 내려준다.

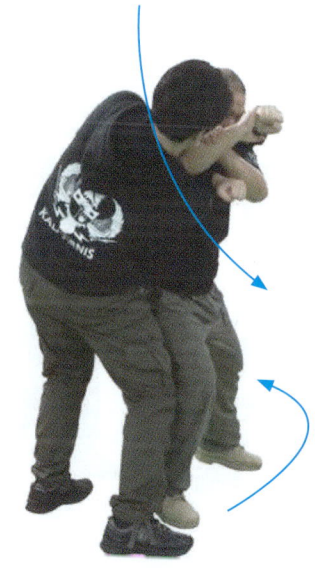
이때 뒷발이 직선으로 빠지면서 상대방을 돌려 넘어뜨린다.

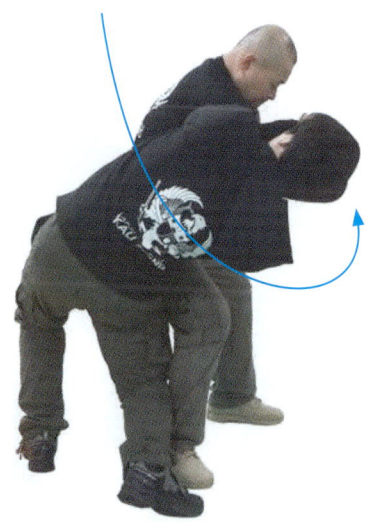
허리를 틀어 상대방을 강하게 왼쪽으로 틀어 던진다.

15. 맨손 격투 듀몽 / 락킹 기술

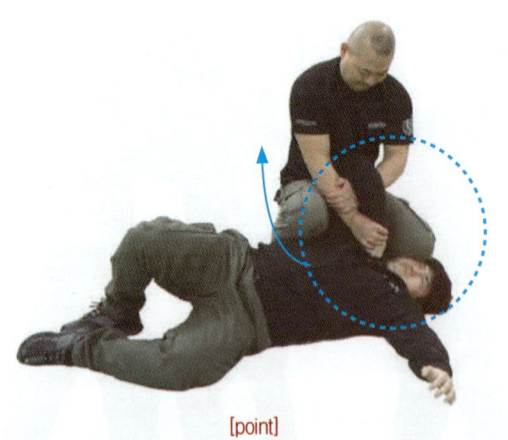

[point]
넘어진 상대방의 얼굴과 늑골을 무릎으로 강하게 눌러 제압한다.

❷ 공격자가 왼손으로 직선 방향으로 공격할 때 (2)

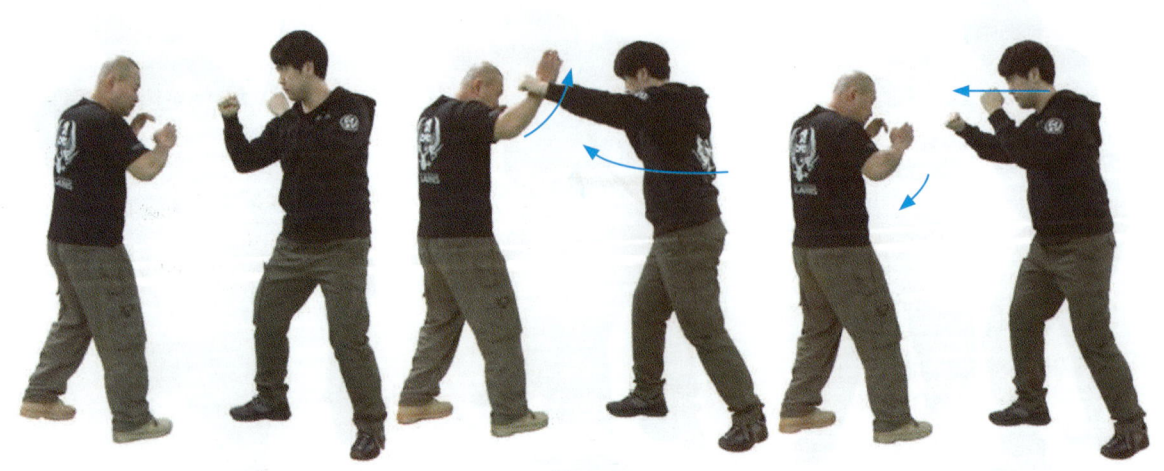

파이팅 스탠스(fighting stance)

상대방이 왼손으로 직선 공격할 때, 오른손 팔등으로 걷어내듯이 쳐낸다.

상대방이 다시 오른손으로 직선 공격한다.

[point]
허리를 약간 틀어서 팔꿈치로 상대방의 공격을 쳐올리듯이 방어한다.

팔꿈치 방어 후, 오른손으로 상대방의 오른손을 허리를 틀어 밑으로 낚아 채준다.

낚아챈 동시에 팔꿈치로 상대방의 팔꿈치 관절을 쳐 올리듯 가격한다.

왼손 팔꿈치를 쳐 올리듯 상대방의 오른손을 공격한다.

다시 오른쪽 팔꿈치로 상대방의 오른 팔을 내려찍듯이 친다.

[point]

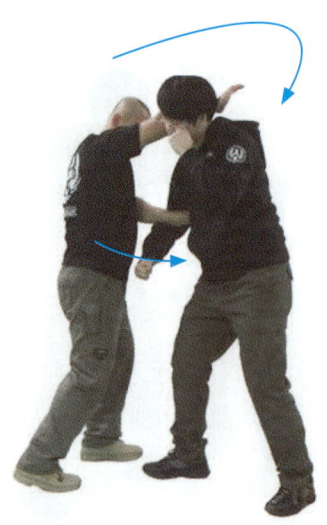

오른손으로 상대방의 목덜미나 머리를 잡아챈다.

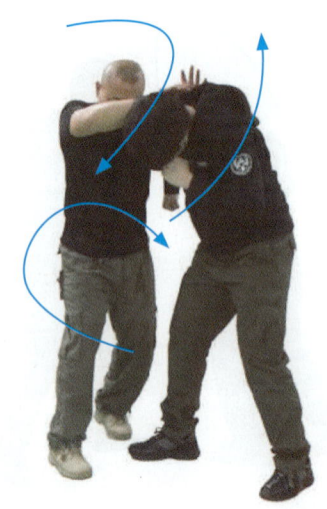

이때 왼손으로 상대방의 오른쪽 겨드랑이를 파고든다.

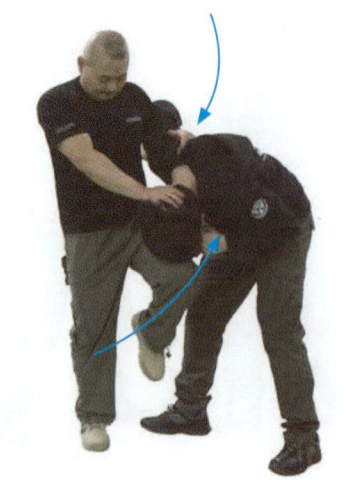

오른손으로 목덜미를 밑으로 당기면서 왼쪽 무릎으로 얼굴을 강하게 가격한다.

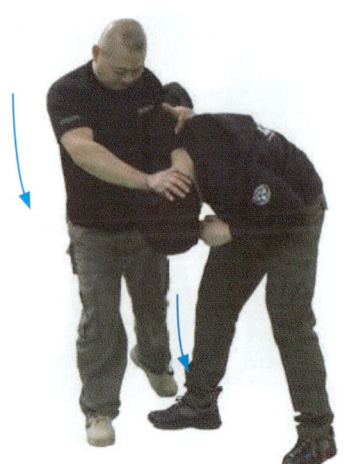

오른손으로 상대방의 목을 안쪽으로 강하게 밀어 넣는다.

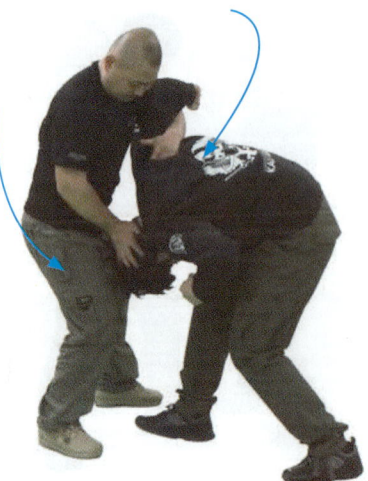

오른손으로 상대방 목을 밀어 넣는 동시에 왼손을 강하게 올려준다.

오른손이 상대방의 왼손 팔목을 잡는다.

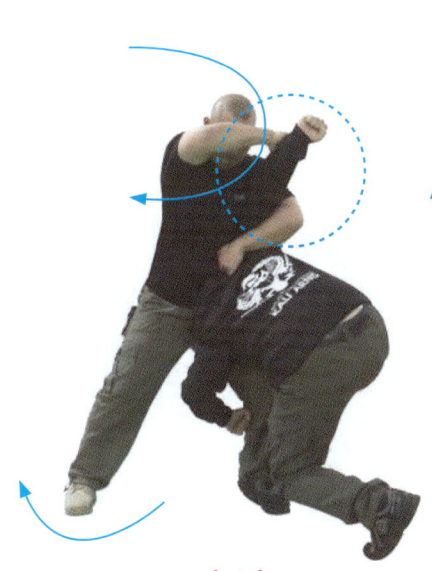

[point]
이때 뒷발이 뒤로 빠지면서 오른손을 45° 방향으로 내린다.

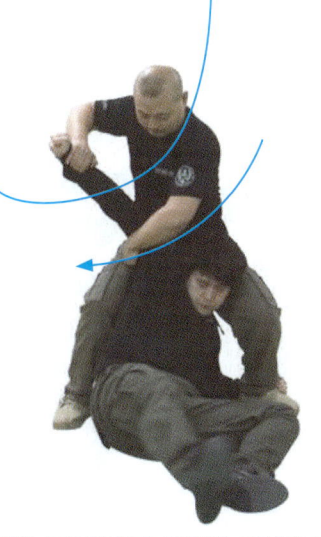

상대방 몸이 돌아가게 상대방의 오른손을 당겨준다.

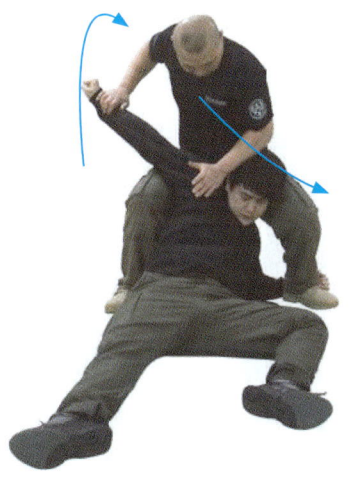

오른손으로 상대방의 오른손을 눌러주며 왼손 팔뚝으로 상대방의 목을 완전히 눌러 제압한다.

허리를 틀어서 오른손 팔꿈치로 상대방의 얼굴을 찍듯이 내려친다.

[주의할 점] 상대방의 공격을 방어한 후 상대의 목을 완전히 짓누르듯이 제압해야만 상대방의 중심을 무너뜨릴 수 있습니다. 목을 완벽하게 제압 후 락킹 기술을 상대방에게 걸 때 신속하게 다리가 뒤로 이동하여 원심력을 이용해 상대방을 45° 안쪽 방향으로 잡아 돌리는 것이 포인트입니다. 제압 후 팔꿈치 타격 시 안쪽으로 끌어당겨 찍듯이 타격해야만 상대방을 완벽하게 제압할 수 있습니다.

❸ 공격자가 왼손으로 공격할 때

파이팅 스탠스(fighting stance)

상대방이 왼손으로 공격할 때, 방어자는 팔등으로 걷어내듯이 쳐낸다.

이때 방어한 오른손을 빠르게 안쪽으로 회수한다. 상대방이 오른손으로 다시 공격한다.

방어자는 오른손 팔등으로 걷어내듯이 쳐낸다.

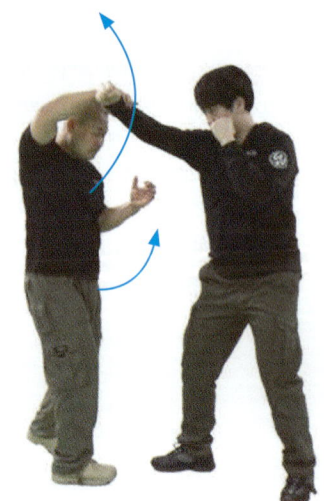
공격한 상대방의 오른손을 위로 잡아 채준다.

위로 잡아 채주는 동시에 상대방의 겨드랑이 급소 부분을 역권으로 가격한다.

  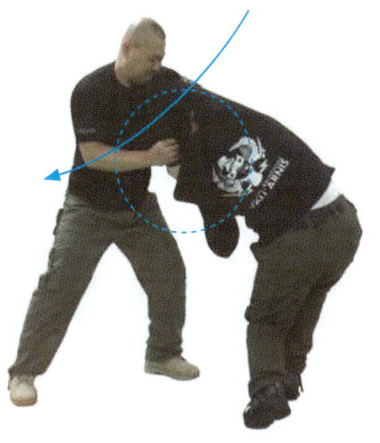

가격한 후 상대방의 오른손을 위로 잡아당겨 주면서 왼손으로 상대방의 어깨 부분을 잡는다.

왼손을 밑으로 잡아당겨주고 오른손으로 상대방의 목덜미 뒷부분으로 넘겨서 밑으로 잡아당겨 간다.

[point]
앞발이 뒤로 빠지면서 오른손과 왼손을 잡아당겨 상대방을 중심을 무너뜨려 회전시킨다.

오른손과 왼손을 잡아당겨 상대방을 넘어뜨린다.

상대방을 왼손 팔꿈치로 내려찍듯이 공격한다.

상대방을 팔꿈치로 가격 후 왼발을 이용해 목 부위에 올라탄다.

15. 맨손 격투 듀몽 / 락킹 기술

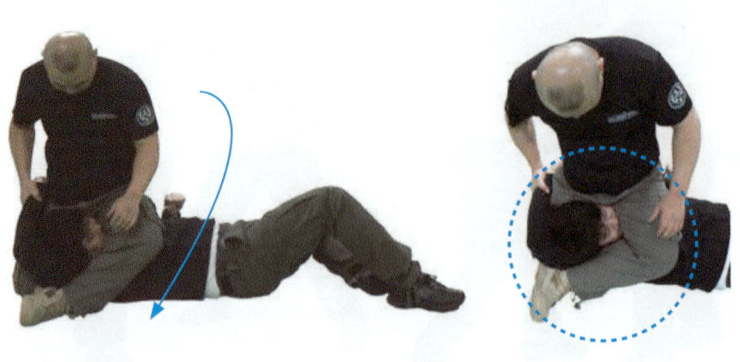

[point]
상대방 목을 왼쪽 허벅지로 강하게 감아 조르기를 해서 제압한다.

❹ 공격자가 오른손으로 공격할 때

파이팅 스탠스(fighting stance)

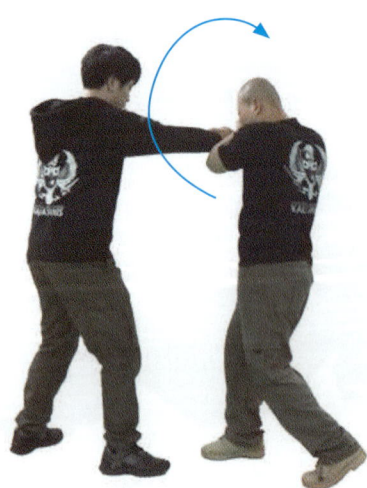

상대방이 오른손으로 공격을 할 때, 오른손 팔등으로 방어 후 상대방 오른쪽 팔을 낚아 챈다.

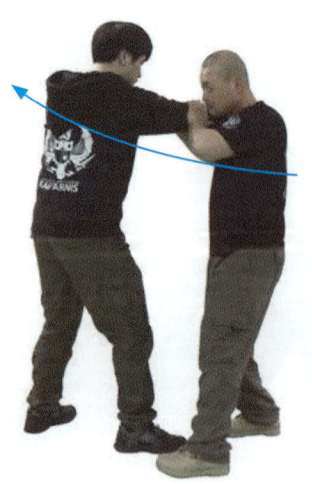

동시에 왼발이 앞으로 나아가며 상대방의 얼굴을 오른손 종권으로 공격한다.

오른손으로 상대방의 목덜미를 잡는다.

허리를 틀어 상대방의 목덜미를 끌어 내린다.

상대방의 목을 완전히 제압해서 직선으로 강하게 끌어 내린다.

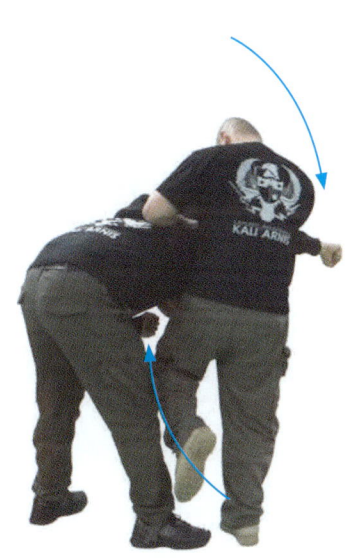

상대방을 끌어내린 후 왼쪽 무릎으로 상대방 옆구리를 가격한다.

가격한 왼발을 뒤로 내려놓는다.

왼발이 뒤로 빠지면서 왼손으로 상대방의 겨드랑이 부분을 잡아 완전히 돌려 넘어뜨린다.

15. 맨손 격투 듀몽 / 락킹 기술

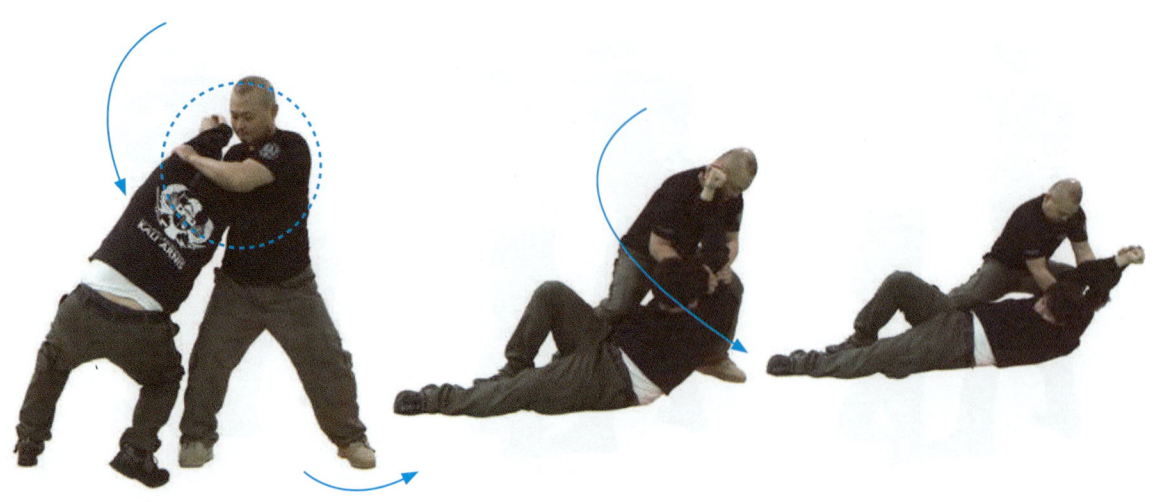

[point]
이때 허리를 왼쪽으로 강하게 틀어 상대방을 뒤로 던진다.

이때 상대방 팔이 못 움직이도록, 상대방의 팔뚝 부분을 강하게 왼손과 오른손으로 잡는다.

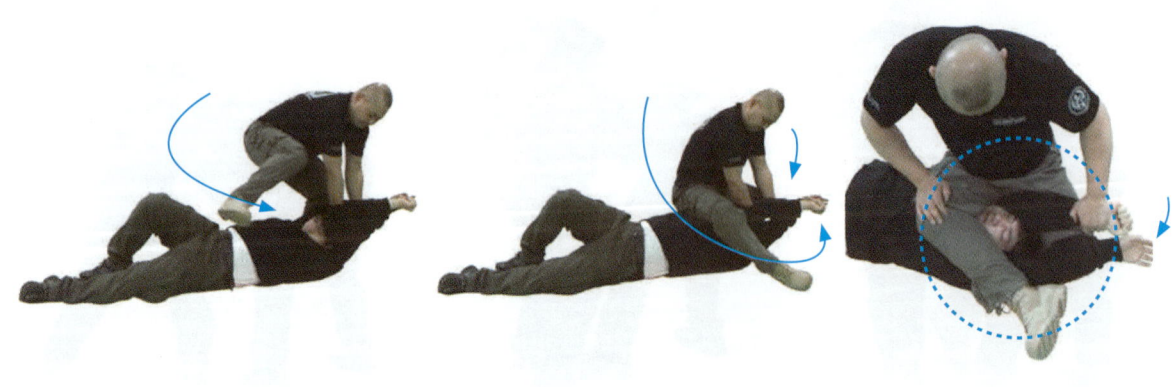

오른발을 이용하여 상대방의 목 부분에 올라탄다.

[point]
오른발로 상대방의 목 부분을 허벅지로 조르기로 제압한다.

〈반대각도〉

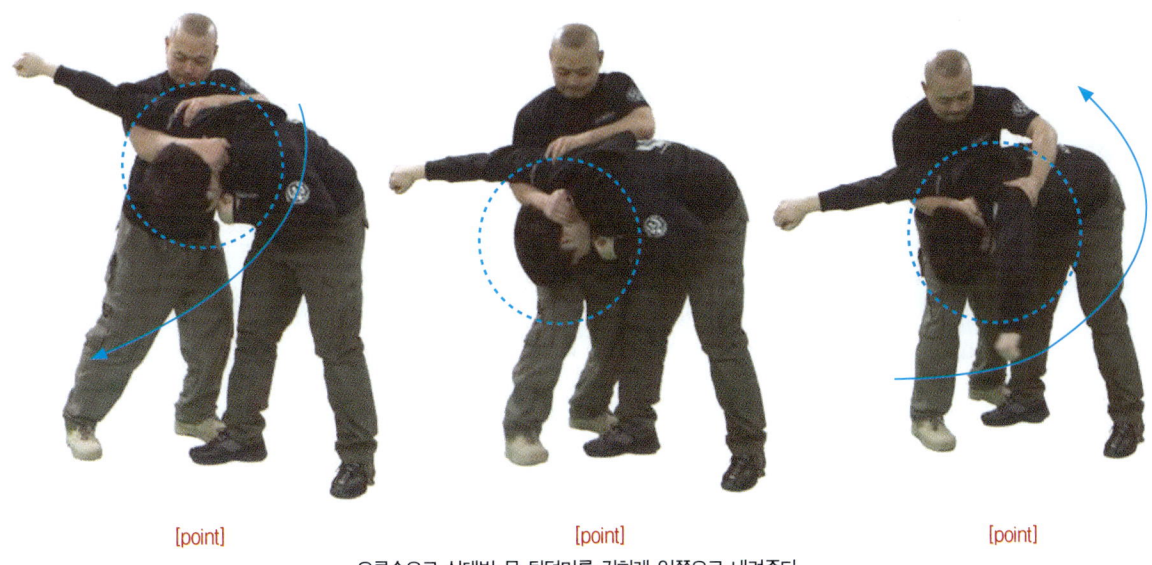

[point]   [point]   [point]

오른손으로 상대방 목 뒷덜미를 강하게 안쪽으로 내려준다.

[point]

왼손과 오른손으로 상대방의 왼팔을 동시에 잡고 허리를 왼쪽으로 강하게 틀어 상대방을 뒤쪽으로 던져준다.

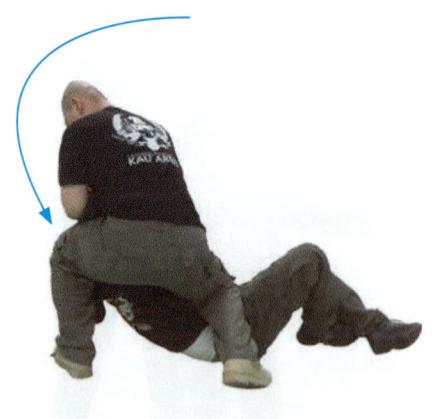

[주의할 점] 상대방의 공격을 방어 후 타격 시 상대방의 앞면 부분을 정확히 무릎으로 타격하며, 타격 후 상대방 팔을 접어 올리듯이 허리를 틀어 앞발이 신속하게 뒤로 이동하며, 상대방을 잡아 끌어당기는 동작이 중요합니다. 이때 상대방 어깨를 완전히 제압하여 상대방을 무력화시키고 완벽하게 제압하는 것이 포인트입니다.

어깨를 제압하는 기술은 상대방의 체격이 클수록 상대방에게 큰 고통을 줄 수 있는 기술이며, 순간적으로 상대방을 뒤로 넘기는 기술이므로, 상대방을 빠르게 제압 할 수 있는 장점이 있습니다.

Chapter 16 각종 흉기 디펜스 디스암 테크닉
(Edge Weapon of Defense Disarm Technique)

각종 흉기 디펜스 디스암 테크닉(Edge Weapon Defense Disarm Technique)은 상대방이 주변에서 많이 볼 수 있고 쉽게 구할 수 있는 흉기(손도끼, 야구방망이, 쇠파이프 등)를 가지고 공격 시 상대방을 방어하고 제압하는 기술로 이루어져 있습니다. 흉기 디펜스 테크닉은 나이프 디펜스 테크닉과 매우 유사한 형태를 가지고 있습니다. 그러므로 나이프 디펜스 기술이 숙련이 되어 있으면, 흉기 디펜스 테크닉도 쉽게 배울 수 있습니다.

각종 흉기 디펜스 디스암 테크닉은 날이 없는 손잡이 부분을 이용하여 상대의 흉기를 뺏는 기술이므로, 나이프 디펜스 기술보다 훨씬 용이하게 사용할 수 있는 기술입니다.

각종 흉기 디펜스 디스암 테크닉의 주의할 점은 상대방이 흉기로 공격 시 보법을 이용하여 사각지대로 파고들어, 상대방 흉기를 막고, 동시에 공격하여 상대방을 제압하는 것이 매우 중요합니다. 또한 상대방이 흉기를 들어 공격할 시 뒤로 빠지는 행동을 자제해야 하며, 45° 사각지대로 파고드는 것이 매우 중요한 포인트 입니다. 또한, 디펜스 후 타격은 필수적인 요건 입니다. 그래야지만, 상대방을 제압할 수 있는 기술들을 구사 할 수 있습니다. 그리고 팔뚝과 팔꿈치로 강하게 후려치듯 방어하여 상대방에게 충격을 주어 다음 공격 기술을 구사 할 수 없게, 만들도록 하는 것이 이 테크닉의 포인트입니다.

01 손도끼(hatchet)

❶ 공격자가 손도끼로 왼쪽 얼굴을 공격할 때

파이팅 스탠스(fighting stance) / 상대방이 손도끼로 왼쪽 얼굴을 공격해 올 때 / 오른발이 45° 방향으로 나가면서 오른손 팔등으로 상대방의 손도끼를 방어한다.

방어 후 상대방의 오른쪽 손목을 밑으로 낚아 채준다. / 허리를 틀어 왼손으로 상대방의 얼굴을 공격한다. / 공격 후, 왼손으로 손도끼를 든 상대방의 손목을 잡는다.

뒷발이 앞으로 나가면서, 상대방의 오른쪽 손목을 돌려 꺾는다.

[point] 허리를 틀어 상대방의 오른쪽 손목을 완전히 꺾는다.

상대방의 손목을 꺾으면서 왼손으로 손도끼를 뺏는다.

뺏은 손도끼 뒷부분으로 상대방의 앞면을 가격한다.

<반대방향> 허리를 틀어 오른손 팔등으로 방어한다.

[point]

16. 각종 흉기 디펜스 디스암 테크닉 347

방어 후 허리를 틀어 왼손 종권으로 상대방의 얼굴을 가격한다.

[point]
왼발이 앞으로 나아가 상대방의 오른손을 안쪽으로 강하게 찍어준다.

[point]

허리를 틀어 상대방 오른쪽 손목 안으로 꺾어 준다.

❷ 공격자가 손도끼로 오른쪽 얼굴을 공격할 때

상대방이 손도끼로 오른쪽 얼굴을 공격해 올 때

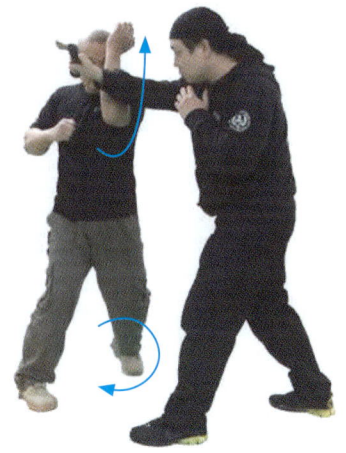
왼발이 45° 방향으로 나가면서 팔등으로 손도끼를 든 오른손을 방어한다.

방어 후 왼손으로 상대방의 오른팔을 직선으로 내린다.

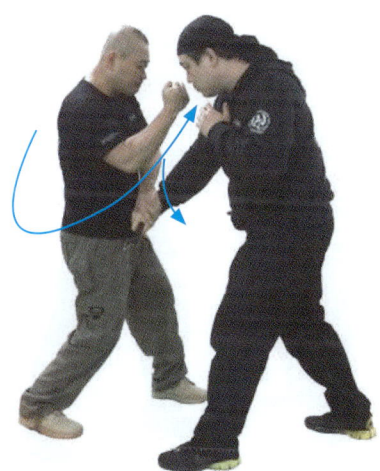
상대방의 오른손을 내리는 동시에 허리를 틀어 상대방의 얼굴을 주먹으로 쳐올리듯이 공격한다.

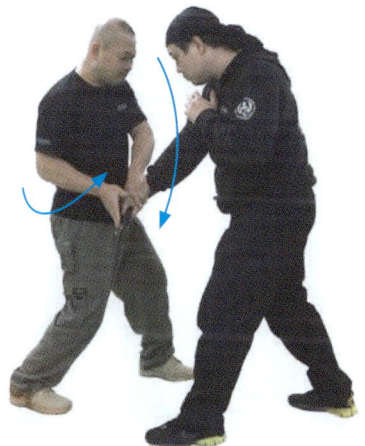
오른손으로 상대방의 손도끼를 잡는다.

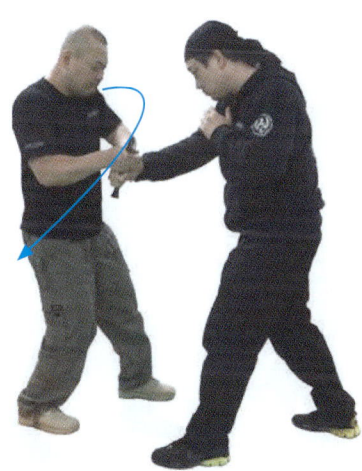
앞발이 뒤로 빠지면서 상대방의 손목을 끌어당긴다.

16. 각종 흉기 디펜스 디스암 테크닉

[point]
손목을 끌어당기듯면서 손목을 바깥쪽으로 꺾는다.

허리를 틀어서 오른손으로 상대방의 손도끼를 뺏는다.

뺏은 손도끼로 상대방의 얼굴을 직선으로 공격한다.

❸ 공격자가 손도끼로 직선방향으로 공격할 때

상대방이 손도끼로 직선으로 내려칠 때

왼발이 45° 방향으로 나가면서, 오른손 팔등으로 막는다.

방어한 오른손으로 상대방의 오른손을 직선으로 내린다.

상대방의 오른손을 내려주는 동시에 왼쪽 팔꿈치로 상대방의 오른팔을 쳐올리듯이 가격한다.

다시 왼손 손날 부분으로 상대방의 얼굴을 가격한다. 이때 상대방이 왼손 팔등으로 방어한다.

가격한 왼손을 안으로 회수해 상대방의 손도끼를 잡는다.

앞발이 뒤로 빠지며 손목을 틀어 손도끼를 잡아 뺏는다.

이때 상대방의 손도끼를 왼손을 사용하여 직선으로 틀어 올려 뺏는다.

뺏은 손도끼로 상대방의 오른손 팔꿈치를 찍듯이 공격한다.

16. 각종 흉기 디펜스 디스암 테크닉 351

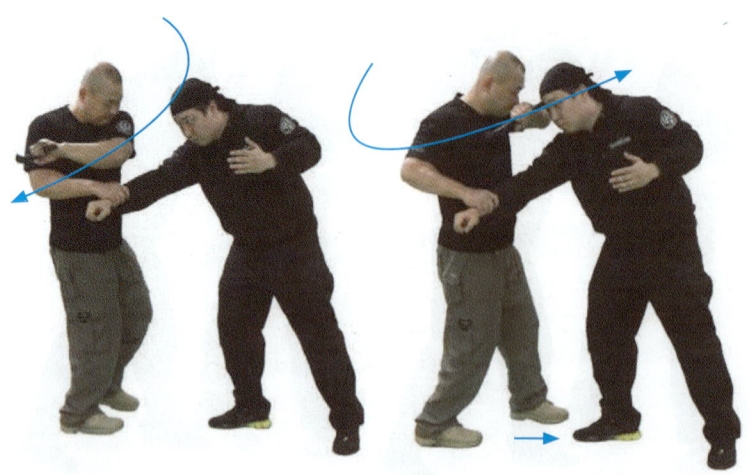

손도끼를 안쪽으로 빠르게 회수한다.

뒷발이 앞으로 나가면서 손도끼로 상대방의 얼굴을 공격한다.

02 야구방망이 (Baseball bat)

❶ 공격자가 야구방망이로 왼쪽 얼굴을 공격할 때

파이팅 스탠스(fighting stance)

상대방이 야구방망이로 왼쪽 얼굴을 공격할 때, 뒷발이 45° 방향 안쪽으로 파고든다.

허리를 틀어 오른손 팔등으로 상대방의 왼팔을 방어 하고, 동시에 왼손으로 상대방의 오른팔 안쪽 부분을 방어한다.

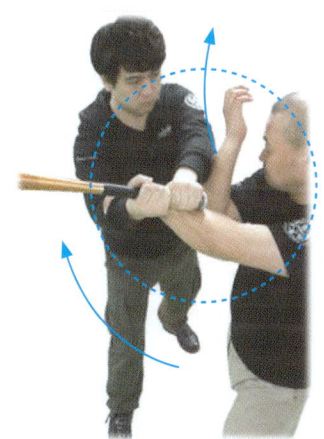

[point]

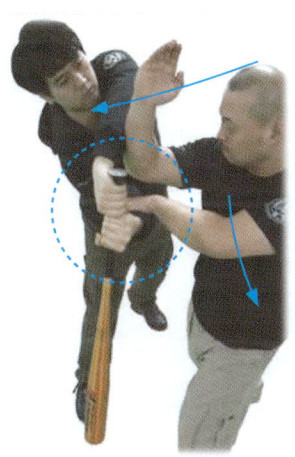

[point]

방어한 양손을 순간적으로 끌어당긴다. 이때 오른손은 앞으로 밀어주고, 왼손은 아래로 당긴다.

16. 각종 흉기 디펜스 디스암 테크닉

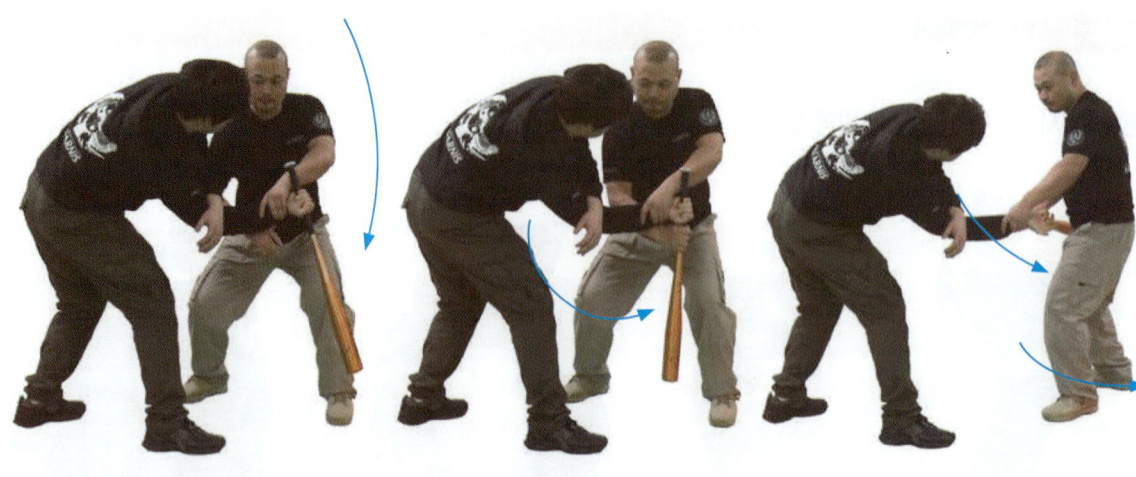

상대방의 오른손을 왼손으로 직선 방향으로 강하게 누른다.

오른손으로 상대방의 야구방망이를 잡는다.

오른발이 뒤로 빠지면서 상대방의 야구방망이를 잡아채듯이 뺏는다. 이때 상대방의 중심 아래로 향하도록 완전히 무너뜨린다.

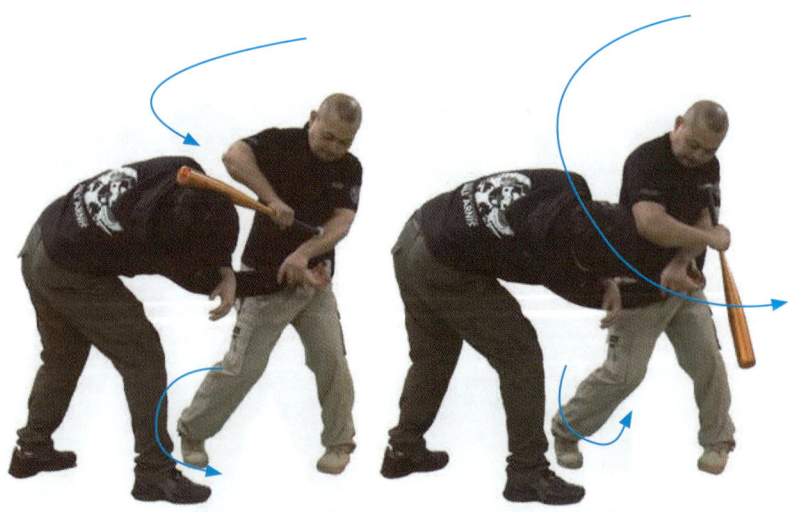

빼앗은 야구방망이를 이용해 상대방의 얼굴을 공격한다. 그리고 허리를 틀어 야구 방망이를 잡고 있는 오른쪽 팔꿈치 관절로 상대방의 머리를 정확히 가격한다.

❷ 공격자가 야구방망이로 오른쪽 얼굴을 공격할 때

상대방이 야구방망이로 오른쪽 얼굴을 공격해 올 때

뒷발이 45° 방향 앞으로 상대방의 안쪽으로 파고든다.

뒷발이 안쪽으로 파고들면서 오른쪽 팔등으로 상대방의 오른쪽 팔을 치듯이 막는다.

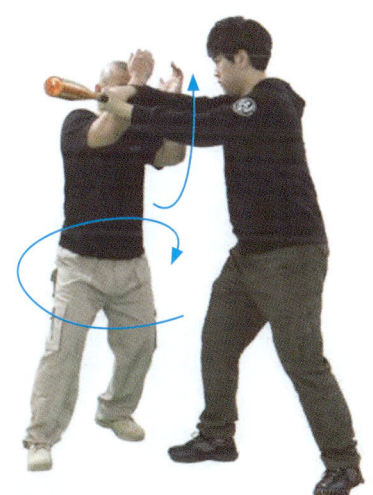  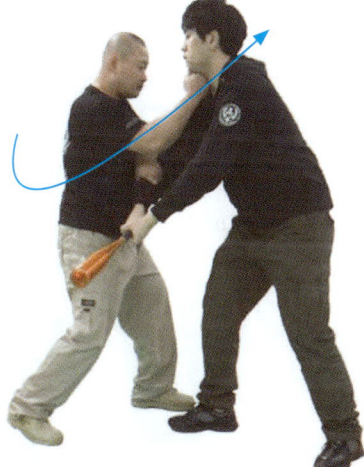

허리를 틀어 왼쪽 팔뚝으로 상대방의 팔꿈치를 올려친다.

양손을 이용해 순간적으로 상대방의 오른손을 내린다.

허리를 틀어 오른손 종권으로 상대방의 기도 부분을 정확히 가격한다.

16. 각종 흉기 디펜스 디스암 테크닉

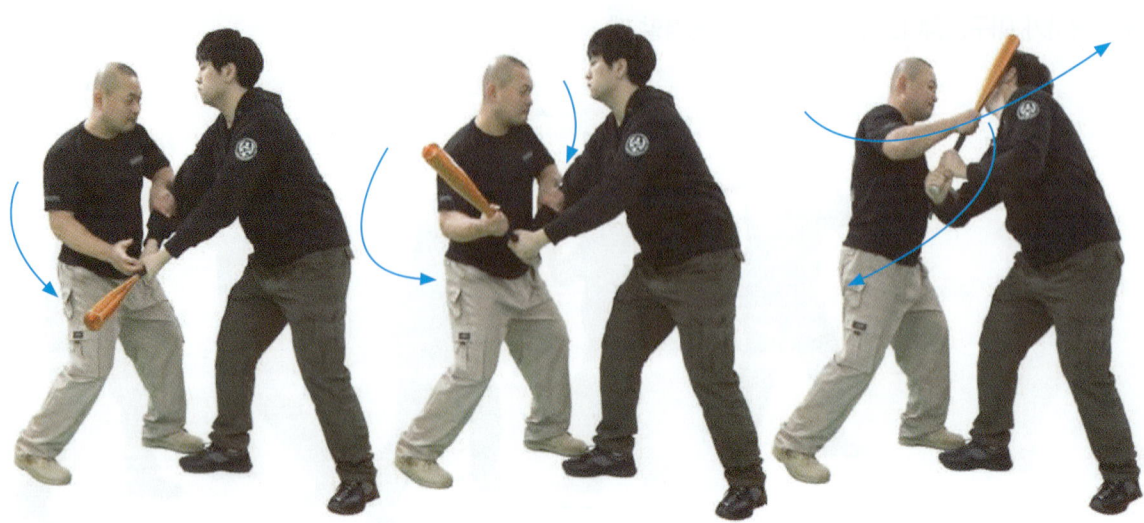

공격 후 오른손으로 상대방의 야구방망이를 잡는다.

잡은 야구방망이를 상대방의 위쪽으로 올려 상대방의 얼굴을 강하게 친다.

이때 허리를 틀어 야구방망이를 잡은 오른손으로 상대방의 머리를 정확히 가격한다.

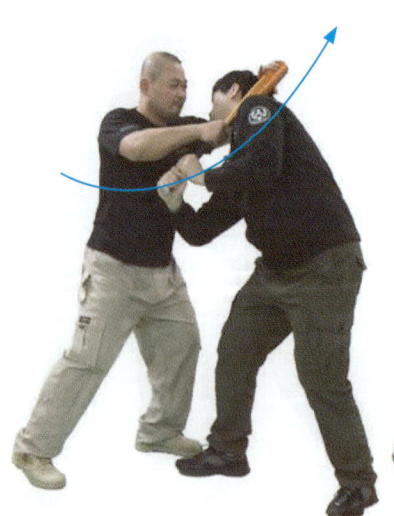 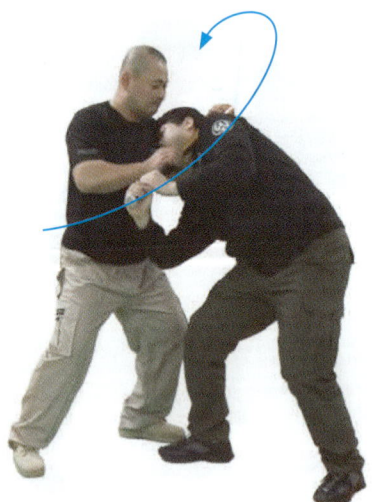 

왼손으로 상대방의 목 뒤에 있는 야구 방망이를 잡는다.

양손을 이용해 안쪽으로 강하게 끌어당겨 상대방의 목을 꺾는다.

오른손이 상대방의 팔 안쪽으로 들어간다.

앞에 있는 왼발이 뒤로 빠지는 힘을 이용해 상대방의 목을 돌려 야구방망이로 꺾는다.

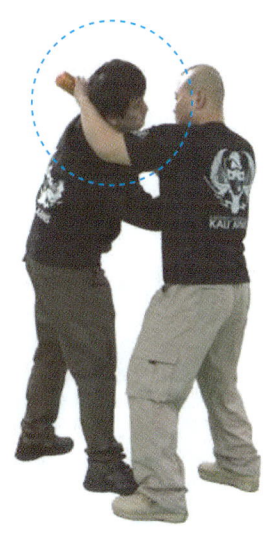

[point]
〈반대방향〉 야구방망이로 상대방 목을 정확히 걸어준다.

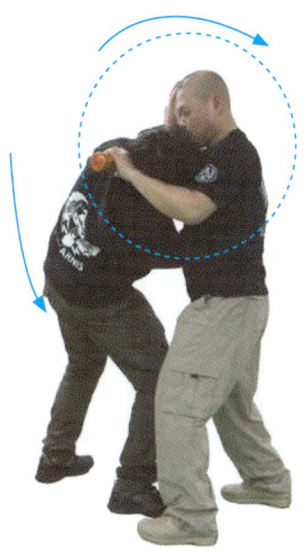

[point]
야구방망이를 잡은 왼팔을 안으로 당겨준다.

[point]
왼팔을 안으로 당겨주면서 오른팔 팔꿈치 안으로 야구방망이를 걸어준다.

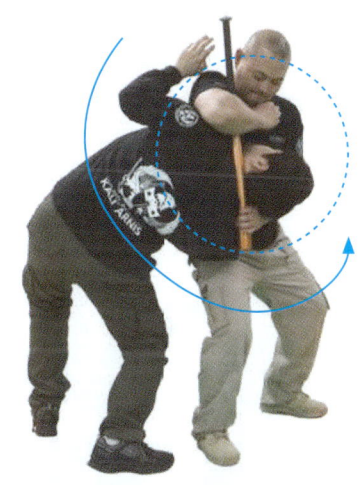

[point]
왼발이 뒤로 빠지면서 오른팔 팔꿈치 안으로 걸어준 야구방망이를 안쪽으로 당겨 상대방 목을 꺾어준다. 이때 야구방망이를 잡은 왼손도 안으로 잡아당겨준다.

03 쇠파이프(iron pipe)

❶ 공격자가 쇠파이프로 왼쪽 머리를 공격할 때

상대방이 쇠파이프로 왼쪽 머리를 공격해 올 때

뒷발이 45° 방향 안쪽 앞으로 나가면서, 오른쪽 팔등으로 상대방의 오른팔을 치듯이 막는다.

왼손으로 쇠파이프를 잡는다.

오른손 팔 날로 상대방 팔을 강하게 치는 동시에, 상대방의 쇠파이프를 잡아당긴다.

이때 허리를 강하게 돌려서 상대방의 쇠파이프를 뺏는다.

다시 허리를 틀어 오른손 주먹으로 상대방의 얼굴을 가격한다.

빼앗은 쇠파이프로 상대방의 얼굴을 찍듯이 공격한다.

❷ 공격자가 쇠파이프로 오른쪽 얼굴을 공격할 때

상대방이 오른쪽 얼굴을 공격해 올 때

왼발이 45° 방향 안쪽 앞으로 파고들면서 왼손을 팔등으로 치듯이 막는다.

왼손 팔등으로 방어 후, 오른손으로 쇠파이프를 잡는다.

16. 각종 흉기 디펜스 디스암 테크닉

쇠파이프를 잡은 오른손으로 끌어당기면서 왼손 팔꿈치 날로 상대방의 오른팔을 가격한다.	상대방 오른팔을 가격하는 동시에 쇠파이프 잡은 오른손을 안쪽으로 당겨 빼앗는다.	빼앗은 쇠파이프로 허리를 틀어 상대방의 목을 찌른다.

❸ 공격자가 쇠파이프로 복부를 찌를 때

파이팅 스탠스(fighting stance)	상대방이 쇠파이프로 복부를 찌를 때	허리를 틀어 오른손 팔등으로 쇠파이프를 치듯이 방어한다.

쇠파이프를 방어 후, 왼손으로 상대방 오른손 손목을 잡는다.

상대방의 오른손 손목을 당기면서, 오른쪽 팔 등으로 상대방 쇠파이프를 강하게 앞으로 밀어낸다.

강하게 앞으로 밀어서 쇠파이프를 떨어뜨린다.

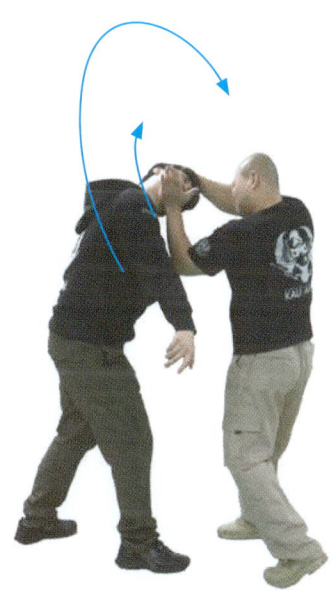

쇠파이프를 밀어서 떨어뜨린 후 오른손으로 상대방의 머리를 잡는다.

상대방의 머리를 잡은 오른손을 끌어당기며 왼손 손바닥 부분으로 상대방 턱을 쳐 올린다.(저장치기)

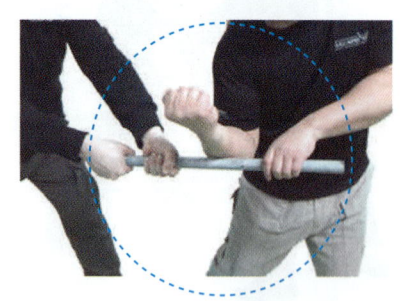

[주의할점] 상대방이 흉기로 공격을 할때, 두려움을 갖지 않는 것이 가장 중요합니다. 이 부분은 매우 많은 연습이 필요하고, 더불어 정신적인 수련도 필요 합니다. 상대방이 공격할경우 뒤로 물러나는 것은 좋지 않습니다. 갑작스럽게 공격을 하는 경우 뒤로 물러날 수는 있지만, 상대방의 옆쪽으로 파고드는 것이 중요합니다. 더불어 상대방이 들고 있는 흉기를 보는 것이 아니라, 상대방 눈, 어깨를 보고 대처 하는 것이 중요하며 방어 후 정확히 타격이 행해져야, 상대방에게 다음 기술을 구사 할 수 있습니다.

[point]

부록

목인장 기초 드릴(Wood Dummy Basic Drills)

목인장 기초 드릴은 기본적으로 목인장 이란 더미를 이용하여 공격과 방어를 수련하는 기술입니다. 이때 몸을 이완시켜, 가볍게 목인장을 타격하고, 방어하는 것이 매우 중요한 포인트입니다.

목인장 기초 드릴 시 주의할 점은 몸을 이완시켜, 다음 공격 및 방어 동작을 신속하게 전환하여 사용 하는 것이 매우 중요한 기술적인 포인트 입니다. 또한, 목인장 기초 드릴 시 기본적인 공격과 방어에 대한 수련을 혼자서 할 수 있는 기초 수련으로 봐야 합니다.
또한 목인장 이란 더미를 가지고 계속 수련하여 그 기술이 상대방에게 실전에서 통용된다는 우월감이나 자만심을 절대로 가져서는 안 됩니다.

목인장 기초 드릴 및 더미를 이용한 기술들은 기초적으로 기술을 익히는 단계일 뿐 상대방과의 교전 시 그 기술 원리대로 사용할 수 있다는 맹신을 가지면 안 되며, 이 점에서 중요한 것은 목인장이나 다른 더미 수련 시, 그 더미나 목인장이 나에게 공격을 하지 않고 움직이지 않는다는 점을 명심하여, 기초적인 공격과 방어 부분만 수련하여 기술을 익히는 것이 중요합니다.

준비자세

오른쪽 팔등으로 목인장 밑 부분을 쳐 올린다.

다시 왼손 팔등으로 목인장 밑 부분을 쳐올린다.

허리를 틀어 오른손 팔등으로 하단을 내리듯이 막는다.

다시 허리를 틀어 왼손 팔등으로 하단을 내려 막는다.

허리를 틀어 오른손 종권으로 중단을 가격한다.

허리를 틀어 왼손 종권으로 중단을 가격한다.

왼쪽발이 앞으로 나아가며 왼쪽 손바닥 부분으로 목인장을 오른손으로 밀어 친다.

다시 오른쪽 팔등부분으로 팔꿈치를 안으로 당겨 방어한다. 이때 오른손 팔등으로 강하게 올려쳐 준다.

다시 허리를 틀어 왼손 종권으로 중단을 친다.

다시 허리를 틀어 오른손 정권 돌려치기로 목인장 상단을 친다.

다시 허리를 틀어 왼손 팔꿈치로 목인장을 올려 친다.

올려친 왼손 팔꿈치를 접은 후 다시 돌려치기로 목인장을 친다.

다시 허리를 틀어 다시 종권으로 중단을 친다.

다시 허리를 틀어 왼손 손바닥으로 목인장 상단을 친다.

왼손을 회수 후, 왼손 팔꿈치로 목인장을 내려 친다.

다시 허리를 틀어 정권으로 목인장 중단을 친다.

다시 오른손 팔등으로 목인장을 친 후, 오른발 하딘 치기로 **목인장 밑 부분을 찬다** (이때 몸의 무게 중심은 앞으로 쏠려져 있어야 한다.)

[주의할 점] 목인장 기초 드릴은 팔로만 하는 것이 아니라, 허리와 무릎을 이용해 부드럽고 강하게 수련하는 것이 중요합니다. 몸에 힘을 주어 무리하게 타격을 하면, 연속동작이 부드럽고 강하게 나올 수 없습니다. 그러므로 목인장을 처음 수련을 할때는, 어깨의 힘을 빼고, 가볍게 수련하는 것이 좋습니다. 이 부분이 숙달 된 후, 경쾌하고 강하게, 수련합니다.

또한 처음 수련 시, 목인장 공식에 맞춰 수련을 하지만, 숙달 된 후에는, 리듬에 맞춰 자연스럽게 랜덤으로 수련합니다.

오른손으로 목인장 팔 부분을 잡아당기며 오른발 부인각으로 목인장을 짓눌러 밟는다. (이 동작으로 좌 우, 동일하게 연습하여 숙달시킨다.)

* 목인장 기본동작은 좌측과 우측을 동일하게 연습하여 숙달시켜야만이 자유자재로 수련할 수 있습니다.

EPILOGUE

모두를 위한 실전 칼리 & 아르니스(Kali and Arnis)를 마치면서…

저는 한국 최초의 칼리&아르니스 교제를 집필하면서 실질적이고 몸에 와 닿는 기술들을 수록하려고 노력했습니다. 이 부분에 대 많은 생각과 고민을 하게 되었고 실제 위급한 상황에서 자기 자신에 몸을 방어할 수 있는 실전 기술 수록에 중점을 두었습니다. 기존에 나와 있는 아르니스 외국 서적은 국내 독자가 이해하고 수련할 수 있는 부분이 많이 부족한 것이 현실입니다.

이러한 부분을 개선하고자 아르니스 기술의 본질 및 실전 기술들에 더하여 핵심적인 포인트와 기술 동작 하나하나의 자세한 설명 과 뜻을 집중적으로 집필하였습니다.

저는 몸과 몸이 부딪치는 대련 시스템이 없는 무술은 실전 상황에서 사용할 수 없으며 또한 자유대련에서 사용을 못하는 기술들은 그저 보여주기 식에 퍼포먼스라고 생각합니다. 글과 말로 하는 이론은 실전과 전혀 다릅니다. 실전 상황은 거칠고 투박하기 때문입니다. 저는 탁상 위의 전술은 믿지 않습니다.

제가 펼쳐나갈 칼리&아르니스는 대중적으로 한국에 보급되어 즐겁게 수련하고 심신을 수양 하는 것도 있지만 무술에 본질인 수련한 기술들을 실제 상황에서 사용하여 이겨내고 극복하는 것을 중점으로 생각합니다.

"실제 상황에서 수련한 기술들을 사용할 수 있느냐?"
"그리고 그 상황을 이겨내고 극복했느냐?"

마지막은 일어서 있는 자와 쓰러진 자만 존재합니다. 무술에 본질은 그 이상 그 이하도 아니라고 생각합니다. 이러한 것들이 제외되면 그것은 그저 보여주기 위한 것이 되기 때문에 이러한 부분을 과감하게 걷어냈습니다.

현대 사회는 정보가 넘쳐나는 사회입니다. 인터넷으로 칼리(Kali), 아르니스(Arnis), 에스크리마(Eskrima)를 검색해도 수많은 스타일의 아르니스 그룹들 과 기술들이 망라되어 있고 검색이 됩니다. 어렵지 않게 수많은 스타일의 아르니스 그룹들과 기술들을 볼 수 있습니다만, 관건은 실전에서 어떻게 사용할 수 있는지, 또 이 기술들을 어떻게 배울 수 있느냐가 아닐까요?

필자는 핵심 포인트와 기술 동작 하나하나에 자세히 설명을 달아 기존의 무술 교재들과는 차별화하기 위해 노력했습니다. 모든 기술들이 오픈 되어 있고 그러한 기술들을 교리에 맞추어 어떻게 사용하는지가 중요한 부분입니다. 저는 본 교재를 집필할 때 이러한 부분을 기준으로 최대한 많은 기술들 과 동작들을 수록하려고 중점을 두었습니다.

현대 사회에서 필수적인 자기방어 기술 시스템을 수록하기 위해 나이프 (Knife) 및 각종 흉기(deadly weapon) 대처 상황 기술에 중점을 많이 두었으며 이러한 특성 이 최대한 독자들에게 전달될 수 있게 노력하였습니다. 위급한 상황에서 자기 자신을 방어할 수 있는 실질적인 기술들로 이 책을 가득 채우자는 책임감으로 여기까지 왔습니다. 본 교재를 집필하면서 아르니스 기술 촬영 사진만 1만 여장을 촬영 하였고 그중에 교재 지면 분량에 한계 때문에 많은 기술을 수록하지 못한 점 또한 많은 아쉬움으로 남습니다.

칼리&아르니스는 실전에서 효과적인 남녀노소 모두 수련할 수 있는 자기방어 시스템이 우수한 무술입니다.

본 교재를 통해 아르니스가 국내 널리 전파되고 많은 분들이 아르니스를 통해 자신을 방어할 수 있는 능력을 기르고, 또 이로 인해 사회생활에서도 자신감 충만한 생활을 하시길 바랍니다.

마지막으로 교재 집필에 있어 저를 도와주신 많은 분들, 교재를 위해 촬영 및 편집, 홍보를 도와주시고 어려운 여건 속에서도 부족한 저를 스승으로 여기고 잘 따라 준 저의 소중하고 사랑하는 제자와 수련생이신 박동규 님, 김회권 군, 이중화 선배님, 정태현 님, 김재남 군, 이현경 님, 신훈열 군, 김광식 군, 김준성 군, 정일용 군, 박동주 군, 류의성 님께 마음속 깊이 감사를 드립니다.

또한 필리핀에 계신 저의 스승님 이자 아버지 같은 발렌타왁(WORLD NICKEL STICK BALINTAWAK ESKRIMA) 그룹의 Grand Master(그랜드 마스터)이신 Nick Elizar(닉엘리제), 라푼티(international Lapunti Arnis de Abanico) 그룹의 Supreme Grand Master(최고의 그랜드 마스터)이신 Ondo Caburnay(온도카부나이)께 깊은 감사와 존경을 표합니다.

어려운 여건 속에서도 교재를 출판해 주신 혜성출판사 관계자분들에게 감사의 말씀을 드립니다.

마지막으로 이 한 권의 책을 하늘나라로 먼저 간 저의 애제자(愛弟子)에게 바치며 맺음말을 마칠까 합니다.

입시 공부에 바쁜 고등학생임에도 멀리 안산에서 서울 화곡동 아르니스 본관을 찾아 누구보다 열심히 땀 흘리고 수련했던 나의 제자 안산 단원고 故 김대희 군!

이번 세월호 참사로 먼저 하늘나라로 간 저의 마음속에서 영원히 지워지지 않는 나의 사랑하는 제자 故 김대희 군에게 이 책을 헌정하는 바입니다.

감사합니다.

2014년 10월
한국 아르니스 협회 회장 전 성 용